관계

포스트 코로나 교실소통왕 만들기

수업

김현섭, 김성경, 오정화 지음

수업디자인 연구소
NSTRUCTION DESIGN INSTITUE

관계수업 포스트 코로나 교실소통왕 만들기

1판 1쇄 발행 2021년 7월 12일

저 자   김현섭, 김성경, 오정화

발행인   김성경

편집인   김현섭

교정 및 윤문   김기연

일러스트   김인현

디자인   조주영

발행처   수업디자인연구소 www.sooupjump.org

도서문의   031-502-1359 eduhope88@naver.com

주 소   경기도 군포시 대야2로 147, 201호

ISBN   979-11-958100-9-3

값 20,000원

"이 책에는 관계기술 습득에 필요한 세 가지 지식 – 선언적 지식, 절차적 지식, 조건식 지식 모두를 다루고 있다. 즉, 칭찬, 격려, 경청, 공감, 배려, 감정 조절, 갈등 해결, 감사 등이 무엇이고, 이를 어떻게 실행해야 하며, 언제, 왜, 이런 것들을 실행하는지에 대하여 이야기하고 있다. 관계기술 교육을 통해 미래핵심역량인 인성과 사회성 발달을 촉진시키고자 하는 분들에게 꼭 필요한 책이다."

정창우 서울대 교수, 서울대 인성교육연구센터장

"교사에게는 가르치는 기술보다 더 근원적이고 더 중요한 것이 있다. 바로 '관계기술'이다. 아이들과 좋은 관계를 만들어 놓으면 평화로운 교실, 행복한 수업이 가능해진다. 또한 신뢰를 바탕으로 하기 때문에 모든 교육활동에서 풍성한 열매를 기대할 수 있다. 이 책은 교사에게 수업이나 학급운영에 많은 도움을 주고 지침서가 될 것이다."

이준원 전 덕양중 교장

"온전한 관계를 맺는 방법을 몰라 어려워하는 아이들과 이를 지도해야 할 교사가 꼭 읽어야 할 책. 아이들이 생애 처음 접하는 넓은 세상인 학교에서 맞닥뜨린 최대의 어려움은 뜻밖에도 관계 맺기이다. 이 책에는 관계를 맺는 관계 기술과 교실과 수업에서 접목할 수 있는 다양한 전략들이 제시되어 있어 학교 교실 현장에 큰 도움이 될 것이다. 온라인 수업과 함께 비대면 교육이 확대되어 관계성을 상실하는 요즘 우리에게 더욱 절실히 필요한 내용이다."

양혜련 서울 구산중 교사, 서울 수업디자인연구회 대표

"'진정한 교사'가 되고 싶어 용광로처럼 가슴이 뛰고 있는 선생님!
경쟁하는 교실에서 공감, 협동하는 교실문화로 바꾸고 싶은 마음이 간절한 선생님!
그리고 인공지능교사 등장과 같이 미래 교육에 두려움을 가진 선생님에게 이 책을 추천한다. 마음과 마음이 만날 수 있는 12가지 관계기술을 아주 쉽게 구체적으로 설명해주고 있다. 특히 인간의 행동 너머에 숨어있는 욕구별 관계기술의 방법까지 따라가다 보면 교사로서 다양한 아이들을 따뜻하게 품을 수 있는 디딤돌이 될 것이다."

조선미 한국감성수업연구회, 여수미평초 수석교사

"코로나19로 인한 혼란의 시대, 온라인 수업의 문제점을 설문조사한 결과 700명의 선생님들 중 457명은 '교육의 본질 위축'을 1위로 꼽았다. 온라인 교육으로는 지도할 수 없는 한계가 무엇일까? 고민이 깊어진 시기에 이 책을 만났다. '관계기술'은 저절로 생겨나는 것이 아니라 직접 가르쳐야 생겨날 수 있다는 설득과 함께 욕구코칭을 기반으로 탄탄하게 코로나 시기에 잃었던 관계를 회복하는 길을 안내하는 안내서를 만나 반갑고 기쁘다. 그리고 새삼 교사가 왜 존재해야 하는가?, '벼는 농부의 발자국 소리를 듣고 자란다'는 진리를 깨우쳐줘서 고맙다."

허승환 꿀잼교육연구소 대표, 서울강일초 교사

들어가며

　　코로나 19 이후 전면 온라인 수업이 학교 현장에서 이루어졌다. 충분한 준비없이 방역 차원에서 온라인 수업이 도입되었기에 많은 문제점들이 발생하였다. 특히 온라인 수업 기간이 예상보다 길어지게 되면서 학습 효율성 및 학습격차 문제, 기초 학력 문제, 디지털 기기 과의존 현상, 사이버 폭력 문제 등 생활 지도 문제, 인성교육 문제 등등 다양한 문제점이 나타났다. 그중에서도 인성교육과 관련하여 사회성 문제가 더욱 부각되었다. 하루종일 온라인 수업, 온라인 게임 및 활동 등을 하다보니 학생들의 개인주의 문화가 더욱 심화되었고, 사회적 거리 두기라는 방역 수칙을 강조하다보니 대면 수업에서도 사회적 상호작용이 제한되고 있다. 이질적인 사회에서 사회적 상호작용하는 것이 미래 핵심 역량 중의 하나인데, 현실적으로 이러한 공동체적 역량을 기를 수 있는 기회가 현저하게 줄어들었다. 이러한 상황에서 학생들의 사회성을 증진하고, 공동체 역량을 실질적으로 강화하기 위해서는 관계기술이 매우 필요하다. 다른 사람들과 좋은 관계를 맺고 유지하기 위해서는 관계의 필요성만을 강조한다고 이루어지는 것이 아니라 구체적인 삶의 기술로서 관계기술을 익히고 실천해야 한다. 관계기술은 집단생활을 통해서 자연스럽게 익힐 수 있는 것이 아니라 의도적인 계획과 노력 속에서 배워갈 수 있는 것이다. 관계기술은 교사가 말로만 설명한다고 학생들이 알게 되는 것이 아니라 교사가 먼저 시범을 보이고 구체적인 방법을 제시하고 실천할 수 있도록 유도하고, 피드백을 해야한다.

관계기술을 익히고 실천하게 되면 다른 사람들과의 소통도 잘 이루어진다. 소통이 잘 이루어져야 사람은 행복해질 수 있다. 일의 성과를 내기 위해서는 개인만의 노력으로도 어느 정도 이룰 수 있지만 다른 사람과 좋은 관계를 세우고 유지하는 것은 개인만의 노력으로 얻어질 수 있는 것이 아니다. 반대로 소통이 잘 이루어지지 않으면 일의 성취를 경험해도 사람은 불행해진다.

소통의 사전적인 의미는 '의견이나 의사가 다른 사람에게 잘 통한다'이다. 소통이란 내 의견을 상대방에게 일방적으로 잘 전달하는 것이 아니라 상호 간의 의사전달이 잘 이루어져야 한다는 것이다. 그러므로 소통은 상대방 입장에서 바라보는 역지사지(易地思之)의 자세가 필요하다. 그런데 '나'는 '너'가 아니기에 '나'의 입장에서 '너'를 완전히 이해한다는 것은 불가능하다. 왜냐하면 '나'는 온전히 '너'가 될 수 없기 때문이다. 그러기에 실생활에서는 소통 대신 불통(不通)을 자주 경험한다. 불통이란 다른 사람의 생각이나 견해를 이해하거나 받아들이지 못한다는 것이다. 불통이 되면 인생의 아픔(痛)이 된다. 불통은 오해와 갈등의 시발점이 되고, 그 결과 서로에게 아픔을 주고받는 관계가 될 수 있다.

교실에서도 교사와 학생, 학생 상호 간 소통이 잘 이루어지지 않아 오해와 갈등이 일어나는 경우가 많다. 사람으로서 본격적인 사회생활은 교실을 통해 이루어진다. 애정과 혈연을 기반으로 한 가정생활과 달리 학습과 교우 관계를 기반으로 한 학교생활은 자칫 평화보다는 폭력, 소통보다는 불통을 경험하기 쉽다. 그러므로 교사가 자기 교실은 소통 교실로 만들기 위해서는 많은 고민과 노력이 필요하다. 이 책은 소통 교실을 만들기 위한 방안과 학생들의 사회성 증진을 위한 관계기술을 다루고 있다. 관계기술이란 협동과 소통을 위한 대인관계기술이다. 이를 서양에서는 사회적 기술(Social Skill), 사회성 교육 등으로 강조하고 있었는데, 직역해서 그대로 우리말로 쓰기에는 약간 어색하게 느껴지는 부분이 있었다. 그래서 이 책에서는 고민 끝에 우리나라 정서에 맞게 '관계기술'이라는 단어로 의역하여 사용하였다. 예전까지 관계기술 연구들은 주로 학교폭력 예방교육, 특수교육, 협동학습 분야에서 주로 이루어졌는데, 여기에서는 별도의 독립 분야로 인식하고 일반 학생들을 위한 보편적인 인성 교육 차원에서 접근하고자 하였다. 그래서 수업이나 학급 운영 차원에서 관계기술을 다양하게 접목할 수 있도록 노력하였다.

저자들은 지난 2014년 사회적 기술 책을 출간했었으나 이미 많은 시간이 지났고, 기존 책 내용을 한 단계 업그레이드할 필요성을 느꼈다. 그래서 이 책을 통하여 그동안의 연구 성과를 반영하여 각 관계기술을 보다 심층적으로 다루고자 하였고, 새롭게 개발한 관계기술 활동들을 추가하였다. 이 책이 인성교육, 사회성교육, 평화교육을 위한 교사들의 실질적인 지침서가 되길 진심으로 바란다.

이 책이 나오기까지 많은 분들의 도움이 있었다. 우선 수업디자인연구소 여러 선생님들에게 감사한다. 연구소 선생님들이 이 책 내용을 함께 고민하고 현장에서 실천하였다. 그리고 이 책 내용을 원격연수로 담을 수 있도록 지원해주신 티쳐빌원격연수원의 김지혜 상무님, 도하영 팀장님, 김리나 대리님에게도 감사드린다. 무엇보다 하나님께 감사드리며...

2021년 6월 1일
저자 일동

목차

관계수업

포스트 코로나 교실소통왕 만들기

제1부.
왜 관계기술인가?

1장.
혼자 노는 아이들,
거칠게 행동하는 아이들

온라인 수업과 블렌디드 러닝 시대의 아이들

최근 코로나 19로 인하여 학교 교육 문화가 많이 바뀌게 되었다. 특히 온라인 수업과 블렌디드 러닝이 학교 교육 차원에서 전격 도입되어 운영되고 있다. 코로나 19가 완전히 종식된다하더라도 앞으로 온라인 수업과 블렌디드 러닝이 새로운 학교 교육 문화로 자리잡게 될 것이다. 이미 정부 차원에서도 '스마트 그린스쿨'이라는 이름으로 대대적인 스마트 교육 환경을 위한 투자를 하겠다고 발표하였다.[1]

그런데 온라인 수업은 대면 수업에 비해 많은 장점을 가지고 있지만[2] 또한 대면 수업의 장점을 온전히 구현할 수 없는 부분도 있다.[3] 그 중의 하나가 인성교육과 사회성교육이다.

---

[1] 경향신문, 2020. 7.14

[2] 온라인 수업의 장점으로는 비대면 수업을 통해 코로나로부터 학생의 건강과 안전을 보호할 수 있는 것이다. 언제 어디서나 수업이 가능하다. 교실 벽을 넘어 다른 학급, 다른 학교, 다른 나라 학생들과 협력 학습이 가능하다. 교사 입장에서는 상시 공개 수업을 통한 수업의 질 향상이 가능하고, 교사학습공동체 활동이 더욱 활성화될 수 있다. 경제적인 측면에서는 에듀테크(스마트수업 등) 관련 산업이 발전할 수 있다.

[3] 온라인 수업의 단점으로는 학생들의 스마트 기기 구입, 인터넷망 등 스마트 교육 환경의 구비를 위한 재정 투자가 필요하다는 것이고, 실기 실습 교육을 하기 어렵고, 특수학생들에게는 한계가 있다는 것이다. 교사의 실재감이 낮아서 의미있는 대인 관계를 맺는 데 한계가 있고, 중하위권 학생들에 대한 생활지도와 피드백이 어렵다. 지식과 이해는 어느 정도 가능하지만 적용, 분석, 종합, 평가 역량을 기르기 쉽지 않다. 교사 입장에서는 수업 준비 부담이 크고 개별 학생에 대한 맞춤형 피드백이 힘들다.

왜냐하면 아무리 최첨단 스마트 교육 환경이 구축되고, 다양한 온라인 수업 모델이 개발된다 하더라도 학생들의 인성 및 사회성 교육을 할 수는 없기 때문이다.

오히려 온라인 수업과 블렌디드 러닝이 발전할수록 인성 교육과 사회성 교육에 대한 중요성이 더욱 커질 것이다. 왜냐하면 온라인 수업은 인지적 지식을 전달하기에는 유용할 수 있지만 사람과 사람 사이의 관계를 세우려면 대면 활동을 통해서만 가능하기 때문이다. 특히 인성 교육과 사회성 교육은 유치원과 초등학교 저학년 시기에 더욱 체계적으로 운영될 필요가 있다. 그런데 이 시기 학생들은 발달단계 특성상 온라인 교육 접근이 한계가 있다. 오히려 생태교육과 관계기술 교육이 더 중요한 시기이지만 코로나 19로 인하여 불가피하게 온라인 수업을 진행할 수밖에 없었다. 그러다보니 이른 나이에 스마트 기기에 일찍 노출되고 그 결과 스마트 과의존 현상이나 게임 중독 현상이 예전보다 더 강화되고 있는 상황이다. 일부 중고등학교 학생의 경우, 온라인 수업을 대충 듣고 과제를 수행한 다음, 자기 방에서 문을 잠그고 온라인 게임 등을 하거나 SNS를 통해 친구들끼리 특정 학생을 집단으로 괴롭히는 하는 일이 나타나고 있다. ·

개인주의적 성향의 아이들

최근 교실에서 생활하는 아이들의 문화를 관찰해보면 예전에 비해 개인주의적 성향을 가진 아이들이 늘어나고 있다. 쉬는 시간에도 친구들과 함께 떠들거나 몸놀이하는 것보다 혼자서 스마트폰을 가지고 노는 모습이 많이 보인다. 조별 과제를 싫어하고, 누군가와 함께 프로젝트를 수행하는 것에 대한 거부감을 많이 가지고 있다. 때로는 이기주의적인 태도를 보여서 교사들을 당황스럽게 만들기도 한다.

최근 들어 개인주의적 성향의 아이들이 많이 늘어난 이유는 무엇일까?

여러 가지 이유가 있겠지만 사회적인 측면에서 분석한다면 우리나라의 인구 구조 변화 현상에 주목할 필요가 있다. 현재 우리나라의 출생 인구 추세를 살펴보면 출생아 수가 급감하고 있다는 것을 알 수 있다.(통계청)

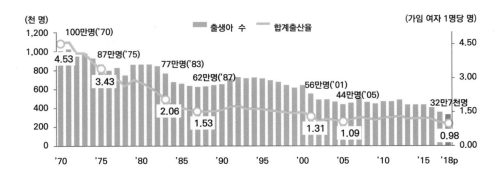

출생아 수 및 합계출산율 추이, 1970~2018

(천 명) / (가임 여자 1명당 명)

■ 출생아 수   합계출산율

100만명('70) — 4.53
87만명('75) — 3.43
77만명('83) — 2.06
62만명('87) — 1.53
56만명('01) — 1.31
44만명('05) — 1.09
32만7천명 — 0.98

'70 '75 '80 '85 '90 '95 '00 '05 '10 '15 '18p

1970년생이 약 100만 명 정도였다면, 2001년생이 56만 명, 2005년생이 44만 명이다. 2017년생은 약 36만 명, 2018년생은 약 32만 명, 2019년생은 약 30만 명, 2020년생은 약 27만 명이다. 최근 3-4년 사이에 약 10만 명이나 출생아 수가 줄어들었다. 이는 현재 중고생이 약 50만 명, 초등학생이 40만 명 수준이라는 것인데, 5년 뒤에는 30만 명 수준으로 학생 수의 감소가 이루어진다는 것을 의미한다. 매년 인구수가 2-4만 명 정도가 줄어든다면 5년 뒤 학급당 학생도 현재 학생 수에 비해 25% 정도가 줄어드는 것이다.

2020년 현재 1가정당 출산율은 0.84명을 기록했다.[4] 현재 인구를 유지하기 위해서는 1가정당 출산율이 2명 정도가 되어야 하지만 최근 흐름은 1명 이하라는 것이다. 사회 문화상 만혼과 비혼 현상이 두드러지면서 가정당 출산율은 좀처럼 반등할 기미가 보이지 않는다.

1가정당 자녀가 1명 이하라는 것은 대부분의 가정에서 한 자녀인 경우가 많다는 것이다. 외동 자녀가 많아지게 되면 가정에서는 자녀에 대한 관심과 애정이 높아지기 때문에 부모의 과잉보호 및 애착 현상이 가속될 가능성이 높다. 혼자서 크다보면 다른 친구들과 어울리는 것에 익숙하지 못하게 되다보니 자연스럽게 개인주의적인 성향을 많이 띄게 될 수밖에 없을 것이다. 개인주의적 성향의 아이들은 성인이 되어도 이질적인 사회 집단에서 협업하는 것을 부담스럽게 여길 수 있다.

---

4) 국가통계포털 (http://kosis.kr/)

공격적인 언행을 하는 아이들

아이들 중에서 거칠게 말하고 행동하는 경우가 많아지고 있다. 최근 학교 폭력 발생수는 지속적으로 감소하고 있지만[5] 학교 폭력을 신고하지 않은 경우도 많이 있다.[6] 실제 학교 폭력 실태를 살펴보면 아직도 학교 폭력으로 인하여 많은 아이들이 고통을 받고 있다는 것을 알 수 있다. 특히 언어폭력의 비중이 크다는 것을 알 수 있다.

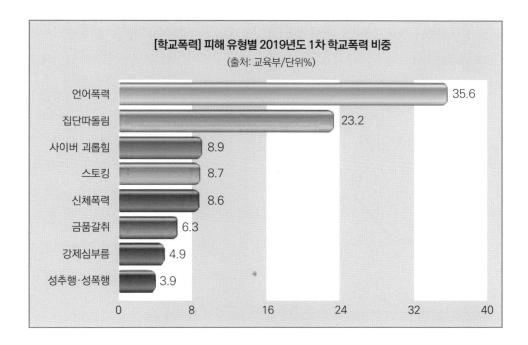

[학교폭력] 피해 유형별 2019년도 1차 학교폭력 비중
(출처: 교육부/단위%)

유형	비중
언어폭력	35.6
집단따돌림	23.2
사이버 괴롭힘	8.9
스토킹	8.7
신체폭력	8.6
금품갈취	6.3
강제심부름	4.9
성추행·성폭행	3.9

인하대 국어문화원의 '청소년 한글지킴이' 활동을 하는 인천 S고교생들이 청소년들이 자주 사용하는 욕을 조사하는 보고서를 냈는데, 가장 많이 사용하는 욕설은 '존X', '씨X', '개XX', '엄X', '엿 먹어라' 등이었다. 인하대 국어문화원에 따르면 청소년의 95%가 일상생활에서 비속어·욕설·은어 등을 사용하고 있다. 이 중 72%의 학생들은 비속어나 욕설의 뜻도 잘 모르는 채 무의식적으로 사용하고 있다. 80%가 초등학교 때부터 사용하는 것으

---

5) 한국일보 2017.07.11

6) 교육통계서비스 https://m.blog.naver.com/kedi_cesi/221309103675
   학생들이 학교 폭력을 신고하지 않은 이유로는 '별일이 아니라고 생각해서, 더 괴롭힘을 당할 것 같아서, 해결이 안 될 것 같아서, 창피해서, 스스로 해결할 수 있다고 생각해서' 라고 답했다.

로 나타났다.[7] 요즘 청소년들의 대화를 살펴보면 비속어가 자연스러운 일상생활 언어로 사용되고 있다는 것을 알 수 있다.

물론 예전에도 욕을 사용하는 청소년들이 많았지만 최근 들어 더욱 욕이나 비속어를 사용하는 비중이 높아지는 이유는 무엇일까?

첫째는 맞벌이 부부의 증가 현상으로 인한 돌봄 부족이다. 경제적 저성장 현상이 지속되면서 최근 맞벌이 부부 비중이 늘어나고 있다. 2018년도 통계청이 발표한 자료에 따르면 유(有)배우 가구(가구주가 배우자를 둔 가구)인 1224만5000가구 중 맞벌이 가구는 567만5000가구로 전체 가구의 46.3%를 차지했다. 맞벌이 부부의 비중이 점차 늘어나고 있는 추세이다.

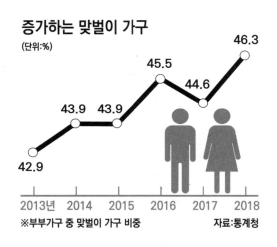

증가하는 맞벌이 가구
(단위:%)
42.9 2013년
43.9 2014
43.9 2015
45.5 2016
44.6 2017
46.3 2018
※부부가구 중 맞벌이 가구 비중
자료:통계청

맞벌이 가정이 늘어나면서 어린 시절 자녀를 조부모나 위탁 기관에 일찍 맡기는 경우가 많아지고, 어린 자녀의 욕구를 충분히 채우지 못하는 경우가 생긴다. 그런데 성장 과정에서 욕구 불만이 분출되면서 때로는 거칠게 언어나 행동이 나오는 경우가 많아지게 된다.

둘째는 아이들이 대중 매체에 많이 노출되다 보니 자극적인 콘텐츠에 열광하기 쉽고, 이는 거친 언행으로 연결되는 경우가 생긴다. 최근에 초등학생들에게 가장 영향력이 있는 매체는 유튜브이다. 유튜브에는 다양한 콘텐츠들이 많이 올라오는데, 유튜브 제작자들이 수익을 위해서는 구독자 수나 '좋아요'를 많이 얻어야 한다. 그러기 위해서는 유튜브 제작자들이 자극적인 콘텐츠를 꾸준히 올려야만 가능해진다. 초등학생들이 유튜브 콘텐츠를 무비판적으로 수용하는 경우가 많아지다 보니 어린 시절부터 비속어

---

7) 청소년 95% 쓰는 이 욕설, 원뜻 알려주니…"몰랐어요", 중앙일보 2018.08.31

나 거친 행동에 익숙해지기 쉽다. 최근 초등학생들이 사용하는 비속어 중에는 유튜브 제작자들이 사용한 언행에 많은 영향을 받아 뜻도 잘 모르고 해당 언행을 하는 경우가 많아지고 있다.[8]

요즘 아이들은 생활적인 측면에서 개인주의적 성향을 가지거나 공격적인 성향을 가진 아이들이 예전보다 늘어나고 있다. 학습적인 측면에서는 기초 학력 저하 현상이 일어나고 있다. 불확실한 미래 사회 앞에서 우리 아이들을 위해 우리는 어떻게 아이들을 지도해야 할 것인가?

---

8) 최근 초등학생들에게 많이 유행어 중의 하나가 '앙 기모띠'이다. '앙 기모띠'는 일본 음란 영상물에서 많이 나오는 표현으로 구태여 직역하자면 '아, 기분이 좋아'라는 뜻이다. 그런데 유튜버인 BJ 철구가 자신의 유튜브 동영상에서 자주 사용하면서 이러한 표현이 사회적 유행어로 확산되게 되었다.

2장.
인성교육과 평화교육,
그리고 역량교육에서 바라본 관계기술

인성(人性), 사람이란 무엇인가?

변화하는 사회와 아이들에 대한 생활 교육의 대안으로 인성 교육에 대한 사회적 관심이 높아지고 있다. 2014년 국회에서 '인성교육진흥법'을 선포하였는데, 인성 교육에 대한 국가·사회적, 개인적 중요성이 증가함에 따라 가정, 학교, 사회의 인성 교육 기능을 강화하기 위한 법적, 제도적 뒷받침이 필요하다고 생각했기 때문이다.

그렇다면 인성(人性)이란 무엇인가? 글자 그대로 풀면 사람의 성품을 말한다. 성품이란 성질과 품격의 합성어로서 성질은 정신적 바탕을 의미하고, 품격이란 좋고 나쁨의 정도를 의미한다. 좀 더 쉽게 말하자면 인성이란 '사람다움'을 의미하는데, '사람이란 무엇인가?', '사람과 동물과의 차이점은 무엇인가?'의 근본적인 질문과 관련이 깊다. 이 질문에 대하여 문화권이나 학자에 따라 다양한 답변이 존재한다. 전통적인 인성 교육의 접근 방법은 핵심 가치 및 덕목 관점에서 이해했다. 동양에서는 지(知), 덕(德), 체(體)로 제시하면서 그중에서도 '도덕성'을 강조했다. 반면 서양에서는 지(知), 정(情), 의(意)로 구분하면서 그중에서도 '지성'을 강조했다. 최근에는 인성을 미래 교육 측면에서 역량 관점의 접근을 강조하고 있다. 일반적으로 역량이란 합리적인 문제 해결과 행위 실천을 위해 필요한 지식, 기능, 판단, 탐구, 성찰, 가치·태도, 실천 등을 포함한 총체적인 특성을 말한다.[9] 즉, 역량이란 '아는 것'을 넘어 '할 수 있는 것'을 의미하는 것으로 지행합일(知行合一)을 강조한다. 최근의 인성 교육은 가치·덕목 중심 접근과 핵심 역량 접근을 상호 대립적인 관계가 아니라 상호 보완적인 관계로 이해하고 있다.

그래서 인성교육진흥법에서도 인성교육을 '자신의 내면을 바르고 건전하게 가꾸고 타인·공동체·자연과 더불어 살아가는 데 필요한 인간다운 성품과 역량을 기르는 것을 목적으로 하는 교육'이라고 정의하였다. 인성교육의 목표가 되는 핵심 가치·덕목으로 예(禮), 효(孝), 정직, 책임, 존중, 배려, 소통, 협동 등을 제시하였다. 핵심 역량으로 가치·덕목을 실천하는 데 필요한 지식과 의사소통능력, 갈등해결능력 등이 통합된 것으로 이해한다.[10]

인성교육의 영역

인성은 포괄적인 개념이기 때문에 인성교육을 접근하려면 좀 더 구체적인 영역을 구분하여 접근하는 것이 필요하다.[11] 여기에서는 지성, 감성, 사회성, 덕성, 실천성 등으로 나누어 설명하고자 한다.[12]

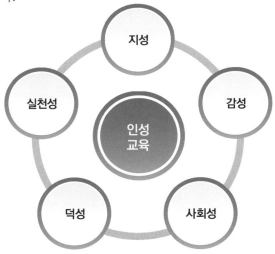

9) 정창우(2015), "인성 교육의 이해와 실천", 교육과학사

10) 인성교육진흥법, 시행 2015.7.21

11) 차성현(2012)은 인성 교육의 개념을 3차원 6대 핵심 역량으로 설명한다. -도덕성(핵심 가치 인식, 책임있는 의사결정 역량), 사회성(사회적 인식, 대인관계 역량), 감성(자기 인식, 지기관리 역량)

12) 김현섭(2017), "철학이 살아있는 수업기술", 수업디자인연구소

지성(知性)

지성이란 생각하는 힘을 말한다. 기존 인지 교육은 많은 지식을 전달하고 이를 암기하는데 초점을 두고 있다. 그에 비해 지성 교육은 적용, 분석, 종합, 비판 등 고차원적인 사고 능력을 가지고 기초적인 지식을 활용할 수 있는 역량을 기르는 것을 의미한다.

지성 교육은 어떤 사물에 대하여 '왜?'라는 질문을 스스로 던지고 그 답을 찾아갈 수 있도록 하는 것이다. 관련된 덕목은 지혜, 절제 등이고 관련 역량은 정보처리 능력, 문제 해결력, 상상력, 창의력 등이 있다.

감성(感性)

감성이란 어떤 대상에 대한 느낌과 인식의 결합 상태를 말한다. 감성은 어떤 대상으로부터 5가지 감각(시각, 청각, 후각, 미각, 촉각)을 통해 느껴지는 인식이다. 감성은 감정과 깊은 관련이 있지만 개념은 약간 다르다. 감정이란 어떤 대상에 대하여 일시적으로 느끼는 자연스러운 마음의 상태라면 감성은 어떤 대상에 대해서 느끼는 지속적인 인식 성향을 말한다. '기쁘다', '슬프다' 등이 감정이라면 '멋있다', '따뜻해 보인다.'는 감성이다. 즉, 감성이란 감정(느낌)에 대한 인식 성향을 말한다.

감성 교육은 자기나 다른 사람의 감정을 잘 알아차리고 자기감정을 소중히 여기는 만큼 다른 사람들의 감정을 소중히 여기고 배려할 수 있도록 해야 한다. 관련된 덕목은 감정 이입, 친절, 염치, 긍정 등이고, 관련 역량은 공감 능력, 심미적 감성 능력 등이 있다.

사회성(社會性)

사회성이란 다른 사람과의 관계를 적절하게 맺고 원만한 관계를 유지할 수 있는 것을 말한다. 다른 사람과의 원만한 관계를 유지하기 위해서는 자기중심 사고에서 벗어나 역지사지(易地思之)의 자세를 가져야 한다. 공동체에 대한 소속감과 애정을 가지고 참여하는 것도 사회성에 포함된다.

사회성은 사회적 관계의 의식으로서 사회생활에 적응하는 것을 의미한다. 사회성은 특정한 사람과의 친밀성인 애착을 넘어 다양한 사람과의 긍정적인 관계 형성을 의미한다. 사회성은 대개 또래 집단과 공동체 구성원 간의 경험을 통해 습득된다. 에릭슨은 사회성

발달을 통해 성격이 형성된다고 보았으며, 칼 융은 사회적 얼굴인 페르소나를 통해 인성이 발달한다고 보았다.[13] 관련 덕목은 배려, 예절, 효도, 협동 등이고 관련 역량은 소통 능력, 공감 능력, 대인관계 능력, 갈등 해결 능력 등이 있다.

덕성(德性)(자기 정체성, 영성)

덕성이란 인간 성품의 좋은 상태를 말한다. 성품이란 정신적·심리적 바탕인 '성질'과 사물의 좋고 나쁨의 정도인 '품격'의 합성어이다. 덕성이란 인간 됨됨이(Being)를 말한다. 덕성을 기르려면 자기 내면의 중심을 살피고 자기의 부족함을 찾아 채워야 한다. 덕성이 부족하면 삶의 만족도와 행복 지수도 떨어진다.

덕성은 자기 정체성과 밀접한 관련이 있다. 자기 정체성이란 자기의 본질을 깨닫는 성질을 말한다. 자기 정체성은 자존감과 밀접한 관련이 있다. 자존감은 자기가 자기를 존중하는 것을 말한다. 자존감은 자기를 소중한 존재로 여기는 자기 존중과 어떤 일을 도전할 때 잘 수행할 수 있으리라고 생각하는 낙관적인 기대감인 자기효능감으로 이루어져 있다.

또한 덕성은 인간 내면의 안정성과 관련이 있다. 덕성이 세워지면 개인의 내면을 바르고 건전하게 가꿀 수 있는 힘이 생긴다. 덕성을 가지면 주변 사람들의 시선과 상관없이 올바름을 유지할 수 있다.

덕성은 영성과도 관련이 깊다. 영성이란 초자연적 존재와의 관계를 통해 개인의 내적 세계와 전체 세계와의 관계를 깨닫는 것이다. 이를 통해 자기 정체성을 깨닫고, 내면의 안정성을 유지할 수 있게 된다.

덕성 교육은 자기 성찰 활동, 내면의 힘을 기르기 위한 활동, 피드백 활동 등을 강조한다. 자기의 생각, 감정, 가치관, 태도, 자세 등을 객관적으로 알아차리고 부족한 부분을 채울 수 있는 것을 강조한다. 관련 덕목은 성실, 자존감, 성찰, 존중, 절제 등이고, 관련 역량은 자기 성찰, 자기 관리 역량 등이다.

---

13) 신재한, 김상인(2019), "제4차 산업혁명 시대 인성교육의 실제", 교육과학사

실천성(實踐性)(신체성, 통합성)

실천성이란 알고 있는 것, 옳다고 생각하는 것을 실천할 수 있는 것이다. 실천성이란 지행합일(知行合一)을 추구하며 신체성과도 관련이 있다. 신체성은 육체적 건강 이상의 의미를 가지고 있다. 육체적 건강은 정신적 건강이 연결되어 있고 머리로만 생각하는 것이 아니라 몸으로 실천할 수 있어야 함을 의미한다. 서양 전통에서는 플라톤 이후 이론과 실천, 몸과 마음, 이성과 감정을 이원화하여 좋고 나쁨을 구분하는 경향이 있다. 반면 동양에서는 몸과 마음을 구분하지 않고 심신 수양을 강조하였다. 동양에서는 음양설처럼 사물을 둘로 구분하여 대립적인 관계로 이해하지 않고 하나로 이해하여 조화를 추구하였다.

실천성을 지향하는 교육에서는 생활 중심 교육과정, 노작 교육, 프로젝트 수업, 문제 중심 수업, 사회 참여수업, 사회봉사 활동 등을 강조한다. 관련 덕목은 정의, 조화 등이고 관련 역량은 문제 해결 능력, 실행 능력, 창의적 능력 등이다.

역량교육

일반적으로 역량이란 '과제나 역할을 수행하는 데 필요한 능력'을 말한다. 역량이란 인지 측면이나 기술을 넘어서 인간의 총체적인 능력을 말한다. 역량은 총체적인 능력을 적절하게 활용하고 특정 맥락에 맞게 수행할 수 있는 학습 가능성을 포함한다.[14] 즉, 역량은 지식을 활용할 수 있는 능력, 인생을 살아갈 수 있는 힘을 말한다.

OECD의 미래학자들과 교육학자들은 미래 사회의 변화를 예측하고 현대 사회에서 필요한 핵심 역량을 규명하고자 1987년부터 3년 동안 데세코 프로젝트 연구를 실시하였다. 역량이란 지식과 기술뿐 아니라 정서, 신념, 가치, 태도를 포괄하는 총체적인 능력으로서 삶 속에서 필요한 인지적, 정의적 능력을 통해 복잡한 과제를 성공적으로 수행할 수 있는 능력으로 정의하였다. 그 결과 3개 범주, 9대 핵심 역량을 다음과 같이 제시하였다.

자율적인 행동
· 넓은 시각에서 행동하는 능력

---

14) 서울대 교육학과 BK21 역량기반 교육혁신 연구사업단 외(2016), "역량 기반 교육", 교육과학사

- 권리, 관심, 한계와 요구를 옹호하고 주장하는 능력
- 인생 계획과 개인적 과제를 설정하고 실행하는 능력

상호작용적 도구의 활용

- 기술을 상호작용적으로 활용하는 능력
- 지식과 정보를 상호작용적으로 활용하는 능력
- 언어, 상징, 텍스트를 상호작용적으로 활용하는 능력

이질집단에서의 상호작용

- 팀으로 일하고 협동하는 능력
- 갈등을 관리하고 해결하는 능력
- 다른 사람과 관계를 잘 맺는 능력

그런데 3개 범주는 미래 사회의 변화의 흐름을 반영한 것이다. 관행적이고 타율적인 자세로는 예측을 할 수 없는 미래 사회를 대처하기 힘들다고 보았기에 자율적인 행동을 강조한다. 신기술의 등장과 기술 혁신이 빠르게 이루어지는 현실에서 새로운 지식과 기능 등을 습득하기 위한 도구를 활용하는 것이 중요하다고 본 것이다. 또한 미래 사회는 현재보다 세계화 현상이 가속화되고, 인적, 물적 교류가 더욱 활성화됨에 따라 사회적 이질 집단에서 상호 작용하는 것이 중요하다고 바라본 것이다.

OECD 데세코 프로젝트는 각국의 교육 개혁 정책에 큰 영향을 미쳤다. 역량 중심 교육과정은 우리나라의 2015 교육과정에도 영향을 미쳤다. 2015 개정 교육과정에서 제시하고 있는 핵심 역량은 자기 관리 역량, 지식정보처리 역량, 창의적 사고 역량, 심미적 감성 역량, 의사소통 역량, 공동체 역량이다.

핵심역량 요소	개념
자기관리 역량	자아정체성과 자신감을 가지고 자신의 삶과 진로에 필요한 기초능력과 자질을 갖추어 자기주도적으로 살아갈 수 있는 능력
지식정보처리 역량	문제를 합리적으로 해결하기 위해 다양한 영역의 지식과 정보를 처리하고 활용할 수 있는 능력
창의적 사고 역량	폭넓은 기초지식을 바탕으로 다양한 전문분야의 지식, 기술, 경험을 융합적으로 활용하여 새로운 것을 창출하는 능력
심미적 감성 역량	인간에 대한 공감적 이해와 문화적 감수성을 바탕으로 삶의 의미와 가치를 발견하고 향유하는 능력
의사소통 역량	다양한 상황에서 자신의 생각과 감정을 효과적으로 표현하고 다른 사람의 의견을 경청하며 존중하는 능력
공동체 역량	지역국가세계 공동체의 구성원에게 요구되는 가치와 태도를 가지고 공동체 발전에 적극적으로 참여하는 능력

역량 중심 교육은 지행합일(知行合一)을 추구한다. 역량은 무엇(What)을 아는 것을 넘어 어떻게(How) 해야 하는가를 강조한다. 가치와 덕목을 실행할 수 있는 문제해결 능력이 역량인 것이다. 그러므로 가치와 역량이 결합되어야 온전한 교육의 의미를 추구할 수 있을 것이다. 지금까지 교육 활동은 교육 목표와 가치에 맞는 교육 내용을 제시했으나 실제로는 교실에서 인지적인 내용에 치중하다 보니 실천적인 부분이 부족한 것이 사실이었다. 그런데 역량 중심 교육은 정서적 영역과 실천적 영역을 보다 강조한다는 점에서 보완적인 접근이라고 볼 수 있을 것이다.

평화교육

평화

평화의 사전적 의미를 살펴보면 '사람들끼리 서로 싸우거나 미워하지 않고 화목한 상태', '나라와 나라 사이에 전쟁이 없이 평안한 상태'이다. 평화란 단어를 통해 그 의미를 살펴보면 의식주가 충족된 상태(그리스어-에이레네), 정치적이고 군사적인 힘으로 유지되는 평정 상태(라틴어-팍스), 하나님의 뜻을 따르는 삶(히브리어-샬롬), 전반적인 삶의 평화(러시아어-미르), 정신적 만족과 내적 평화, 모든 차원에서의 비폭력(인도어-샨티, 아

힘사), 전쟁이 없는 상태(중국어-평화) 등이다.[15]

갈퉁은 평화를 소극적 평화와 적극적 평화로 구분하였다. 소극적 평화란 '직접적인 폭력이 없는 상태'로서 전쟁이 없는 상태를 말한다. 적극적 평화란 간접적 폭력으로서 '구조적 폭력과 문화적 폭력이 없는 상태'를 말한다. 구조적 폭력이란 기아, 절대적 빈곤, 빈부격차, 생태계 파괴 등 사회 구조에 의하여 발생되는 폭력이고, 문화적 폭력이란 이데올로기, 종교, 대중 문화 등 잘못된 구조와 체제를 유지하는 데 도움이 되는 폭력이다.

힉스는 평화 교육의 목적으로 평화의 개념을 탐구하여, 평화의 장애물과 평화 부재의 원인을 탐색하고 평화적인 방법으로 갈등을 해소하며, 미래 대안을 생각하고 정의롭고 지속가능한 세계를 만들 수 있도록 노력하는 것으로 보았다. 평화 교육의 학습 목표를 지식, 태도, 기술로 나누었다.[16]

평화 교육의 목표

지식	태도	기술
·갈등 문제 ·평화 문제 ·전쟁 문제 ·핵 문제 ·정의 문제 ·권력 문제 ·성 문제 ·인종 문제 ·생태 문제 ·미래 문제 등	·자아 존중 ·타인에 대한 존중 ·생태학적 관심 ·열린 마음 ·전망 ·정의에 대한 헌신 등	·비판적 사고 ·협력 ·공감 ·단호함 ·갈등 해결 ·정치 문해 등

평화 교육은 무너진 대인 관계를 회복하고 평화의 가치를 추구하며 평화 기술을 통해 평화 교실을 만들 수 있는 현실적인 대안이다. 최근 비폭력대화나 회복적 정의도 평화 교육 측면에서 이해할 수 있는 담론들이다.

---

15) 김미경, 이혜정(2013), "유아 평화 교육", 교육아카데미
16) 데이비드 힉스, 고병헌 역(1993), "평화 교육의 이론과 실천", 서원

평화감수성

　평화에 대한 지식과 정보 등의 인지적 측면이 충족된다고 해서 평화에 대한 민감성, 열정, 의지 등의 정서적인 측면까지 생기는 것은 아니다. 감수성이란 우리를 둘러싼 환경이나 자극에 대해 반응하고 대처하며, 때로는 이를 극복하는 마음의 능력이자 감정과 태도 및 행동을 조절하는 능력으로서 한 개인이 전인격적으로 갖게 되는 감정적인 측면을 말한다.[17] 즉, 다른 사람과의 관계를 자각하고, 다른 사람에 대한 민감한 반응을 보이는 것이다. 예컨대, 친구가 시험에 낙방했을 때 함께 그 고통을 느끼고 공감을 한다면 감수성이 높다고 볼 수 있고, 오히려 자기와 상관없는 일로 쉽게 자기 입장만을 말하거나 오히려 상처가 되는 말을 한다면 감수성이 높다고 보기 힘들 것이다.

　평화감수성이란 평화와 관련한 전인격적인 감정 반응을 말한다. 즉, 자신의 삶의 조건 속에서 발생하는 제반 갈등 요소를 파악하고 이를 평화적으로 해결할 수 있는 후천적이고 사회적 능력이다. 평화감수성은 폭력과 아픔과 차별이 없는 마음이다.[18] 폭력과 차별에 대하여 단호하고 고통을 받는 사람을 공감하고 갈등을 평화롭게 해결하는 능력이다.

인성·사회성 교육, 역량 교육, 평화교육에서 바라본 관계기술

관계기술(Social Skill)이란?

　관계기술(사회적 기술, Social Skill)이란 '공동의 학습 목표를 이루기 위해 학생들끼리 서로 배려하면서 대인 관계를 맺어나가는 기술'로서 다른 사람들을 배려하는 사회적 행동을 말한다. 대표적인 관계기술로는 칭찬하기, 경청하기, 칭찬하기, 배려하기, 공감하기, 격려하기, 갈등 해결하기, 인사하기, 긍정적으로 표현하기 등이 있다.[19]

인성교육과 관계기술

　우리나라 교육 이념은 홍익인간(弘益人間)이다. 홍익인간이란 인간을 널리 이롭게 한다는 의미인데, 홍익인간의 개념 자체가 '인간을 널리 이롭게 한다'는 사회성을 담고 있다.

---

17) 이인정(2018), '평화 통일 감수성 함양 체험 소통형 교수 및 프로그램 개발 연구', 2018 통일 북한 교수 연구과제 논문
18) 허승환, 이보라(2016), "교실 속 평화놀이", 즐거운학교
19) 김현섭 외(2013), "사회적 기술", 한국협동학습센터

예(禮), 효(孝), 정직, 책임, 존중, 배려, 소통, 협동 등 인성교육진흥법에서 제시한 가치·덕목들은 관계기술과 모두 관련이 있는 가치·덕목들이다.

사회성교육과 관계기술

사회성이란 다양한 상황과 장소에서의 타인의 생각, 감정, 관점을 이해하고, 타인과 긍정적인 관계를 형성·유지하며 소통하는 것을 말한다.[20] 사회성 교육은 상대방 입장을 이해하고 상대방을 배려하는 마음만으로는 부족하다. 상대방을 배려하는 마음을 구체적으로 표현할 수 있는 관계기술이 뒷받침되어야 의미가 있다. 그래서 사회성 교육의 대표적인 수업 방법인 협동학습에서 관계기술을 매우 강조한다.[21]

역량교육과 관계기술

역량은 지식뿐 아니라 실천 기술을 포함한 총체적인 개념이다. OECD 데세코 프로젝트에서 제시한 3개 범주 중 이질적인 집단에서의 상호작용은 관계기술과 매우 밀접하다. 즉, 관계기술과 관련이 높은 역량은 협업 역량, 갈등 해결 역량, 대인 관계 역량이다. 우리나라 2015 교육과정에서 제시한 핵심 역량 중 관계기술과 관련이 있는 역량은 공동체 역량, 의사소통 역량 등이다.

평화교육과 관계기술

평화 교육에서는 지식과 태도뿐 아니라 기술도 강조한다. 비판적 사고하기, 협력하기, 공감하기, 단호하게 행동하기, 갈등 해결하기 등 평화 기술은 대표적인 관계기술이기도 하다. 미국 폭력예방협회에서는 학교 폭력 예방 교육으로서의 관계기술을 강조하여 다양한 교수학습자료를 출간하여 보급하고 있다. 여기에서는 적절한 결정 내리기, 자존감 기르기, 무례함 다루기, 의사소통기술 다루기, 평화적으로 갈등 해결하기, 남자와 여자관계 이해하기, 분노 다루기, 과도한 스트레스 극복하기, 우울증 다루기, 약물 중독 극복하기

---

20) 현주 외(2013), '초중등 학생 인성 교육 활성화 방안 연구(Ⅰ), 한국교육개발원
21) 협동학습에서는 관계기술(사회적 기술)을 기본 원리나 운영의 핵심 열쇠로 바라본다.(케이건, 1994)

등을 다룬다.[22]

    평화 교실은 학교 폭력이 없는 교실을 넘어서 적극적인 평화가 실현되는 교실을 의미한다. 즉, 평화의 가치와 원리가 실천되고 있는 교실이다. 학급 문제를 평화 감수성이 살아 있는 방식으로 해결하는 교실이다.

    우리 교실을 불통(不通)교실이 아니라 소통(疏通)교실을 만들기 위해서는 교사가 구체적인 관계기술을 학생들에게 직접 가르칠 수 있어야 한다.

---

22) 베건, 아이캔 인지학습발달센터 역(2009), "바로 사용할 수 있는 폭력 예방 기술", 시그마프레스
    베건, 응용발달심리연구센터 역(2002), "바로 사용할 수 있는 사회적 기술 향상 프로그램", 시그마프레스

3장.
관계기술을 익히기 위한
원리와 단계

관계의 의미와 중요성

관계란?

　관계(關係)의 사전적인 의미는 사람, 사물이나 현상 사이에 서로 맺어져 있는 연관성 등을 말한다. 사람 사이의 대인관계(對人關係)는 둘 이상의 사람이 빚어내는 개인적이고 정서적인 관계를 가리킨다. 사람의 본질적 특성 중의 하나는 사회적 존재라는 것이다. 사람은 태어날 때부터 다른 사람의 도움과 보호를 필요로 하는 의존적 존재이기도 하다. 우리는 가족, 연인, 동료 등 사회를 구성하여 서로 상호작용하면서 살아간다.

나와 너, 나와 그것

　철학자 마르틴 부버는 대인 관계를 '나와 너', '나와 그것'으로 구분하였다. '나' 그 자체는 없고, '나와 너', '나와 그것'의 '나'가 있을 뿐이다.[23] 즉, 관계를 통해 '나'가 존재하는 것이지, 나 홀로 존재하는 것은 아니라는 것이다. 인격적 대상으로 만나는 것을 '너'라고 보았고, 대상화된 객체를 '그것'으로 보았다. 나와 또 다른 나인 '너'를 인격적으로 만나 대

---

23) 마르틴 부버, 표재명 역(1977), "나와 너", 문예출판사

화하는 것을 '나와 너'의 관계로 이해했다.

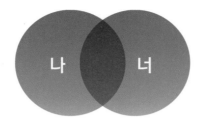

'나'는 '너'로 인하여 새로운 '나'가 될 수 있는 것이다. 즉, '나'는 다른 사람과의 인격적인 만남을 통해 나를 발전시킬 수 있다는 것이다. 예컨대, 학생이 배움의 성장을 경험하기 위해서는 좋은 선생님과의 인격적인 만남과 동료 친구들과의 교류가 꼭 필요하다는 것이다.

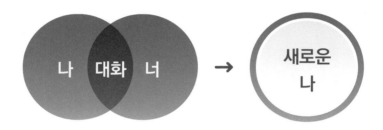

'나'가 사물인 '그것'과 관계를 맺지만 사람도 '그것'에 해당하는 사물처럼 만날 수 있다. 사람을 만나도 '너'와의 만남이 아닌 '그것'과의 만남이 될 수 있다. 다른 사람을 만날 때 인격이 아니라 수단으로 만난다면 '그것'과의 만남이라고 할 수 있는 것이다. 인간 소외 현상이나 군중 속의 고독을 느끼는 것은 '나와 그것'과의 만남에서 발생한 문제라고 볼 수 있다. 예컨대, 하루 종일 어떤 학생이 수많은 친구들이 있는 교실에서 생활한다 하더라도 왕따를 당하여 고통 받고 있고, 선생님도 그 학생들을 사무적으로 대한다면 '나와 그것'의 관계로 이해할 수 있다.

그러므로 인격적인 관계 회복을 위해서는 '나와 그것'의 만남을 '나와 너'의 만남으로 바꾸어나가야 한다. 이는 진정한 만남과 대화를 통해서 가능한 것이다.

객관론적인 인식론 모델과 학습공동체 모델

수업은 교사와 학생, 그리고 지식의 관계에서 이해해야 한다. 이를 파커 파머는 크게 객관론적인 인식론 모델과 학습공동체 모델로 설명한다.[24] 객관론적인 인식론 모델에서는 교사가 대상화된 지식을 이해하고 학생들에게 객관적인 지식을 전달하려고 한다. 여기에서는 교사는 적극적으로 객관적인 지식을 가르치려고 하고 학생들은 수동적인 배우는 자세를 가지게 된다.

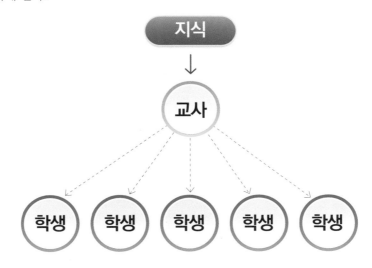

그에 비해 학습공동체 모델은 지식을 대상화하지 않고 살아있는 지식으로 이해하면서 지식을 중심으로 교사와 학생이 함께 배우는 것을 말한다. 이를 동양적 언어로 표현한다면 유가에서 말하는 교학상장(敎學相長)의 자세, 도가에서 말하는 물아일체(物我一體)의 상태를 말한다.

---

24) 파커 파머, 이종인 외 역(2013), "가르칠 수 있는 용기", 한문화

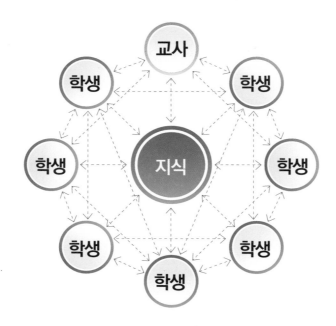

학습공동체 모델에서는 교사는 학생들을 통제의 대상으로 여기지 않고 학습의 주체로 인정하면서 함께 질문과 토의 과정을 통해 지식을 함께 배우고 창출해 나간다. 교사와 학생과의 상호 작용뿐만 아니라 학생과 학생 사이의 상호 작용도 활발하게 일어나고 그 중심에 지식이 자리 잡고 있다. 진리의 학습공동체 모델에서는 공동체적인 앎을 강조한다.

대인관계 능력과 관계기술

대인관계에 있어서 대인관계능력(對人關係能力)은 다른 사람의 생각이나 감정을 잘 이해하고 조화롭게 관계를 유지하며, 갈등이 생겼을 때 이를 원만하게 해결할 수 있는 능력을 말한다. 다른 사람의 감정과 욕구를 잘 알아차리고 원만하게 관계를 맺을 수 있는 능력인 것이다. 다중지능이론에서는 대인관계능력을 주요 다중지능으로 이해했다.[25]

대인관계를 원만하게 잘 맺는 방법은 관계의 중요성을 이해한다고 이루어지는 것이 아니라 실제로 대인 관계를 맺을 수 있는 기술과 태도 등이 뒷받침되어야 한다. 상대방을 배

---

25) 하워드 가드너는 기존 지능 개념을 비판하고 대안으로 8가지 다중지능(언어적 지능, 논리수학적 지능, 대인 지능, 자성지능, 공간적 지능, 음악적 지능, 신체적 지능, 자연이해 지능)을 제시하였다.
하워드 가드너, 문용린 역(2007), "다중지능", 웅진지식하우스

려하는 마음만 가지고 관계를 맺는 것이 아니라 배려하는 구체적인 기술이 행동으로 드러나야 온전한 관계를 맺어나갈 수 있는 것이다.

그렇다면 교실에서 관계기술 교육이 왜 중요한가?

첫째, 관계기술은 저절로 생겨나는 것이 아니라 직접 가르쳐야 생길 수 있는 것이다. 개인주의적 성향과 공격적인 성향을 가진 아이들이 늘어나고 있지만 관계의 중요성만을 강조한다고 해서 아이들의 행동이 변화되는 것은 아니다. 관계기술은 선천적인 특성이 아니라 후천적 특성을 가지고 있다. 그러므로 사회화 관점에서 교사가 직접 관계기술을 가르쳐야 생길 수 있는 것이다.

둘째, 인성 교육, 특히 사회성 교육의 핵심적인 부분이다. 사회성 교육에 있어서 지식과 기술, 태도가 결합되어야 한다. 사회성 교육의 핵심은 관계기술을 가르치는 것이다. 관계기술을 교실에서 직접 실천하고 반성하고 보완할 수 있도록 해야 한다.

셋째, 이질적인 사회를 살아가기 위한 핵심 역량이다. 미래 사회에서 세계화 현상과 다문화 현상은 더욱 가속화될 것이다. 이러한 상황에서 관계기술 교육은 학생들이 현재의 생활을 원활하게 하기 위해서뿐 아니라 미래 사회를 살아가는 데 있어서 필수적인 역량이다.

넷째, 학급 운영 측면에서 평화적인 교실 공동체를 만들고, 공동체 교육에 있어서 필수적 요소이다. 미국의 경우, 학교 폭력 예방 교육과 평화 교육 측면에서 관계기술을 강조해왔다. 우리나라의 경우는 가치와 덕목 중심의 도덕 교육 측면에서 관계 문제를 다루었지만 이제는 실용적인 측면에서 관계기술을 더욱 강조해야 한다. 우리 학급을 평화적인 교실 공동체로 만들고, 공동체 역량을 심어주기 위한 실제적인 내용이 바로 관계기술이다.

관계기술에 대한 알아차림

전경과 배경

행동을 이해하고 변화시키려면 자기 행동에 대한 알아차림이 중요하다. 알아차림에 대한 대표적인 심리학적 접근 방식이 게슈탈트 심리학이다.[26] 게슈탈트 심리학에서는 사람이 일반적으로 사물을 바라볼 때, 하나의 개별 부분으로 이해하지 않고, 의미 있는 전체로 인식하는 경향이 있다. 이를 게슈탈트(전체, 형태, 모습)이라고 할 수 있는데, 사람에 의해 지각된 자신의 행동 동기를 말한다. 우리는 관심사를 중심으로 바라보고 나머지는 배경 처리하는 경우가 많다. 예컨대, 자기 방에서 게임을 하고 있으면 게임 장면은 전경이라고 할 수 있지만, 방안의 공간 배치나 자기 방 외의 일에 대하여는 잘 인식하지 못할 수 있는데 이를 배경이라고 할 수 있다. 즉, 관심사의 초점을 전경이라고 하고, 나머지를 배경이라고 한다.

미해결과제와 알아차림

인생은 문제의 연속이라고 볼 수 있는데, 전경이었던 문제가 해결되지 않으면 다른 환경에 있어도 미해결과제가 그대로 영향을 미친다. 아침에 엄마와 다툼이 있었다면 학교에 와서도 사소한 일로 친구에게 엉뚱하게 분풀이를 할 수 있다는 것이다. 이러한 미해결 과제를 해결하려면 '지금 여기'를 알아차리는 것이 필요하다. 현재 나의 감정이 엄마와의 다툼으로 좋지 않다는 것을 알아차리면 친구와의 사회적 거리를 어느 정도 두어서 갈등을 예방할 수 있다.

알아차림이란 사람이 자신의 삶에서 현재 일어나고 있는 중요한 현상을 방어하거나 피하지 않고, '있는 그대로' 지각하고 체험하는 것이다. 즉, 자신의 욕구, 감각, 감정, 생각, 행동, 환경, 상황 등을 있는 그대로 인식하는 것이다.

관계기술에 대한 알아차림

관계기술을 배우고 실천하려면 자신의 행동에 있어서 관계기술 정도를 있는 그대로 알

---

26) 김정규(1995), "게슈탈트 심리치료", 학지사

아차리는 것이 필요하다. 내가 한 말이나 행동이 무엇이고, 이것이 다른 사람에게 어떠한 영향을 미치는지 있는 그대로 이해하는 것이다. 예컨대, 아이들이 욕을 자주 사용한다면 자신이 사용하고 있는 말이 욕인지 알아야 하고, 그 욕의 뜻이 무엇이고, 욕을 사용했을 때 다른 사람들이 어떠한 감정을 느끼고 바라보는지를 있는 그대로 알 수 있도록 해야 한다. 대부분의 아이들이 자기가 사용하는 말이 욕인 줄도 모르고 욕이라는 것을 알아도 그것이 상대방에게 어떻게 느껴지는지 충분히 고려하지 않고 사용한다. 그러므로 자기 스스로 자기의 욕하는 태도를 성찰하고 주의해야만 더 이상 욕을 사용하지 않을 수 있게 된다.

근본 원인에 대하여 직면하기

관계기술 문제가 쉽게 해결되지 않는 경우, 문제 속에 숨겨진 근본 원인에 대하여 찾아야 한다. 대개 내면이 무너진 사람일수록 자기 마음 속 깊이 숨겨져 있는 근본 원인에 대하여 마주하는 것을 회피한다. 그 이유는 직면하기 자체가 부담스럽고 고통스러운 행위이기 때문이다. 그러므로 근본 원인에 대하여 마주 서고, 바라볼 수 있도록 하여 문제 행동을 극복할 수 있다. 예컨대, 욕을 자주 사용하는 이유가 깊은 성찰의 과정을 통해 다른 친구들에게 무시당하기 싫고, 인정받으려는 욕구가 다른 사람보다 높다는 것을 알게 되면 욕을 더 이상 사용하지 않을 수 있게 된다. 왜냐하면 욕을 사용하지 않고도 다른 사람에게 무시당하지 않을 수 있다는 사실을 깨닫게 되면 더 이상 욕을 할 이유가 사라지기 때문이다.

관계기술에 대한 지도 단계

관계기술은 훈련[27]을 통해 세워질 수 있다. 기술 습득은 반복과 연습을 통해 습관화가 되어야 한다. 일반적인 기술 훈련의 단계에 따라 관계기술의 지도 단계를 제시하면 다음과 같다.[28]

---

27) 훈련(訓練)은 기본자세나 동작 따위를 되풀이하여 익히는 행위나 가르쳐서 익히게 하는 행위를 뜻한다. 훈련은 교육의 방법 중 하나이다.
28) 일반적인 훈련 단계는 행동주의 심리적적 행동 수정 방식을 토대로 이루어져있다.
　　김현섭 외(2013), "사회적 기술", 한국협동학습센터

목표 설정 ▸ 목표 제시 및 동기 유발 ▸ 시범 보이기 ▸ 반복과 연습 ▸ 보상과 강화 ▸ 반성 및 피드백

관계기술에 대한 목표 설정

학급에서 관계기술을 가르칠 때에는 학기 초 관계기술 목록을 정리하여 그 중에서 우리 학급 아이들에게 필요한 관계기술을 추려서 목표를 정하는 것이 필요하다. 수많은 관계기술이 존재하지만 그중에서 우리 아이들의 특성이나 발단 단계, 상황 등을 고려하여 정하면 좋다. 대개 한 달에 1가지 정도의 관계기술에 집중하여 지도하면 좋기에 1년 과정이라면 8개 정도의 관계기술을 선정하면 좋다. 중등학교의 경우, 학급 담임 교사가 아니라 교과 담임 교사로서 수업 시간에만 아이들을 만난다면 2-3가지 관계기술에 초점을 두면 좋다.

목표 제시 및 동기 부여

이 달의 관계기술이 정해졌다면 그에 대한 목표를 정하고 동기 유발을 할 수 있어야 한다. 왜 해당 관계기술을 이번 달에 목표로 선정했는지, 이것이 왜 중요한지를 이야기해야 한다. 동기 부여 시 스토리텔링, 동영상 시청, 간접 체험 활동 등 다양한 방법을 활용할 수 있다. 예컨대, 경청하기라면 짝꿍을 정하고 짝꿍이 말하면 다른 짝꿍은 일부러 딴짓을 하게하고 그 느낌을 말해볼 수 있을 것이다.

시범 보이기(Modeling)

해당 관계기술을 교사가 직접 시범을 보여주어야 한다. 관계기술과 관련한 말과 행동을 알려주고 구체적인 상황에서 어떻게 사용하면 좋은지 사례를 제시하는 것이 필요하다. 예컨대, 칭찬하기라면 우선 칭찬의 방법을 알려주어야 한다. 좋지 않은 칭찬법과 좋은 칭찬 방법을 비교해 주고, 칭찬을 할 때에는 구체적인 사실과 이유를 들어서 칭찬하고, 존재 자체를 칭찬하는 것이 좋다는 것을 알려주어야 한다. 그리고 칭찬의 말로 '와우~ 대단해', '네가 이런 행동을 한 것이 놀라워' 등이 있고, 칭찬의 행동으로 박수치기, 엄지 척, 토닥토

닥 등이 있다는 것을 알려주고 교사가 직접 아이들 앞에서 해당 행동을 하는 것이다.

반복과 연습

관계기술의 최종 목표는 개인적인 내면화와 습관화이다. 이를 위해서는 반복과 연습의 과정을 통해 자연스럽게 행동이 나올 수 있도록 해야 한다. 예컨대, 먼저 인사하기라면 인사하는 방법을 알려주고 나서 실제로 친구들끼리 먼저 인사할 수 있도록 유도한다. 그런데 인사하기 행동을 하루만 하는 것이 아니라 매일같이 꾸준히 반복하여 행동을 하도록 하는 것이다. 사회심리학 연구 결과에 따르면 어떤 행동이 습관화가 되기 위해서는 66일 동안 반복하는 것이 필요하다고 주장한다.[29]

보상과 강화

보상이란 어떤 행동을 했을 때 이에 상응하는 대가를 말한다. 강화란 어떤 행동이 발생했을 때 후속 자극을 주는 것으로 긍정 행동을 증가시키고, 부정 행동을 감소시키는 것이다. 보상이나 강화 방법으로 선물을 주거나 토큰을 줄 수도 있겠지만 공개적으로 칭찬 내지 격려하거나 칭찬 주인공 코너나 명예의 전당에 올려놓는 것도 좋은 방법이 될 수 있다.

반성과 피드백

관계기술에 대한 목표 행동을 측정 가능한 행동으로 표현하고 이를 측정할 수 있어야 한다. 그래야 관계기술 행동의 변화에 대한 평가와 반성, 피드백이 가능해 진다. 선택과 집중의 원리에 따라 운영하고 그 결과에 대하여 진지하게 반성과 성찰을 할 수 있는 시간을 가지는 것이 좋다. 그래서 다음 관계기술 지도 시 피드백 내용을 반영할 수 있을 것이다.

---

29) 영국 런던대 제일 워들 교수팀은 어떤 행동이 습관화되는 과정을 연구했다. 실험 참가자들에게 점심 식사 때 과일 한 조각 먹기, 점심 식사 때 물 한 병 마시기, 저녁 식사 전에 15분 뛰기 등 건강에 도움이 되는 행동 중 하나를 선택하게 한 뒤 매일 반복해 실천하게 했다. 연구진은 이들이 매일 목표를 수행할 때 의무감과 의지로 하는 것인지, 생각 없이 반사적으로 하는 행동인지를 조사했다. 그 결과 평균 66일이 돼서야 생각이나 의지 없이 행동해 습관으로 자리 잡게 된다는 것을 알게 되었다. - 중앙일보 2009.07.20

사회성 및 관계기술에 대한 유형 분석

행동을 이해하려면 행동 너머의 생각과 감정을 알아야 하고, 생각과 감정을 알려면 그 속에 숨겨진 욕구를 알아야 한다. 욕구란 마음속의 원하는 것을 말한다. 욕구는 행동의 근본 동기에 해당한다. 그래서 관계기술 행동을 변화시키려면 감정뿐 아니라 그 속에 숨겨진 욕구도 제대로 바라볼 수 있어야 한다.

욕구코칭에서는 5가지 기본 욕구[30]를 중심으로 5가지 욕구 유형의 특징을 다음과 같이 제시한다.[31]

생존과 안정의 욕구

- 안전하고 예측 가능한 일을 선호함
- 소비보다는 저축을 선호함
- 몸과 건강에 대한 관심이 높음
- 상식과 규칙을 중시함
- 꼼꼼하고 체계적임

사랑과 소속의 욕구

- 사람을 좋아하고 친하게 잘 지냄
- 다른 사람의 감정과 욕구를 잘 알아차림
- 다른 사람에게 먼저 친절하게 행동함
- 다른 사람에게 사랑과 관심을 받고자 함
- 받는 것보다 주는 것을 좋아함

---

30) 5가지 기본 욕구에 대하여 주목한 사람은 현실 치료의 대가 윌리엄 글라써이다.

31) 김현섭, 김성경(2018), "욕구코칭", 수업디자인연구소

힘의 욕구

- 일을 잘 추진함
- 장애물을 잘 극복함
- 인정받고자 하는 마음이 큼
- 자기 방식대로 일 처리하는 것을 선호함
- 탁월성과 리더십을 가지고 있음

자유의 욕구

- 자유를 추구함
- 누군가에게 규제를 받는 것을 싫어함
- 다른 사람을 통제하려고 하지 않음
- 창의적으로 문제를 해결할 수 있음
- 혼자 있는 것을 선호함

즐거움의 욕구

- 재미와 즐거움을 추구함
- 낙관적인 태도를 가짐
- 새로운 것에 대한 호기심이 많음
- 가르치고 배우는 것 자체를 좋아함
- 잘 웃고 유머를 좋아함

5가지 기본 욕구로 보는 욕구 리스트

	생존	사랑	힘	자유	즐거움
높을 때	쉼 휴식 안전 안정 질서 조화 정직 진실 건강 예측가능 효율성 일관성 회복 치유 자기 돌봄 성실 인내 청결 의미 가치	감사 배려 수용 친밀함 따뜻함 부드러움 우정 소속감 관심 존중 사랑(애정) 공유 기여 봉사 나눔 도움 지지 협력 소통 연결 유대 상호의존 상호성 공감 연민 위로 스킨십 돌봄 보호 이해 신뢰	인정 목표 성취 꿈 희망 자아실현 보람 능력 자신감 숙달 도전 개척 표현 성장 확신 열정	혼자만의 시간 평화 여유 자유 자율성 벗어남 해방 창조성 선택 자유로운 움직임 독립 자기주관 자기표현 개성 독특함 평등 자연과 함께	독특함 아름다움 배움 호기심 놀이 재미 유머 창조성 발견 기쁨 새로움 경험 역동 *영성 진리
낮을 때	즐거움 즉흥성	혼자만의 시간 독립 자유	수용 평화 허용	틀 울타리	의미 실용적

기본 욕구와 관계기술

욕구별로 관계기술을 바라보면 관계기술 역량이 뛰어난 사람들은 사랑과 소속의 욕구와 생존과 안정의 욕구가 높은 사람들이다. 사랑과 소속의 욕구가 높은 사람들은 다른 사람의 감정과 욕구를 잘 알아차리기 때문에 관계기술을 잘 습득하고 실천할 수 있다. 대신 감정 조절이 상대적으로 쉽지 않아서 사소한 오해로 관계가 불편해지는 경우, 관계 유지가 잘 이루어지지 않을 수 있다. 생존과 안정의 욕구가 높은 사람들은 다른 사람들에게 피해를 주는 것을 싫어하기에 관계기술을 잘 지키려고 노력한다. 대신 사람 자체에 대한 관심보다는 규칙을 강조하기 때문에 상대방이 관계 규칙을 잘 지키지 못하면 충돌할 가능성이 높다.

그에 반하여 힘의 욕구가 높은 사람들은 목표 지향적인 삶을 추구하기에 상대적으로 다른 사람의 감정과 욕구에 대하여 무관심할 수 있다. 자유의 욕구 유형 사람들은 다른 사람에게 얽매이는 것을 싫어하기에 혼자 있는 것을 좋아하고 규칙을 지키는 것에 대한 거부감이 있어서 관계기술 역량이 상대적으로 부족할 수 있다. 즐거움의 욕구 유형 사람들은 다른 사람과 즐거움을 누리는 것을 선호하기에 좋은 관계를 유지하려고 노력하지만 자기에 대한 관심에 비해 다른 사람에 대한 관심은 상대적으로 낮고, 세밀한 부분은 부족할 수 있다.

제2부.
관계기술의 실제

4장
칭찬하기

우리는 얼마나 칭찬에 익숙할까?

칭찬의 홍수 시대에 살고 있다. 칭찬이 왜 필요한지 칭찬이 왜 중요한지, 미디어와 SNS, 기사, 책 여기저기에서 '칭찬', '칭찬'과 관련된 내용이 쏟아져 나온다. 아마도 2000년 초 범고래를 훈련하는 방법에서 힌트를 얻어 인간관계의 핵심을 칭찬으로 풀어낸 "칭찬은 고래도 춤추게 한다"는 켄 블랜챠드의 책[32]이 베스트셀러가 되면서 '칭찬'에 대해 사람들이 폭발적으로 관심을 가지게 된 것 같다. 이 후 관련 내용은 꾸준히 계속해서 나오고 있고 이제 '칭찬'은 교육현장에서 교사들 스스로 아동을 대할 때 꼭 실천하고 싶은 덕목 중 하나가 되었고 이는 가정과 사회생활에서도 다르지 않다. '칭찬'은 핵심육아법으로 각 지역마다 끊임없이 강연이 열리고 지자체에서는 칭찬릴레이운동[33], 직장 내에서는 칭찬사원 선정[34], 사내 칭찬이벤트·캠페인[35] 등 '칭찬' 행사가 계속해서 생겨난다. 이미 사회생활 전반

---

32) 켄 블랜차드 저, 조천제 역(2003), "칭찬은 고래도 춤추게 한다", 21세기북스

33) 충북 괴산군은 타인을 존중하고 배려하는 사회분위기 조성을 목적으로 '칭찬릴레이'를 시작했다. - "칭찬은 고래도 춤추게 한다"…괴산군 '칭찬릴레이' 시작, 뉴스1 2020.01.25., http://news.zum.com/articles/57699930

34) 강원 양구군은 2019년 5월부터 군청 종합민원실에 '칭찬함'을 설치해 매달 칭찬공무원을 선정하고 있다. - 지자체'칭찬함' 운영 후 첫'칭찬공무원'화제 양구군청, 2019.05.31, 시사라인투데이, http://sltoday.co.kr/news/view.html?section=97&category=102&item=&no=88147

35) 투와이드컴퍼니 사내 칭찬 캠페인 '쾌지나 칭찬 나네', 투와이드 컴퍼니, 2018.11.26, https://blog.naver.com/toowide2002/221406464429
직원간 칭찬, 긍정·배려 캠페인…사내 문화 바꾸기 나선 동부대우전자, 서울경제, 2016.07.13., http://news.naver.com/main/read.nhn?mode=LSD&mid=sec&sid1=001&oid=011&aid=0002855312

에 걸쳐서 '칭찬'은 일종의 관계를 위한 기본적인 덕목이자 공동체를 단단하게 하는 중요한 핵심 덕목으로 인식되고 있는 것이다. 이렇게 우리는 꽤 오랜 시간 '칭찬'의 노출 속에 살아왔다. 그럼 우리는 얼마나 칭찬에 익숙할까?

사실 그 대답은 긍정적일 수 없다. 당장 앞에 있는 사람에게 나를 혹은 누군가를 칭찬해 보라고 한다면? 멋쩍어 웃어버리거나 우물거리며 뭐라고 칭찬해야 하는지 어떻게 칭찬해야 하는지 머뭇거리며 당황한다. 정확하게는 칭찬이 무엇인지 어떻게 해야 하는지 구체적으로는 잘 모른다. "뭘 어떻게 말하라는 거지?"

우리는 왜 칭찬을 하는 것에 어려움을 느끼는 것일까?

여러 이유가 있겠지만 그 중 첫 번째는 "칭찬은 받는 것"이라는 생각을 하고 있어서이다. 칭찬의 홍수 속에 우리는 늘 칭찬에 목말라하며 지내고 있을지도 모른다. 우리는 모두 엄마로서 아빠로서 선생님으로서 직장인으로서 학생으로서 아들로서 딸로서 친구로서 혹은 어떤 그룹, 동호회의 일원으로서 자신이 속한 각각의 공동체에서의 자신의 위치에 따라 그에 맞는 칭찬을 받고 싶어 한다. 그것은 인정받고 싶어하는 인간의 당연한 욕구이다. 재미있는 것은 그럼에도 불구하고 누군가를 자신이 직접 칭찬 하는 것에 대해서는 인색하다는 것이다. 칭찬은 받는 것이라는 생각 때문에 칭찬을 하기 위해 노력하거나 어떤 것이 칭찬인지 어떻게 칭찬해야 하는지 배우려고 하지 않는다.

또 하나의 이유는 제대로 된 칭찬을 받아본 기억이 별로 없어서이다. 우리 중 잘한다, 멋지다, 최고다, 등의 칭찬 외 다른 언어로 표현된 칭찬을 받아본 기억하는 사람이 있을까? 사실 칭찬하는 법을 나만 모르는 것이 아니고 우리 모두가 잘 모른다. 그러다 보니 제대로 된 칭찬을 받지 못했다. 그러니 칭찬을 하는 것 자체가 어렵게 느껴지는 것이다.

누군가는 또 이렇게 말한다. 칭찬할 것이 없다고. 우리가 칭찬에 어려움을 느끼는 이유 중 하나는 칭찬거리를 찾지 못해서이다. 이는 자신이 가진 높은 기준과 잣대로 다른 사람을 대하고 평가하기 때문이다. 그리고 주변 사람들에 대해 무관심해도 칭찬거리는 찾을 수 없다. 현대를 살아가는 사람들의 특징이기도 하지만 마음이 여유가 부족한 것도 칭찬거리를 찾지 못하는 이유가 된다. 하지만 이것은 조금만 마음을 열고 타인에 대해 관심을 가진다면 어렵지 않게 해결할 수 있다. 충분한 관심과 열린 마음은 칭찬을 위한 기본 전제가 되는 것이다. 마음의 여유를 가지고 상대방을 대하고, 자신에게 있는 높은 기준을 낮추고 그래도 찾을 수 없다면 더 낮춰서 타인을 관대한 마음으로 바라본다면 작은 것에서부터 칭찬거리를 찾을 수 있을 것이다.

칭찬이란?

칭찬을 받으면 기분이 좋다. 그래서 칭찬이라는 것이 좋은 것인지는 안다. 어쩌면 인간의 관계라는 것은 칭찬을 계기로, 칭찬을 과정으로, 칭찬을 목적에 두고 연결되어 유기적으로 움직이고 있는 공동체일지도 모르겠다. 인간관계에 있어 칭찬은 관계와 관계 사이사이를 연결하는 고리이자 자신의 존재와 위치를 확인할 수 있는 방법이기도 하다. 칭찬을 통해 우리는 서로의 존재에 대한 관심을 드러내게 되고 그로 인해 더 나은 모습으로 변화될 동기가 부여되기도 한다.

기분좋은 말

누군가에게 칭찬이 무엇인지 물어보며 아마도 대부분은 기분 좋은 말이라고 대답할 것이다. 그렇다. 칭찬은 쉽게 말하면 사람을 기분 좋게 하는 말이다. 이는 아첨, 아부와는 다르다. 아첨, 아부는 상대방을 자만하게 하고 잘못된 행동에 대해서도 상대방의 기분을 좋게 하기 위해 말할 수 있으며 이는 잘못된 행동을 계속하게 만드는 나쁜 영향을 미친다. 하지만 칭찬은 다르다. 칭찬은 상대방에 대해 인정하고 존중하며 관심을 갖고 있다는 것을 말과 행동, 표정으로 진실하게 표현하는 것이다.[36] 그러기에 단순히 기분좋은 말이 아니라 그 속에 상대방을 성장하게 할 수 있고 관계를 따뜻하게 하며 공동체에 도움이 되는 에너지가 들어있는 기분 좋은 말인 것이다.

관심을 보여주는 것

---

36) 데일 카네기, 김병민 역(2012), "칭찬의 기술", 해피앤북스

상대에 대한 관심을 긍정적으로 표현하는 것이 칭찬이다.[37] 상대방에게 긍정적인 관심을 갖고 바라보며 그것을 표현하는 것은 상대로 하여금 지금 상황에서의 자신의 존재와 위치를 인식하게 하고 관심받고 있는 존재라는 생각이 들게 한다.

인정해 주는 것

하버드 대학교의 윌리엄 제임스 교수는 인간의 근원은 타인에게 인정받고 싶은 소망이라고 말했다. 인간은 누구나 주변 사람들에게 인정받고 싶어한다.[38] 칭찬은 상대로 하여금 자신의 위치와 역할 등에서 그만의 존재를 인정한다는 것을 의미한다.

긍정적인 것을 찾는 것

모든 사람에게는 장점이나 좋은 점이 반드시 있다. 찾으려고 하면 언제 어디서나 찾을 수 있다. 상대방의 장점과 좋은 점을 찾아내는 것, 그리고 그것을 말과 행동으로 표현하는 것이 칭찬이다. 이는 칭찬으로 하여금 상대방도 모르고 있던 자신의 가치를 인식시켜주는 계기가 되기도 한다.

높이 평가하는 것[39]

칭찬한다는 것은 상대를 높이 평가하고 있다는 자신의 마음을 상대에게 전달하는 것이다. 누구나 자신이 높게 평가를 받게 되면 기분이 좋아진다. 이것은 인간에게 있어서 공통적인 심리이다.

칭찬을 어떻게 할까?[40]

딱 그 순간에 칭찬

칭찬은 타이밍이다. 칭찬을 받을 행동을 한 딱 그 순간 칭찬을 해야 한다.

---

37) 곽유진 외(2020), "슬기로운 소통생활", 출판이안
38) 정병태(2019), "내 인생을 변화시키는 소통의 기술", N넥스원
39) 김주영(2004), "칭찬의 힘", 삼각형프레스
40) "칭찬의 힘"(위의 책), "칭찬은 고래도 춤추게 한다"(위의 책), "최고의 칭찬"(이창우, 모디북스, 2019)와 중학교 1학년 도덕과 칭찬 단원 개발(오정화, 한동대학교 교육대학원, 2008)의 내용을 참고하여 작성하였다.

진심으로

진심을 담은 칭찬을 해야 한다. 상대방은 나의 칭찬이 영혼이 있는 칭찬인지 아닌지 대충하는 말인지 아닌지 다 생각하고 있다. 진심이 없는 칭찬은 그냥 형식적인 말일 뿐이다.

구체적인 칭찬

칭찬을 왜 받았는지 상대방이 알 수 있도록 칭찬해야 한다. 칭찬은 강력한 동기부여효과도 있는데 이는 자신이 칭찬받은 행동에 대해 정확히 알아야 가능하다. 사소한 것이라 생각하는 것을 잘 염두하고 살펴본다면 구체적인 칭찬이 가능할 것이다. 그림을 그린 사람에게 '잘했다'라는 말보다 '나무와 물고기 색을 다양하게 색칠했네'라고 칭찬하는 것이 더 좋다.

과정에 대한 칭찬

과정에 대한 칭찬을 해야 칭찬을 받은 사람이 결과에 대한 부담을 느끼지 않는다. 결과에 대한 칭찬은 부담을 느끼게 하고 실패에 대한 두려움을 갖게 할 수 있다. 결과와 상관없이 '그동안 계속 연습하더니 더 멋진 목소리가 나왔어', '넘어져도 울지 않고 일어나서 끝까지 결승선까지 달려오다니 정말 멋져, 장하다', '지난번에 구구단 외우기 힘들어했는데 이젠 6단까지 할 수 있게 되었네'와 같은 노력하는 모습, 과정에 대한 칭찬이 좋다.

공개적으로 칭찬

사람들은 누구나 인정받고 싶은 욕구가 있다. 공개적으로 칭찬하면 인정받고 싶은 욕구가 충족되고 공동체에서의 자기 위치를 인식하게 되며 스스로 큰 만족감을 느끼게 된다.

표정과 행동으로도 칭찬

칭찬은 말로만 하는 것이 아니다. 미소를 짓거나 기뻐하는 표정과 하이파이브나 박수, 엄지척 등으로 표현하는 행동으로도 칭찬을 표현할 수 있고 이는 상대방이 자신이 칭찬함을 충분히 느낄 수 있다.

존재 자체에 대한 칭찬

우리 모두는 누구와 비교대상이 될 수 없다. 존재 자체로 소중하고 특별하다. 자신을 소중하게 대하는 칭찬을 받은 사람은 자신을 소중하게 여기게 되고 타인 역시 소중하게 대하게 된다.

칭찬을 할 때 주의할 점[41]

평가하는 칭찬은 NO!

칭찬을 내세운 평가가 되지 않아야 한다는 것이다. 우리가 쉽게 하는 칭찬 속에는 은연중에 평가가 들어 있다. 예쁘다는 말이 그렇고 잘한다는 말이 그런다. 칭찬이지만 그 말로 하여금 부담을 느끼게 된다. 자신의 기준으로 평가한 말이 아닌 상대방의 만족에 중점을 둔 칭찬을 하도록 해야 한다.

성격에 대한 칭찬은 NO!

착하다는 말을 듣고 자란 사람은 착하다는 말에 갇혀 버려 스스로 착한사람콤플렉스에 빠지거나 아예 삐뚤어지기도 한다.

과한 칭찬은 NO!

칭찬을 받을 만한 상황이 누가봐도 아닌데 칭찬을 하면 상대방도 반감을 가질 수도 있다. 칭찬할 만한 상황에서라도 너무 과하게 칭찬을 할 경우 상대방은 의구심을 가질 수 있다. 칭찬은 상대가 받아들일 만한 상황에서 적절하게 하는 것이 좋다.

차가운 칭찬은 NO!

칭찬을 할 때에는 따뜻한 표정과 말투가 중요하다. 메라비언의 법칙에 따르면 메시지 전달에서 언어적 요소가 차지하는 비중은 단 7%이고 나머지 93%가 청각적 요소, 시각적 요소

---

41) "칭찬의 힘"(위의 책), "칭찬은 고래도 춤추게 한다"(위의 책), "최고의 칭찬"(이창우, 모디북스, 2019)와 중학교 1학년 도덕과 칭찬 단원 개발(오정화, 한동대학교 교육대학원, 2008)의 내용을 참고하여 작성하였다.

같은 몸짓 언어라고 한다.[42] 칭찬을 할 때에는 그에 적절한 표정과 몸짓, 말투가 필수이다.

조종하기 위한 칭찬은 NO!

자신이 정한 기준과 목표를 정해 놓고 그 기준에 충실했을 때만 칭찬하는 경우가 있다. 칭찬을 상대의 자유의지가 아니라 나의 뜻대로 조종하고 내가 원하는 바대로 움직이기 위한 마음으로 한다면 이것은 칭찬이 아니라 상대를 무시하는 것이 될 수 있다. 상대방의 모습을 그대로 존중하고 인정하는 것만으로도 상대방에게는 칭찬 그 이상의 긍정적인 효과가 있다.[43]

나를 먼저 칭찬

이 세상에서 가장 중요한 것은 나다. 내가 없다면 아무것도 존재하지 않는 것과 같다. 칭찬 중에서 가장 중요한 것은 바로 내가 나를 칭찬하는 것이다. 나에게 관심을 갖고 나를 인정하고 존중하며 나 스스로 나를 으쓱하게 생각해야 한다. 나에게 가장 중요한 것은 그 누구도 그 무엇도 아닌 바로 나 자신이다. 그러므로 내가 나를 칭찬하는 것은 내 존재에 대한 긍정을 나타내며 이는 스스로 자존감을 높이는 중요한 생활태도이다. 나 스스로 나를 칭찬할 수 있어야 하고 다른 사람을 칭찬하기에 앞서 나자신을 먼저 칭찬할 수 있어야 하고 어떤 상황에서도 나를 칭찬할 수 있어야 한다. 이는 나를 가장 소중하게 여기는 마음에서 시작하고 나를 소중히 여기는 마음은 타인을 소중하게 여기는 마음으로 이어진다.

나를 칭찬하는 말이나 내가 듣고 싶은 칭찬말을 써서 자고 일어나서 제일 먼저 보이는 곳에 크게 붙여두자. 그리고 아침마다 한 번씩 두 번씩 소리내어 말해보자. 나를 먼저 칭찬하고 하루를 시작하는 습관을 만들자.

칭찬을 받았을 때

칭찬을 받으면 대부분의 사람은 쑥스러운 마음에 칭찬받을 만한 행위를 했는데도 불구

---

42) 박미진(2019), "엄마가 말투를 바꾸면 아이는 행복해집니다", 메이트북스
43) 이창우, 앞의 책

하고 자신의 행위를 낮추며 겸손해 하거나 칭찬 내용을 순간적으로 거부하기도 한다. 칭찬을 받았을 때 제일 좋은 것은 칭찬을 받은 것에 대해 감사를 표현하는 것이다. 감사한 마음을 담은 긍정적인 표현으로 공손히 답하는데, 대답의 내용보다 대답하는 태도가 겸손해야 한다.[44] "그렇게 말해주니 고마워요." "제가 한 일을 좋게 봐 주셔서 감사합니다." 등 칭찬에 대한 감사의 마음을 표현하는 연습을 해야 한다.

칭찬의 힘으로 성공한 사람들

유럽 최고의 디자이너 피에르가르뎅[45]

제2차 세계대전이 끝난 뒤 먹고 잘 곳도 없는 한 청년은 옷을 사입을 돈이 없어 스스로 천을 구해 옷을 만들어 입었다. 어느 날 비를 피해 의상실 앞에 있는데 의상실에서 나오던 한 부인이 그를 유심히 바라보더니 물었다. "그 옷이 참 멋있네요. 어디서 맞추었나요?" "네? 이 옷은 맞춘 것이 아니고 제가 만든 것입니다." "그래요? 정말로 멋진 옷이에요. 당신은 옷을 만드는 특별한 재주가 있군요." 그 청년은 부인의 칭찬 한마디에 힘을 얻어 변두리에 의상실을 차렸다. 그리고 얼마 안가 디자인 솜씨가 뛰어나다는 소문이 퍼지고 영화 "미녀와 야수"의 의상을 담당할 것을 제의받아 성공적으로 해내며 이후 유럽에서 성공한 최고의 디자이너라는 찬사를 들었다.

동화의 아버지 안데르센[46]

안데르센은 11살에 아버지가 세상을 떠나자 공장에서 일하며 돈을 벌었다. 극작가가 되려고 연극대본을 썼지만 맞춤법이 엉망이라고 퇴짜를 맞는다. 그래서 안데르센은 학교에 다시 들어가 열심히 공부를 하며 작가의 꿈을 키워 나갔다. 그가 어려서 글을 썼을 때 사람들은 하나같이 "글을 쓰지마라. 너는 전혀 글을 쓰는 자질이 없다"고 했지만 똑같은 글을 본 어머니는 "너무 글을 잘 쓴다. 너무나 감격스럽다"며 아낌없는 칭찬을 해 주었다. 그 후 엄마의 칭찬을 듣기 위해 그리고 즐거움을 위해 동화를 쓰기 시작했고 그것이 점점

44) 이창우(2019), "최고의 칭찬", 모디북스
45) 곽유진 외, 위의 책
46) 곽유진 외, 앞의 책

발전하여 세계적인 동화들이 나오게 되었다.

천재 과학자 아인슈타인[47]

아인슈타인은 학교에서 언어발달이 늦어서 여러 가지 학습 문제가 생겨 문제아로 낙인 찍혔다. "이 학생은 무슨 공부를 해도 성공할 가능성이 없습니다."라는 담임선생님의 지적이 있었지만 그의 어머니는 그의 가능성과 미래를 보고 "너는 다른 아이와 다르단다. 네가 다른 아이와 같다면 너는 결코 천재가 될 수 없어."라며 아인슈타인을 칭찬하였다. 어머니의 칭찬덕분에 아인슈타인은 포기하거나 낙담하지 않고 자기에게 주어진 재능을 발휘할 기회를 가지게 되었고 결국 그는 20세기가 낳은 최고의 인물, 천재 중 한 사람이 되었다.

세계적인 피아니스트 잔 파데레우스키[48]

붉은 머리의 폴란드 소년은 유명한 피아니스트가 되는 것이 꿈이었다. 그러나 손가락이 굵고 짧은데다 유연성이 부족하다는 선생님의 평가에 피아노를 더 이상 치고 싶지 않았다. 그러던 어느날 한 만찬회에서 피아노를 칠 기회가 있었다. 그의 연주가 끝나자 한 신사가 다가와 "너는 피아노 연주에 탁월한 소질을 갖고 있구나, 열심히 노력하면 훌륭한 피아니스트가 될거야."라고 말했다. 소년은 신사를 알아보고 깜짝 놀랐다. 자신이 가장 존경하는 세계적인 피아니스트 안톤 루빈스타인이었기 때문이다. 이후 더 열심히 노력하게 되었고 세계적인 피아니스트가 되었다.

세계적인 기업 GE의 CEO 잭 웰치[49]

말을 심하게 더듬는 소년이 있었다. 이 소년은 친구들이 말더듬이라고 놀리는 것이 싫어 또래와 어울리지 못하고 점점 소극적으로 변해 갔다. 이를 안타깝게 여긴 어머니는 소년에게 말했다. "엄마는 네가 왜 너의 장점을 부끄러워 하는지 모르겠구나. 네가 왜 말을 할 때 더듬는 줄 아니? 그건 너의 말보다 생각의 속도가 빠르기 때문이야. 그만큼 너는 남

---

47) 이창우(앞의 책)

48) 이창우(앞의 책)

49) 이창우(앞의 책)

보다 앞선 생각을 하고 있다는 증거란다. 그러니 앞으로는 절대로 말 더듬는 것 때문에 기죽지 말렴." 소년은 어머니의 칭찬을 곰곰이 생각하며 점차 자신감을 회복했다. 여전히 어눌하고 더듬거리기는 했지만 동화책도 최선을 다해 읽었고 친구들을 만나도 피하거나 숨지 않았다. 그렇게 시간이 흘러 어른이 된 소년은 이제 전 세계를 돌며 비전을 제시하는 뛰어난 경영자이자 강연자가 되었다.

욕구별 칭찬 방식[50]

생존의 욕구

생존의 욕구가 높은 사람들은 사실에 근거해서 구체적인 칭찬을 한다. 자기 기대수준이 높은 편이라 칭찬을 쉽게 하지 못하지만 칭찬을 해야 한다고 생각하면 잘 한다. 이들은 자신이 칭찬받는 것에 대해 굉장히 어색해하고 불편하게 생각하는데 그래서 이 사람들을 칭찬할 때에는 칭찬받을 만한 행동을 했을 때 바로 그 즉시 칭찬내용을 알 수 있도록 말하며 칭찬하는 것이 좋다. 그렇지 않으면 칭찬해 주는 것을 별 감흥이 없으며 자신에게 잘 보이기 위한 가식이라고 생각한다.

- 한 눈에 알아볼 수 있게 잘 쓰는구나.
- 먼저 교과서를 펴고 준비하고 있었구나.
- 옆 친구의 이야기를 귀담아 잘 듣고 있구나.

사랑의 욕구

사랑의 욕구가 높은 사람들은 관계 중심적인 칭찬을 한다. 이들은 특별히 잘하지 않아도 그 마음을 예뻐하며 칭찬하고 그 모습을 예뻐하며 칭찬한다. 칭찬을 자주하고 상대방으로 하여금 당신이 나에게 사랑받고 있다는 것을 충분히 알 수 있도록 칭찬한다.

- 네가 웃는 모습을 보니 나도 기분이 좋아지는걸!
- 오늘 네 옷차림에서 봄 느낌이 한껏 나는 것 같아. 너 오늘 정말 사랑스럽다.
- 넌 마음이 따뜻한 아이구나.

---

50) 김성경 김현섭(2018), "욕구코칭", 수업디자인연구소

힘의 욕구

힘의 욕구가 높은 사람들은 잘한 일, 구체적이고 가시적인 결과가 있는 일에 대한 칭찬을 한다. 그리고 상대가 중요한 존재라는 것을 부각시키는 칭찬을 한다.

- 어려운 목표였을 텐데 이걸 달성했구나. 대단해!
- 네가 있어서 릴레이경주에서 더 빠르게 바통 터치가 된 것 같아. 그게 우승의 결정적인 요인이었어.
- 상당한 용기가 필요 했을 텐데 넌 해냈구나.

자유의 욕구

자유의 욕구가 높은 사람들은 칭찬을 부담스러워하고 어색해 한다. 굳이 칭찬을 왜 해야 하는지에 의문을 가지고 모두들 칭찬을 하지 않아도 하기 할 일은 잘한다는 생각을 갖고 있다. 이들은 다른 사람에게 칭찬을 받는 것도 크게 의미를 두지 않는다. 칭찬이나 보상, 야단 등 통제하려는 수단이 먹히지 않는 것이다. 이들은 칭찬을 하더라도 구체적이거나 세세하지 않다.

- 어~ 잘했네.
- 그렇게 했구나.
- 괜찮네요, 나쁘지 않아요.

즐거움의 욕구

즐거움의 욕구가 높은 사람들은 칭찬을 잘하는 편이다. 이들은 칭찬을 할 때 감탄사를 연발하며 오버해서 크게 칭찬을 한다. 이미 얼굴 표정에서부터 웃는 얼굴이라 보는 사람이 덩달아 기분 좋아지는 장점이 있다.

- 와~ 이렇게 할 수 있다니 정말 놀라워!
- 이렇게도 생각할 수 있구나. 너는 아이디어뱅크야.
- 아주 기발한 생각이야.

다양한 칭찬하기 기술

기분 으쓱 "쓰담쓰담"

자신의 머리를 쓰다듬어주며 나 자신에게 나 스스로 셀프로 칭찬의 말을 한다.

[진행 방법]

① 메모지를 1개씩 나눠준다.

② 자신을 칭찬하는 말을 두세 문장 작성한다. 칭찬 문장을 작성할 때에는 자신의 이름을 넣어 작성하도록 한다. (가령 보라야~너는 웃을 때 들어가는 보조개가 정말 매력적이야. / 매일 아침 일찍 일어나는 은아, 너를 칭찬해. 등)

③ 작성한 메모지를 보며 칭찬의 말을 여러번 반복해서 말해본다.

④ 눈을 감고 가만히 칭찬의 말을 나 자신에게 말한다.

⑤ 자신의 머리를 쓰다듬는다.

⑥ 다시 칭찬의 말을 자신에게 말한다.

⑦ 양팔로 어깨를 감싸안으며 다시 말한다.

[유의사항]

· 각자 개인 거울을 준비해서 보면서 하거나 거울이 벽면 전체에 있는 특별실에서 거울을 보며 이 활동을 진행하는 것도 좋다.

· 학생들이 가만히 자신을 돌아보는 시간이 될 수 있다. 학급 조종례시간이나 수업시작 전후 10초 정도만 시간내어 활용가능하다.

[개발자 / 참고문헌]

오정화

글라스타워에서 첫잔에 물을 부으면 흘러 넘쳐 다음 잔들을 계속해서 채우게 되는 것처럼 나를 칭찬하는 것에서부터 시작해 내 주변의 사람들에 대한 칭찬의 말을 작성한다.

[진행 방법]

① 글라스타워가 그려져있는 활동지를 배부한다.

② 학생들은 첫 잔에 자신에 대한 칭찬을 적는다.

③ 두 번째 잔에 가족에 대한 칭찬을 적는다.

④ 세 번째 잔에 친구에 대한 칭찬을 적는다.

⑤ 네 번째 잔에 학급, 학교, 선생님에 대한 칭찬을 적는다.

⑥ 다섯 번째 잔에 자유롭게 대상을 정하고 칭찬을 적는다.

[유의사항]

· 대상을 학급으로 한정지어 작성할 수도 있다. 이때에 칭찬대상이 중복되지 않도록 안내한다.

· 전체활동으로 진행할 수도 있다.

① 글라스모양의 메모지를 학생들에게 10장씩 나눠준다.

② 1장당 1명의 학급친구의 칭찬을 작성한다.

③ 교사의 신호에 따라 칭찬대상에게 글라스를 전달한다.

④ 받은 칭찬글라스를 살펴보며 가장 마음에 드는 것을 선택한다.

⑤ 학급게시판에 글라스타워 모양으로 전시한다.

[개발자 / 참고문헌]

오정화

칭찬타워 !

___학년___반___번 이름: _____

글라스타워(glass tower)를 보면 첫잔이 채워지면 아래잔들은 자연스럽게 채워지게 된다. 나 자신부터 칭찬으로 채우면 자연스럽게 주변사람들에 대한 칭찬으로 연결된다. 칭찬으로 잔을 채운다고 가정하고 각 잔마다 칭찬 대상(1.나를 칭찬, 2.가족을 칭찬, 3.친구를 칭찬, 4.학급과 선생님 칭찬, 5.자유 칭찬)과 칭찬의 말을 적고 칭찬타워를 완성해보자.

우리반에서 가장 기분 좋은 말을 선정하고 OPP비닐(포장용투명비닐)에 적어 학급거울에 게시하기

[진행 방법]

① 모둠칠판을 배부한다. (없을 경우 B4종이로 대체)

② 열십(十)자를 그린 후 각자 자신의 칸을 맡는다.

③ 자기색깔펜으로 자기가 맡은 칸에 자신이 생각할 때 기분 좋은 말과 듣고 싶은 말을 생각나는 대로 적는다.

④ 작성시간이 끝난 후 모둠 내에서 돌아가며 자신의 쓴 것을 발표한다.

⑤ 발표가 끝난 후 각자 제일 기분 좋은 말과 제일 듣고 싶은 말에 해당하는 것을 골라 하트(♡)표시한다.

⑥ 가장 하트를 많이 받은 말을 2개 뽑는다.

⑦ 교사는 칠판나누기 모양으로 칠판에 칸을 만든다.

⑧ 교사에 신호에 따라 순서대로 모둠별로 앞에 나와 가장하트를 많이 받은 말 2개를 발표한다. 이때 모둠원 모두 칠판 앞으로 나간다. 한명(예:지킴이)은 학급친구들이 보이게 모둠칠판을 들고 두명(예:칭찬이와 기록이)은 칠판에 쓰고 한명(예:이끔이)은 적은 내용을 발표한다.

⑨ 발표가 끝난 후 A4정도 크기의 OPP비닐(포장용투명비닐)을 모둠별로 배부한다.

⑩ 칠판에 적힌 내용 중 참고하여 모둠안에서 가장 기분 좋은 말 2-5개를 선택해 OPP에 적고 자유롭게 꾸민다.

⑪ 학급거울에 한주에 1개씩 붙여 게시한다.

[유의사항] 학급거울이 아닌 창문에 게시할 수도 있다.　　　　　**[개발자 / 참고문헌]** 오정화

칭찬대상을 정해 일정기간 관찰하여 칭찬관찰지를 작성한 후 칭찬상장을 만들어 전달하기

[진행 방법]

① 제비뽑기로 칭찬대상을 무작위로 정한다.

② 관찰지를 배부한다. 관찰지에는 칭찬대상, 날짜, 장소, 칭찬내용(칭찬의 말), 상대방 반응, 내 느낌으로 구성된다.

③ 칭찬대상을 살펴보다 칭찬을 하게 되면 관찰지에 바로 작성한다.

④ 일정기간 관찰일지 작성를 마친 후 작성한 내용을 살펴보면서 그에 맞게 상장에 들어갈 문구를 미리 작성한다.

⑤ 상장을 만든다. 상장제목을 정해 적는 것도 좋다. (가령 잘 웃는 상, 기발해 상, 큰손 상 등)

⑥ 칭찬하는 사람은 교탁 앞으로 나가 칭찬대상을 직접 호명한다.

⑦ 칭찬대상자가 나오면 상장내용을 읽고 상장을 전달한다.

[유의사항]

· 관찰일지를 배부하는 대신 칭찬관찰일지 노트를 만들어 활용할 수도 있다.

· 관찰기간을 일주일 혹은 한달 단위로 미리 학생들과 약속을 정한 후 진행하는 것이 좋다.

· ①에서 칭찬대상을 무작위로 정할 때 짝을 첫 시작으로 하는 것이 좋다.

· 칭찬상장을 주는 것이 인기투표가 되지 않도록 미리 칭찬대상자를 1:1로 정하고 시작한다.

· 학기말에는 칭찬 대상을 원하는 친구로 하거나 우리반에 들어오는 선생님, 한번도 칭찬하지 못한 친구, 가족에게 칭찬상장을 줄 수 있도록 운영할 수도 있다.

[개발자 / 참고문헌]

오정화

칭찬 상장 "너를 칭찬해"

___학년 ___반 ___번 이름 : _____

칭찬대상을 한명 정하고 일정기간동안 관찰한 후 그 사람에게 칭찬상장을 만들어 전달해보자.

칭찬대상	

칭찬횟수 ① ② ③ ④ ⑤ ⑥ ⑦ ⑧ ⑨ ☐ ☐ ☐ ☐ ☐ ☐ ☐ ☐ ☐

날짜		장소	
칭찬내용	왜 칭찬을 했나요? 어떤 칭찬의 말을 했나요?		
상대방의 반응			
내 느낌			

칭찬횟수 ① ② ③ ④ ⑤ ⑥ ⑦ ⑧ ⑨ ☐ ☐ ☐ ☐ ☐ ☐ ☐ ☐ ☐

날짜		장소	
칭찬내용	왜 칭찬을 했나요? 어떤 칭찬의 말을 했나요?		
상대방의 반응			
내 느낌			

제 20   -   호

칭찬상장

___학년___반 이름 : _____

20   년   월   일

___학년___반 칭찬대표 : _____

친구를 칭찬하는 한 문장을 작성한 메모지를 레이스판에 게시하여
거북의 스텝을 이동하게 하는 학급전체활동

[진행 방법]

① 칭찬메모지는 통에 담아 모두가 약속한 장소에 둔다.

② 칭찬 대상을 확인한다. 칭찬대상은 월요일에서 금요일까지 모두 다르게 정해서 칭찬메모지통에 붙여 놓는다. 이 표는 가능하다면 매주 다르게 정해야 골고루 칭찬하게 된다. 어려울 경우 짝이 변경되는 사이클에 맞춰 변경한다.

칭찬대상	월요일	화요일	수요일	목요일	금요일
첫번째	짝	자기번호-,+1	담임선생님	칭찬 안한 사람	누구나
두번째	뒤 짝	자기번호-,+3	수업선생님	칭찬 안한 사람 (앞 칭찬대상과 중복 안됨)	누구나
세번째	앞 짝	자기번호-,+5	수업선생님 (앞 칭찬대상과 중복안됨)	칭찬 안한 사람 (앞 칭찬대상과 중복 안됨)	(앞 칭찬대상과 중복 안됨)

③ 하루 일과를 보내며 칭찬대상을 관심 있게 살펴보고 칭찬할 행동이 보이면 칭찬메모지를 가져와 바로 칭찬내용을 작성하고 테이프를 이용하여 레이스판에 붙인다.

④ 종례시간 교사는 칭찬레이스에 모든 메모지가 붙어 있으면 거북이 캐릭터를 한 칸 이동시킨다.

⑤ 일주일동안 같은 방법으로 진행한 다음 하루 중 두 번의 칭찬메모를 작성하는 방식으로 진행한다. 그 다음 주에는 하루 세 번 칭찬메모를 작성하는 방식으로 진행한다.

⑥ 모아진 칭찬 내용을 떼어 분단 안에서 함께 읽는다.

[유의사항]

· 거북이 캐릭터는 "3반", "5반" 이 런 식으로 우리반 캐릭터로 만들어 활용할 수도 있다.

· 메모지 1장에는 1명의 칭찬 내용만 기록한다. 이때 칭찬내용은 구체적으로 작성하도록 미리 안내한다.

· 칭찬메모지는 1인 최대 3장까지만 가능하다.

· 거북이 캐릭터가 한 칸 이동하는 조건은 레이스 발자국에 메모지가 모두 붙여졌을 때이다.

· 레이스 칸은 학급 인원 +5에서 +10 사이로 만든다.

· 한달 단위로 칭찬을 가장 많이 한 베스트5를 정해 개인 보상하는 방법으로 운영할 수도 있다.

· 학급온도계와 같은 기능을 접목하여 거북이 스텝이 몇칸 이동했을 때 학급전체에게 주는 보상을 정해서 운영하는 것도 좋다.

· 거북이 레이스판은 아래와 같이 게시할 수 있다. 가로로 길게, 혹은 큰 원(타원) 모양 등 자유롭게 만들어 운영할 수 있다.

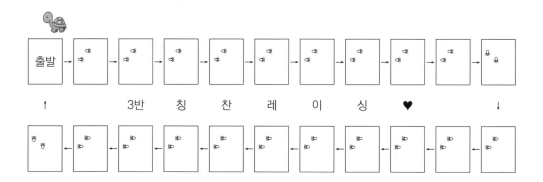

[개발자 / 참고문헌]

오정화

칭찬플렉스 손가락 접기 게임

한 명씩 자신이 받은 칭찬을 말하고 나머지 사람들은 똑같은 칭찬을 받은 적이 있다면
손가락을 하나씩 접고 다섯 손가락을 모두 접으면 "칭찬플렉스"를 외친다.

[진행 방법]

① 활동지를 배부한다. 활동지는 말하기 전 칭찬받은 것을 말하기 위해 준비하는 것으로 활동지에 자신이 받은 칭찬을 생각나는 대로 다 적는다. 어떤 칭찬이든 상관없다. 단, 칭찬내용을 구체적으로 적는다. (예 : 나는 책을 많이 읽는다고 칭찬 받은 적이 있어. 나는 반찬을 남기지 않는다고 칭찬받은 적이 있어. 나는 수학 100점 맞았다고 칭찬받은 적이 있어. 나는 형이라고 칭찬받은 적이 있어. 등)

② 모두 오른손을 머리위로 올려 손가락을 모두 편다.

③ 한 명이 일어나 자신이 받은 칭찬 1개를 말한다. (활동지에 적은 칭찬받은 것을 참고해서 말하되 적지 않은 것 중 생각나는 것을 말해도 상관없다.)

④ 나머지 사람들 중 똑같은 칭찬을 받은 적이 있으면 "너도너도? 나도나도!"를 외치고 손가락 하나를 접는다.(이때 활동지에 적은 내용과 상관없이 자신이 그 칭찬을 받은 적이 있으면 손가락을 접는다. 활동지는 말을 하기 위한 참고용이다.)

⑤ 다음 사람이 일어나서 자신이 받은 칭찬을 말한다. 몇 번 하다보면 칭찬내용이 자신만 받은 칭찬내용들이 나오게 된다.

⑥ 순서대로 한 명씩 일어나서 말한 후 손가락을 모두 접은 사람은 손을 내리며 "칭찬 플렉스"라고 외친다.

⑦ "칭찬플렉스"를 외친 사람은 일어나서 자신이 받은 칭찬 5개를 다시 말한다.

⑧ "칭찬플렉스"를 외친 사람이 5명이 되면 게임은 종료된다.

[유의사항]

· 8명으로 진행하는 것이 가장 좋다. 한 모둠활동으로 진행할 경우 손가락을 모두 접은 사람이 한 명 나오면
게임은 종료된다.

· 처음에는 모두가 받을 만한 비슷비슷한 칭찬내용이 나온다. 그러다 점점 자신만 받은 특별한 칭찬, 자신
에 대한 세밀한 칭찬 등이 나온다.

· ⑦에서 칭찬플렉스를 외친 사람이 여러 명이 동시에 될 수 있다.

· 칭찬플렉스를 외친 후 칭찬 5개를 말하지 못할 수 있다. 다시 게임에 참여하게 하면 된다.

· 이 활동을 통해 친구들이 받은 칭찬을 들으며 자신이 받은 칭찬을 생각해보고 칭찬을 해준 사람에 대한 고
마움을 느끼게 된다.

[개발자 / 참고문헌]

오정화

5장.
격려하기

격려, 왜 필요한가?

격려란?

사전적 정의로 격려란 '용기나 의욕이 솟아나도록 북돋아주는 말'이다. 격려란 기를 살려주는 일이기도 하고, 하고 싶고 해야 할 일을 추진해 나갈 수 있는 원동력을 제공한다. 열심히 하는 이들에게는 더 힘을 내도록 지지하는 말이고, 용기가 꺾여서 낙담한 이들에게 힘을 불어 실망하고 좌절하지 않도록 돕는 말이라고 할 수 있겠다.

학교 아이들을 돕고 싶은 마음이 많지만 쉽지 않을 때가 많다. 심각한 문제를 어떻게 다루어야 하나 고민스러울 때도 많다. 문제를 다루는 방법은 크게 두 가지로 나눌 수 있을 것이다. 문제되는 부분에 대해 직접적으로 다루는 방법과 반대로 긍정의 방향으로 끌어가는 것이다. 여기서 격려는 긍정의 방향을 제시하는 문제해결 방법이다. 특히 낙담하고 좌절한 아이들의 문제행동은 근본 원인인 욕구를 채우는 것이 필요한데 이에 가장 적절한 방법이 격려이기도 하다. 격려는 모든 문제에 어떤 유형의 사람이건 다 통하는 방법이 된다.

격려가 쉽지 않은 이유

많은 교사와 학부모를 만나다 보면 격려를 어렵게 여기는 것을 보게 된다. 모임이나 세

미나에서 "넌 소중한 사람이야" "네가 있어서 참 좋아" 등등의 격려를 받고 이들은 너무 큰 힘이 된다고 한다. 그래서 많은 이들이 이렇게 아이들에게 격려를 해야겠다고 마음을 다 잡아 보지만 입에서 적절한 격려의 말이 나오는 것이 쉽지가 않다. 평소 친한 사람들에게 격려의 말을 하는 것이 어색하고 불편하고 몸에 맞지 않은 옷을 걸친 듯하다. 다른 사람을 격려해 주고 싶어서 한 말이 오히려 상처를 주기도 한다. 아이들도 상대방을 깎아내리는 말이 익숙하지 격려하는 말은 오글거려서 잘 못 한다.

우리는 왜 이렇게 격려의 말이 어려울까? 필자 개인적으로 보더라도 익숙해진 말이 바뀌는 게 쉽지 않다. 어느 순간 말이 튀어 나오고 나서 '아, 이게 아닌데' 싶을 때가 많다. 왜 이렇게 안 될까 생각해 보면 평생 입에 붙어 있는 말의 스타일이 하루 아침에 바뀌지 않는 데 있다.

그래서 격려에 대한 배움이 필요하고 연습이 필요하다.

칭찬과 격려의 차이

칭찬과 격려에 대해 비슷하게 보는 경우가 많다. 칭찬 자체가 격려가 되는 것이라고 여기는 경우가 대부분이다. 그러나 많은 책들과 실험 결과들을 통해 칭찬과 격려가 다르며 오히려 칭찬을 잘못 사용하여 격려가 되지 못하는 경우가 많다는 사실이 보고되고 있다.

칭찬과 격려의 차이는, 칭찬은 주로 결과적인 부분에 초점을 두는 경향이 있다면 격려는 과정에 초점을 둔다는 점이다. 그리고 칭찬은 비교를 통한 평가에 근거하는 경우가 많다. 이런 차이를 '격려하는 선생님'이라는 책에서는 적절한 예를 통해 설명하고 있다.

"학급에서 교사가 학생에게 '정말 그림을 잘 그렸구나'라고 칭찬을 한다면 그 말에는 '누군가보다' '결과물인 그림'이 '너보다 우월한 내가 평가할 때'라는 말이 생략된 것이다. 그래서 누군가에 대한 칭찬은 곧 칭찬받지 못한 사람에게는 일종의 질책이 된다. 설령 그런 의미를 담아 말한 것이 아니라고 할지라도 말이다."[51]

실제로 주변에서 보면 이런 경우가 많다. 한 살 아래 동생을 너무 아끼고 사랑해 주는 5살 형이 있었다. 몇 가정이 함께 체험학습을 갔는데 4살 동생이 무거운 것을 너무 잘 들자

---

51) 이해중 외 공저(2018), "격려하는 선생님", 학지사

선생님이 칭찬을 했다. "어린데 힘이 세네!"라는 말을 몇 번이나 했다. 그러자 동생에게 질투하는 표현을 한번도 하지 않던 형의 표정이 불편해지고 퇴행 현상을 보이기 시작했다. 동생 신발을 자기가 신으려 하기도 하고, 괜히 동생 몫을 한 움큼 뺏어왔다. 평소 보이지 않던 모습이었다. 한 아이를 칭찬하면 다른 아이들이 불편해지는 것이다.

또 하나의 예를 들면 똑똑한 누나를 둔 준민이가 나이가 좀 든 후 자기 이야기를 했다. 어렸을 적에 똑똑한 누나가 칭찬을 받을 때마다 표현은 하지 않았지만 자신은 그만큼 되지 않는다는 사실이 자꾸 보였다고 한다. 누가 자신에게 못한다고 뭐라고 한 적도 없지만 자기가 못하는 부분이 드러나니 누나가 잘한다고 칭찬받았던 영역은 하기 싫었다. 그래서 머리가 좋지만 누나가 잘한다고 칭찬받는 공부를 열심히 하지 않았다. 반대로 누나가 못하는 부분은 잘 해보려고 했다고 한다. 이처럼 칭찬은 그 순간 스포트라이트를 받지 않은 주변 사람의 불편함으로 남기도 한다.

격려가 되지 못하는 칭찬

칭찬을 듣는 주변 사람들에게 이런 불편함이 만들어진다면, 칭찬을 받는 본인에게는 좋기만 할까? 칭찬도 잘 하면 좋지만 용기와 의욕을 북돋아주지 못하는 경우가 많다. 격려가 되지 못하는 칭찬이 있다.[52] 먼저 결과만 다루는 칭찬이 격려가 되지 못한다. 사실 그 순간 받는 사람은 기분이 너무 좋다. 그러나 유익하지 못하다. 결과적으로 잘하기만 하면 된다는 착각을 불러일으킬 수 있기 때문이다. 두 번째, 재능을 칭찬하는 것 또한 격려가 되지 못한다. 좀 오래 되었지만 ebs의 '칭찬의 역효과'라는 다큐가 있었다. 실험에서 두 그룹으로 나누어 한쪽은 과정을 칭찬하고 한쪽은 재능을 칭찬했다. 그런데 재능을 칭찬한 아이들은 이 후의 과제에서 어려운 것과 쉬운 것 중 쉬운 것을 택한다. 성공이 똑똑하다는 의미라면 실패는 멍청하다는 의미가 되고 칭찬을 계속 들으려면 잘해야 하는데 어려운 것을 선택하면 칭찬을 듣지 못할 가능성이 많기 때문이다. 인정을 못 받으니 아예 안 해 버리는 것이 낫다. 머리가 나빠서가 아니라 '할 수 있지만 안 해서 그래요' 라고 변명이라도 할 수 있기 때문이다. 반대로 과정을 칭찬받은 아이들은 대부분 더 어려운 시험을 선택했다. 아

---

52) 김현섭 김성경 (2018), "욕구코칭", 수업디자인연구소

이들이 실패를 너무나 두려워하고 실패하면 포기해 버리는 경우가 너무 많은데 그 원인으로 깊이 생각해 보아야 할 대목이다. 셋째, 사소한 것을 칭찬하는 경우도 마찬가지다. 칭찬에 의존하게 되어 칭찬이 없으면 그 행동을 할 이유를 찾지 못하는 부작용이 나타날 수 있다. 재능에 대해 칭찬받고 결과만 중시여기는 칭찬을 들은 아이들에게서 나타나는 역효과가 있다.

· 보여 주고 싶어서 누군가 보지 않는 상황에서는 열심히 하지 않음
· 잘 할 때만 좋은 사람으로 받아들여지는 듯 착각함
· 실패하면 자신감이 하락하고 어려워지면 노력을 중단함

격려에 방해가 되는 것들

격려가 어렵고 잘 되지 않는 이유는 각자의 모습 속에 격려와 어울리지 않는 모습들이 있기 때문이다. 평소 내가 하는 말이 어떤지, 다른 사람들에게는 어떻게 받아들여지는지 격려에 대한 내 수준을 정확하게 아는 것도 필요하다. 내 수준을 알면 어떤 부분에서 좀 더 연습을 해야 하는지를 알 수 있기 때문이다. 아래 격려하는데 걸림돌이 되는 모습들을 보고 점검해 보기 바란다.

· 다른 사람을 세워주는 말을 하는 것이 어색하다.
· 다른 사람을 보면서 감탄의 말을 하는 것이 닭살스럽다.
· 똑똑하다, 머리좋다, 혹은 천재(영재)아냐? 라는 말을 자주 한다.
· 칭찬하라고 하면 '잘했다'라는 말을 주로 하는 편이다.
· 결과가 좋지 않을 때는 격려할 말이 잘 생각나지 않는다.
· 실수하면 주로 혼내는 편이다.
· 좋지 않은 행동을 긍정적으로 말해주면 더 나빠질 것 같다.

격려의 자세

긍정적으로 보는 마음

행복한 마음과 함께, 다른 사람에 대해 보는 관점이 긍정적이어야 격려의 말이 가능하다. 격려는 밝음이고 따스함이다. 부정적이고 우울한 사람이 어둡고 차가운 상태로 밝음과 따스함을 전해주기는 어렵다. 물론 어려움을 겪은 사람이 더 잘 격려하고 도와줄 수 있을 때도 있다. 그러나 내 문제에 깊이 빠져 있는 상태에서는 다른 사람을 향한 격려는 어려운 경우가 많다.

긍정적으로 보려면 세밀한 관심 또한 필요하다. 세밀한 관심은 작은 노력이나 변화를 포착하여 격려할 수 있는 기회를 제공한다. 예를 들어 친구들과 함께 작성해서 내야 할 것을 계속 안내고 있는 아이가 있다. 이야기를 들어보니 늦게라도 친구에게 연락은 했는데 내용을 못 받았다고 한다면 연락한 그 부분에 대해 격려를 해 줄 수 있다. 시작은 한 것이다. 결론적으로 안냈지만 시도한 것만으로도 격려할 부분은 생긴다. 이를 위해 과제를 내지 않을 때 '왜 안 냈어?' 가 아니라 '어떻게 된 거야?'라는 질문이 필요하다.

이해하려는 마음

격려를 하는 데 있어서 용기를 주고, 힘을 북돋우고 싶은 '마음'이 중요하다. 그 마음은 전해지기 때문이다. 그러나 조금 더 깊은 격려를 하려면 상대방을 이해하려고 노력하는 마음이 전제되어야 한다. 이해가 되지 않은 상황에서 용기를 불어 넣어주려고 하는 것은 형식으로 전락되고 껍데기로 느껴질 가능성이 크다. 물론 아무것도 하지 않는 것보다는 낫다. 그것도 나름 노력하는 것이기 때문이다. 하지만 진정으로 이해받는다는 느낌이 들 때 마음이 열리고 말로 하지 않아도 이미 격려를 받게 된다. 누군가 한 사람이라도 나를 이해해 주는 사람이 있다면 숨통이 트인다.

그렇다면 무엇을 이해해야 할까? 먼저 불안과 두려움을 이해하는 것이 필요하다.[53] 격려를 하고 싶은데 대상에 대한 걱정과 불안이 너무 많으면 적절한 격려의 말이 잘 떠오르지 않는다. 그러므로 교사 자신의 불안을 먼저 다루는 것이 선행되어야 한다. 들여다보고, 알

---

53) 이해중 외(2017), "격려하는 선생님", 학지사

아차리고, 가능하다면 해결하는 것이 필요하다. 그래야 아이들의 불안에도 접속하여 이해를 향해 나아갈 수 있다.

믿어주기

상대방에 대한 믿음이 없이는 격려가 쉽지 않다. 격려의 말은 대부분 소망을 담고 있다. 소망은 믿음이 있어야 가능하다. 지금 당장은 보잘 것 없어 보여도 잘 될 것이라는 믿음으로 소망스러운 격려의 말이 가능한 것이다. 잘 못해도 과정을 거쳐서 아이들은 나아진다. 자전거를 배우려면 수십 번 넘어져야 바로 서서 갈 수 있는 것처럼 아이들의 지금 행동은 잘 서서 가기 위한 넘어짐이라고 보는 것이 필요하다. 지금 당장의 모습만 보는 것이 아니라 긴 걸음을 생각하면 믿음을 가질 수 있다. 무엇보다 믿어 주면 아이들은 더 잘 자라날 수 있다. 누군가 한 사람이라도 믿어주는 사람이 있으면 잘 자랄 수 있다.[54]

결국 격려란 상대방을 믿어주고 이해해주며 힘을 주고 싶은 진심에서 나오는 것이다. 그래서 격려를 가르칠 때에도 아이들이 친구를 믿고 이해하며 힘을 주고 싶어 하는 마음을 가지도록 돕는 것이 중요한 핵심이 된다. 가장 어려운 것이기에 과연 가능할까 싶지만 희망은 있다. 먼저 교사가 믿어주면 아이들도 그 아이들을 믿어주게 된다. 감정은 전염성이 있기 때문이다.

또 하나 윌리엄 제임스의 "행동이 마음과 생각을 바꾼다"는 학설이 실제 사례로 많이 드러나는 것을 보며 우리는 가능성을 볼 수 있다. 남편에게 상처를 주고 이혼할 방법을 묻는 환자에게 의사가 '한 달 동안 최대한 잘 해 주다가 거절을 하면 그때 가장 상처를 입으니 그때 이혼을 하라'고 제안을 했다. 한 달 후 환자는 남편에게 잘해주는 행동을 하다 보니 남편을 사랑하게 되었다며 이혼하지 않겠다고 했다는 일화가 있다. 마음이 없어도 행동하고 말하다 보면 마음도 바뀔 수 있다. 격려도 마찬가지다. 말하다 보면 마음도 변화될 수 있다. 미국 사회 심리학자 레온 페스팅거의 인지부조화 이론도 이를 뒷받침한다. 인지부조화 이론이란[55] "사람은 자신의 마음과 행동이 일치하지 않았을 경우, 심리적 불편감을 느끼게 되며 이를 해소하기 위해 행동이나 생각을 바꾸려고 하는데 이때 이미 다른 사람

54) 박상미(2016), "나를 믿어주는 한 사람의 힘", 북스톤
55) 레온 페스팅거(2016), "인지부조화이론", 나남

이 알고 있는 행동을 바꾸기보다는 마음을 바꾸게 된다"는 것이다. 이는 마음이 없어도 행동을 하다보면 인지부조화로 인한 불편함으로 마음이 바뀔 수 있다는 증거이다.

격려의 습관들이기

　말은 습관이다. 큰 문제가 닥쳤거나 과제로 준비를 하는 것이 아니라면, 계획하지도 않고 그때그때 쉴 새 없이 나오는 것이 말이다. 내 속에 나의 말투와 단어들이 이미 다 들어 있는 것이다. 그 사람의 말을 보면 가족의 분위기를 알 수 있고, 부모의 말투까지 짐작할 수 있을 정도로 말은 환경의 산물이다. 그러기에 말을 바꾸는 것은 좀 더 오랜 기간이 필요하고, 큰 결심과 연습이 없으면 원래대로 금세 돌아간다. 그래서 습관을 들이는 것은 격려에 있어서 아주 중요한 과정이다. 내 말투를 바꿀 만큼 연습하지 않으면 부모에게 들었던 말, 주변에서 들었던 말, 대중매체를 통해 뇌 속에 저장된 익숙한 말들이 튀어나온다. 아이들에게 격려해 주고 싶은 말을 적어놓고 수시로 읽어보고 입에 붙게 하면 좋겠다.

용기를 불어 넣어주는 격려의 방법들

격려하는 몸짓

　격려란 말로만 하는 것이 아니다. 부드럽게 눈빛을 마주치며 인사를 하고 미소를 짓는 것만으로도 격려를 받는 아이들이 있다. 아이들과 하이 파이브를 한다거나, 주먹끼리 마주치는 것, 또 ET처럼 손가락 마주치는 것도 아이들에게 격려가 된다. 어깨를 토닥여 주거나 위로를 가득 담은 포옹도 슬프거나 힘든 순간 백 마디 말보다 더 큰 격려가 될 때가 있다. 수업시간 아이들과도 한 명 한 명 이름을 부르며 눈빛을 주거나 주먹치기 등으로 소외되는 사람없이 모든 이들에게 개별 접촉을 하면서 관심을 표현할 수 있는 방법이 되기도 한다. 아이 하나하나와 인사를 하다보면 그날 그날의 상태도 파악하고 질문하며 더 깊은 관심과 격려로 나아갈 수 있는 계기가 된다. 수업 시작하거나 마칠 때 학생 개별 이름을 부르면서 몸짓 인사를 할 수 있다.

감동·감탄

어린 아기들을 보면 그저 감탄이 나온다. 기다가 일어서는 것 하나에도 신기하고 경이롭다. 그러나 나이가 들수록 그러려니 하면서 아이들을 본다. 감탄이 사라지기 시작한다. 오히려 왜 저러나 싶은 눈초리가 훨씬 더 많아진다. 이미 밋밋해진 마음을 어떻게 바꿀 수 있을까? 여기서도 행동을 먼저 해볼 것을 권한다. 그 행동이 마음도 바꿀 것이다.

'어머나!', '와우!', '어떻게 그런 걸 알았지?', '어머 저 눈빛 좀 봐', '너무 재미있다 한 번 더 해봐', '우와 허리 핀 것 좀 봐', '방학 지나고 벌써 이렇게 컸네', '어머 저 말투 너무 재밌지 않니?' 등의 말은 누군가 나를 생기 있게 바라보고 소중히 여기는 느낌이 들며 마음이 따뜻해지는 경험을 하게 된다. 이런 감탄을 해 주는 사람 앞에서는 어떤 행동이든 자신감 있게 할 수 있다. 아이를 보면서 감동 감탄할 수 있다면 이는 자존감 자신감 행복감의 근원이 된다.[56] 감탄의 말도 전염성이 있어서 교사가 감탄의 말을 많이 하면 아이들도 따라서 많이 하게 된다.

감탄하는 학급을 만들어도 좋다. 아이들과 감탄 구호와 율동을 만들어 놓고, 잘 못하던 아이가 변화를 보이면 다 같이 감탄 시간을 가져보면 더 큰 격려의 효과를 거둘 수 있다.

과정을 보기

우리나라는 결과 중심적인 나라이기 때문에 결론적으로 잘 해야 칭찬받는 분위기다. 물론 결과를 가지고 칭찬하는 것도 필요하다. 그러나 과정을 볼 수 있다면 잘 하든 못하든 누구에게나 격려가 가능해진다. 특히 잘 하지 못하는 아이가 더 열심을 낼 수 있게 돕는 역할을 할 수 있다.

과정을 격려하려면 어떤 과정을 통해 만들었을까를 생각하고 공감하는 마음을 가지면 가능해진다. 특히 그 과정을 '상상'해 보는 것이 좋다. 아이가 만든 작품을 보면서 어떤 과정을 거쳤을지 상상해 보는 것이다. 뭘 선택할지 고민하는 것에서부터 가위질이나 칼질을 하면서 아프지는 않았는지, 시간이 오래 걸려서 힘들지는 않았는지, 미끈한 곳에 풀질을 하느라 난감하지는 않았는지 등등 그 과정을 짚어주는 것만으로도 격려가 된다. 질문을 해

---

56) 제인넬슨 외(2018), "긍정훈육", 에듀니티

도 좋다. "이것을 만들면서 힘들지는 않았니? 어떤 어려움이 있었니?"등이다. 시험 성적이 오른 아이에게 "잘했다"라는 칭찬도 좋지만 "공부를 얼마 동안 했니?", "놀고 싶을 텐데 집중하느라 애썼다", "어떻게 해서 성적이 오를 수 있었는지 과정을 이야기해 줄래?", "얼른 만들고 끝내려 하지 않고 표현하고 싶은 모습을 부지런히 생각한 모양이네"등의 말과 질문이 격려가 된다. 또한 아이의 노력과 성취, 그것에 대한 교사의 느낌을 사실대로 말하는 것이 격려가 된다. 과정에 대한 언급은 결과에 상관없이 모든 사람을 승자로 이끈다.[57]

작은 발전에 주목하기[58]

숙제도 잘 하지 않고 연습을 하라고 해도 잘 하지 않는 아이들에게는 격려가 더욱 필요하다. 그러나 숙제도 안 하고 연습도 안 하니 어떻게 격려할까가 문제다. 숙제를 한두 줄이라도 썼다면 그것을 격려해 주면 되고 연습해 와야 할 것을 잠깐이라도 연습한 것으로 보인다면 격려해 줄 수 있다. 많은 교사들은 숙제는 완성해야지만 했다고 인정한다.-그러나 잘 되지 않는 아이들은 숙제를 완성하지 못했어도 어제보다 나아진 부분을 보면 격려가 가능하다.

"숙제하려고 노력한 모습이 보이는데?"

"연습을 꽤 많이 해 왔네? 어제보다 좋아졌어"

작은 노력에 관심을 보이면 그 이후의 노력을 할 힘을 얻는다. 조금 노력하다 말았다고 혼나면 이제는 노력조차 하기 싫어지기 때문이다.

실패를 배움의 기회로 삼도록 돕기

모든 사람은 실수하고 실패한다. 그러나 실패를 좋아하는 경우는 드물다. 누가 실패를 좋아하겠냐마는 실패에 대한 거부감이 많은 것이 우리의 문화이기도 하다. 실패는 성공의 어머니이며 실패를 통해 배운다는 사실을 모르지 않지만 실패하면 낙담하고 힘들어하고 우울함에 휩싸이는 경우가 너무 많다. 이렇게 힘들어하는 이유는 실패를 창피한 일이며, 무능력함을 증명하는 것이며. 낙오자가 되거나, 무가치해지며, 인생이 실패한 것처럼 여

57) 이해중 외(2018), "격려하는 선생님", 학지사
58) 김현섭 김성경(2018), "욕구코칭", 수업디자인연구소

기기 때문이다.

그래서 우리는 실패에 대한 나의 심정적 부담이 어떤 것이며 실패를 보는 관점이 어떤 것인지 살피는 것이 필요하다. 실패를 배움의 기회로 삼으려면 실패에 대한 내 지식이 아닌 깊은 생각과 감정을 살펴보아야 한다. 그것이 되어야 실패에 대해 진정한 격려도 가능하다.

실패에 대한 격려를 하려면 모두가 실패한다는 사실을 인정하는 것이 중요하다. 교사도 실패하고 아이도 실패하기에 실패하는 동지로 함께 걸어간다는 생각이 서로의 마음을 연결한다. 나는 아닌 척 아이를 지도하려고만 해서는 격려의 영향이 적어진다.

또한 수많은 실패를 실험으로 여기고 살아온 과학자들을 보는 것이 실패에 대한 관점을 새롭게 한다. 2012년 노벨 생리의학상 수상자 야마나카신야 교수는 "실패만 겹쳐 20년 동안 매일 울고만 싶어지는 좌절의 연속이었다"라고 말한다. 그들도 힘들고 포기하고 싶었다는 것을 기억할 필요가 있다. 에디슨도 전구를 발명할 때 1700번의 실험 실패와 3500개의 가설을 썼다고 한다.[59] 그러나 이 과학자들은 그 실패를 실험이라고 불렀기에 끝없이 반복되는 도전을 할 수 있었다. 실패는 성공에 꼭 필요한 과정이 되는 것이다. 우리도 학교에서 하는 시도를 실패가 아닌 실험이라고 부르면 어떨까?

시카고의 한 고등학교는 '낙제'라는 말 대신 'not yet(아직)'이라는 단어를 쓴다고 한다.[60] 사람마다 잘하는 것이 다르고 때도 다르다. '낙제'라는 낙인 대신 '아직' 이라는 기다림이 세상을 조금 더 따뜻하게 해 주는 것 같다. 실패에 할 수 있는 격려의 말들은 다음과 같다.

- 시작한 게 더 중요하지.
- 도전했으니 실패도 있는 거지.
- 나도 실수를 많이 해. 모두가 실수한다.
- 잘하지 않아도 자라고 있어.
- 실수는 또 다른 기회가 될 거야.

---

59) 이해중 외(2018), "격려하는 선생님", 학지사
60) 스탠포드 대학 심리학교수 캐롤드웩, "아직의 힘" 강연 중

소속감을 가지도록 돕기

요즘 아이들은 자기만 잘하면 된다고 생각하는 경우가 많다. 똑똑하고 공부나 예체능만 잘하면 되고 누군가를 돕거나 단체를 위해 나서서 헌신하거나 맡겨진 일이 아닌 것까지 하는 것을 바보 같다고 여긴다. 이 아이들은 학교에서도 인정받기만을 바란다. 소속감이라는 감정보다 우월의 감정이 더 많은 것이다. 친구들이 자기에게 맞춰 주기를 바라고 자기가 중심이 되지 않으면 참여하지 않는 모습도 보인다.

그 이유는 요즘의 시대적인 분위기와 함께 각 가정에서 역할 없이 사랑만 받았기 때문이 아닐까 한다. 아이들이 많지 않기도 하고, 각 가정에서 너무 귀하고 소중한 아이들이기에 무조건적인 사랑으로 품는 것에만 초점을 두고 키운 경우이다.

이런 세대를 반영한 탓인지 많은 글로벌 기업들이 다른 여러 기준이 있겠지만 열린 마음으로 소통하고 협업하는 인재를 선호한다는 이야기를 한다. 그만큼 이 사회에는 협력하는 사람이 필요하다. 그러기에 아이들이 경쟁보다 협력하며, 공동체적 감각을 지닌 사람으로 변화될 수 있다면 아이에게 이보다 더 큰 선물은 없을 것이다. 소속감을 누려보고 경험해 본 사람은 공동체를 위해 무엇인가를 하려고 한다. 꼭 주목받지 않아도 잘 적응할 수 있다. 자기에게 주어진 역할을 잘 감당하고 다른 사람과 협력할 수 있다.

그렇다면 소속감은 어떻게 누릴 수 있는 것일까? 인간은 원래 소속감을 원한다. 소속되고 싶은 것이 기본적인 욕구이기 때문이다. 어떻게 해야 소속의 욕구를 채우는지 잘 몰라서 자기중심적으로 행동할 뿐이다. 소속감은 누군가 나를 필요로 한다는 느낌이 들 때, 또 뭔가 역할을 감당하고 기여할 때 생길 수 있다. 그러면 내가 속한 공동체가 잘 되는 것이 나도 잘 되는 '일치의 경험'을 할 수 있다. 또한 친구를 돕는다거나, 학급에 도움을 주는 행동 등이 개인의 성장으로 직결되는 기쁨도 누릴 수 있을 것이다. 기여하게 하고, 소속감을 만드는 격려의 말들은 다음과 같다.

- 네가 우리 ○○이라서 참 좋아.
- 네가 어떤 모습이든 넌 내 ○○이야.
- 우리 ○○을 위해 애쓰는 모습 참 고맙다.
- 네가 옆에 있어서 든든하고 좋아.

- 네 도움이 큰 힘이 되었어.

- 도와주려는 마음이 느껴져.

- 넌 우리에게 소중한 사람이야.

부정적인 것을 긍정으로 바꾸어 말하기[61]

　사람에게는 다 부정적인 면이 있다. 그러나 부정적인 면은 동전의 앞뒷면처럼 좋은 것도 분명히 있다. 말이 많은 사람은 자기표현을 잘하는 긍정성이 있고, 의존하는 사람은 다른 사람의 말을 잘 따르는 긍정적인 면이 있다. 중요한 것은 부정적인 면 뒷면의 긍정적인 것을 봐 주는 것이 격려가 된다는 사실이다. 그리고 부정보다 긍정에 초점을 두면 사람은 긍정을 향해 변화되어 간다는 사실이다.

욕구별 격려법

　욕구별로 듣고 싶어 하는 격려 표현들을 잘 알아두면 좋다.[62] 어떤 격려든 도움이 된다. 그러나 좀 더 깊이 있는 격려를 하고 싶다면 욕구별 특성을 고려하는 것이 좋다. 욕구별로 부담스러운 격려법도 있기 때문이다. 욕구별 다름을 알 수 있는 방법 중 하나는 본인이 주로 쓰는 격려법을 자기도 직접 받고 싶어 한다는 점이다. 사람은 받고 싶어 하는 것을 주는 성향이 있기 때문이다.

생존의 욕구

　생존·안정의 욕구는 진솔한 격려를 원한다. 오버하는 것을 부담스러워 한다. 자유의 욕구도 마찬가지다. 감동, 감탄을 버릇처럼 내뱉으면 위선적으로 포장하는 거라 오해할 수 있다. 진솔하게 과정을 짚어서 돌아봐야 한다. 이들에게는 구체적이고 세심하게 그 사람의 상황과 힘듦을 봐 주는 것이 격려가 된다. "고민이 많았겠다", "신중하게 결정한 것이니 존중해" 등의 말처럼 깊은 고민을 통해 도출된 결론을 알아봐 주는 것도 큰 독려가 된다.

---

61) 참고 : 김현섭 김성경(2018), "욕구코칭", 수업디자인연구소
62) 김성경(2019), "도대체 왜 그러냐고", 수업디자인연구소

사랑의 욕구

사랑의 욕구는 자신이 누군가에게 없어서는 안 될 귀중한 대상이란 것을 인정받고 싶어한다. 누구보다 특별한 사이가 되고 싶어 한다. "사랑해", "네가 있어서 참 행복해", "넌 소중한 사람이야", "덕분에 큰 도움이 되었어" 등의 이야기들이다. "고마워"라는 단어를 가장 소중히 여기기에 제일 듣고파 한다. 격려가 많이 필요한 아이들에게는 제스처나 행동, 스킨십도 큰 격려가 될 수 있다. 그러나 '넌 특별히 달라' 라는 격려말은 사랑의 욕구에게 있는 함께 하고 싶고 소속되고 싶은 마음과 달라 오히려 소외감을 느낄 수 있다. 또 늘 잘 섬기고 보살피는 사람들에게 '착하다'거나 '좋은 사람'이라는 말도 더 착하라고 요구하는 느낌이 들어서 불편하다는 이야기를 한다.

힘의 욕구

힘의 욕구는 인정과 존중의 격려를 좋아한다. 자신의 힘이 이바지 되었다면 더 기운이 솟는다. 그래서 "고맙다", "네가 있어서 힘이 된다" 등의 말에 힘을 얻는다.

반면 "잘하지 않아도 괜찮아"라는 말은 전혀 격려가 되지 않는다. 잘하고 싶은 마음을 막는 것 같기 때문이다. 힘의 욕구는 끝까지 해낼 것이기 때문이다. 그래서 "널 믿어", "할 수 있을거야"라는 말이 더 힘이 된다.

자유의 욕구

자유의 욕구는 "너의 선택을 존중해"라는 말처럼 존중해 주고 신뢰해 준다는 느낌이 들 때 힘을 얻는다. 때로는 귀찮아서 아무 것도 하기 싫어하는 경우가 꽤 있는데 이때는 시도하고 도전한 것만으로도 큰 발전임을 격려해 주는 것이 필요하다. 반면 "네가 있어서 든든해", "너밖에 없어"라는 말이 불편하다. 책임을 져야 할 것 같고 때로 자유롭고 싶은 마음을 제한하는 느낌이 들기 때문이다.

즐거움의 욕구

즐거움의 욕구는 스스로가 감동, 감탄의 말을 자주 하는 만큼 자신에게도 똑같이 해주길 기대한다. 반면 즐거움과 자유가 함께 높다면 본인은 잘 하지만 받는 건 거부감이 들 수 있다. 또 자신의 즐거움과 만족에 공감해주는 말에 큰 기쁨을 얻는다.

　욕구별로 좋아하는 격려 방법을 알아보았지만, 사람의 내면에는 여러 가지 욕구가 섞여 있기 때문에 사람마다 반응은 다르다. 그 순간 어떤 욕구가 작용하고 있었느냐에 따라 원하는 격려도 달라질 수 있다. 어떤 격려말이 격려가 되는지, 아니면 불편한지를 알아야 한다. 물론 부담스럽다고 나쁜 것은 아니며 도움이 될 때도 있기에 진심을 담은 격려의 말은 많이 할수록 좋다. 더 깊고 적절한 격려를 원한다면 서로 좋아하거나 부담스러운 격려에 대해 대화를 나누면서 찾아가는 방법을 추천하고 싶다.

	더 깊은 격려가 될 때	욕구별 격려가 되는 말의 예
생존	과정을 봐 주는 말 구체적이고 세심하게 내 상황을 봐 줄 때 고민에 대한 확신을 주는 말	지금도 충분해. 너의 정성과 흘린 땀이 상상이 된다. 고민이 많았겠다.
사랑	마음을 읽어줄 때 도움이 된 것을 느끼는 말 함께한다는 걸 느낄 수 있는 말	도와주고 싶은 네 마음을 알겠다. 난 언제나 네 편이야. 네가 옆에 있다는 것만으로도 좋아.
힘	영향력을 확인받는 말 인정해주는 말 도움이 되었음을 확인하는 말	네 도움이 큰 힘이 되었다. 네가 꼭 해 낼 줄 알았어. 넌 좋은 영향을 미칠 거야.
자유	긍정의 분위기 존중의 말 신뢰를 보여줄 때	그래서 그랬을 거야. 너의 선택을 존중해 난 널 믿어. 도전한 게 중요해, 수고 많았어.
즐거움	감동, 감탄 내 만족에 공감 이해받을 때	오늘도 모험을 즐겨보렴. 생동감이 넘친다. 충분히 그럴 수 있어.

다양한 격려 기술

격려가 되는 다양한 인사법을 통해 교사가 아이들 한 명 한 명을
짧은 시간이지만 접촉하며 인사하고 격려의 마음을 전하기

[진행방법]

① 수업 시작하거나 수업을 마칠 때 한명 한명의 이름을 부르며 눈빛을 마주치고 다양한 인사법으로 인사한다.

② 인사하는 방법은 하이파이브, 주먹치기, ET손가락 만나기, 안아주기, 두 손 마주치기 등 다양한 방법이 가능하다.

③ 아이들이 그날그날 원하는 것을 할 수 있도록 선택권을 준다.

④ 평소와 표정이 다른 경우 안부를 물을 수도 있고 기억했다가 따로 만남을 가지는 것도 좋다.

⑤ 선생님이 선창하는 인사방법에 따라 아이들이 서로 돌아다니며 인사나누기도 좋다.

  (예) 주먹치기! 라고 외치면 모든 친구들이 서로 돌아다니며 많은 친구들과 주먹치기 인사

⑥ 되도록 많은 친구들과 인사를 나누도록 안내한다.

[유의사항 및 기타]

· 학기 초에는 이름을 외우기 위한 것으로 이름을 부르며 눈빛 마주치기에 집중하는 것도 좋다.

· 모든 아이와 인사하려면 시간이 길어져 여유가 없다고 여겨질 수 있지만 신뢰와 친밀감이 쌓이면 생활지도에 큰 도움이 될 수 있으므로 시간 투자를 하는 것도 좋다.

[개발자 / 참고문헌]

· 김성경
· 이해중 외(2018), "격려하는 선생님", 학지사

감동천사

**감동 감탄하는 격려가 몸에 익어지도록 반별 혹은 모둠별로
여러 가지 구호와 함께 그에 맞는 율동을 만들기**

[진행방법]

① 반 전체가 함께 할 수 있는 감탄 구호와 율동 만들기

　(예) "살아있네 살아있어 아싸 철수" : 무릎두번 손뼉두번 – 구리구리 – 손을 안쪽 – 앞쪽

　　　'우와아아아 멋지다' : 책상을 두두두 치다가 양쪽 엄지를 치켜세우기

　　　'님 좀 짱인 듯' : 양손 검지로 가르키다가 양손 엄지 척

② 모둠별 감탄 구호와 율동 만들기

③ 모둠별로 발표를 하면 가장 호응이 좋은 모둠 것을 반 구호로 정한다.

④ 정해진 모둠에게 모두가 감동감탄 구호를 먼저 외쳐서 격려한다.

⑤ 최선을 다하거나, 애쓰고, 변화를 보이는 사람 및 모둠에게 구호와 율동으로 격려해 준다.

[유의사항 및 기타]

· 반 분위기와 교사의 스타일에 따라 분위기가 흥분될 수 있으므로 그에 맞추어 율동을 만드는 것이 필요하다.

[개발자]

김성경

소속감을 키워주는 격려를 연습하기

[진행방법]

① 소속감을 키워주는 격려 말을 매주(매달) 다른 것으로 칠판에 붙인다.

- 네가 우리 ○○이라서 참 좋아
- 네가 어떤 모습이든 넌 내 ○○이야
- 우리 ○○을 위해 애쓰는 모습 참 고맙다
- 네가 옆에 있어서 든든하고 좋아
- 네 도움이 큰 힘이 되었어
- 도와주려는 마음이 느껴져
- 넌 우리에게 소중한 사람이야
- 네가 없었으면 큰일 날 뻔 했어

② 이번주(이번달)의 격려말을 모둠별로 아이들 감각에 맞도록 말도 변형시키고 동작을 넣거나 노래로 만들어 보게 한다.
  (예) 넌 우리 반의(양손 검지로 가르킨 후) 소중한 사람(노래로)

③ 매번 모둠 활동을 한 후 모둠에 기여한 사람을 한 명 뽑는다.
  (하나 둘 셋! 하면 사랑의 작대기로 골라서 많은 사람)

④ 뽑힌 사람에게 이번 주의 격려 구호를 모둠원들이 다같이 해 준다.

⑤ 반의 큰 행사나 힘든 일을 맡아서 해 준 사람에게 격려의 말을 반 전체가 다 같이 해 주어도 좋다.

⑥ 이번 주의 격려말에 대해 선생님이나 한 친구가 앞쪽 말을 선창하면 모두가 뒷말을 외치는 것도 좋다.
  "네가 꼭! (한사람) / 필요해(다같이)"

[유의사항 및 기타]

· 늘 뽑힌 사람이 뽑히는 경우도 있을 수 있으므로 다양한 방법을 찾는 것도 좋다.

[개발자 / 참고문헌]

· 김성경
· 김현섭, 김성경(2018), "욕구코칭", 수업디자인연구소

과정을 질문하고, 과정을 격려하는 연습하기

[진행방법]

① 수업별 혹은 반별 오늘(이번 주)의 격려 주인공을 정한다. 시험 성적이 오른 사람일 수도 있고 과제를 잘 만든 사람일 수도 있다.

② 주인공이 앞에 나가면 주인공에게 과정을 질문한다.

   (예) 시험 성적이 오른 사람

      "공부할 때 어떤 각오로 했니?"

      "얼마나 시간을 들인거야?"

      "졸리지는 않았니?" 등

③ 주인공은 "내가 말이야"(양손 엄지를 옆으로 내밀며)말하면서 질문에 답을 한다.

④ 질문이 아닌 과정을 추측하는 격려의 말도 가능하다.

   "작품 만드느라 시간이 많이 들었을 것 같아"

   "제목을 표현해 내느라 생각을 많이 했겠다"

⑤ 주인공은 과정을 격려 받은 소감을 말한다.

[유의사항 및 기타]

· 아이들이 질문을 잘 하지 않을 수 있으므로 모둠별로 질문할 수 있는 내용을 함께 의논하고 모둠별 질문으로 해도 좋다.

· 격려가 마치면 감탄 구호로 격려해 주며 마무리를 해도 좋다.

[개발자 / 참고문헌]

김성경 / 김현섭, 김성경(2018), "욕구코칭", 수업디자인연구소

서로의 이야기를 나누고 격려하며 위로와 격려 받는 시간을 가지기

[진행방법]

① 이야기 주인공이 자신의 상황(힘들었던 일, 어려웠던 일, 근황 등)을 말한다.

② 모둠원들이 주인공에게 주고 싶은 격려 카드를 2-3장씩 골라 뽑은 이유를 말하며 격려해 준다. 격려의 말을 할 때는 조언은 피하도록 한다.

③ 이야기 주인공은 조용히 듣고 있다가 모든 사람들의 격려시간이 끝나면 어떤 말이 격려가 되었는지 말한 후 다시 듣고 싶은 격려 카드를 골라서 이유를 말한다.

④ 모둠원들은 이야기 주인공이 고른 격려의 말을 함께 외치며 격려해 준다.

⑤ 이야기 주인공은 격려 받은 소감을 말한다.

[유의사항 및 기타]

· 모둠원이 돌아가면서 이야기 주인공을 하면 한 아이당 10분 이상씩 걸리므로 학기 초나 모둠원들의 친밀함이 필요할 때 수업 한 시간을 통으로 써도 좋다.

· 시간이 많지 않을 경우에는 격려가 필요해 보이는 사람을 추천해서 주인공이 되어도 좋다.

· 상담 장면에서 마무리할 때 격려카드를 교사가 제시하면서 격려를 해도 좋다.

· 방법을 달리하여 주인공이 듣고 싶은 격려표현을 골라 어떤 상황과 마음인지 이야기하면 다른 친구들이 격려말을 해 줄 수도 있다.

[개발자 / 참고문헌] · 김성경(2019), "도대체 왜 그러냐고", 수업디자인연구

격려 주인공에 대하여 다양한 격려 표현을 통해 집중적으로 격려하기

[진행방법]

① 이번 주의 격려 주인공(격려받을 사람)을 정한다. 리스트로 만들어서 격려주인공을 돌아가면서 해도 좋다.

② 매주 격려시간을 마련하여 격려 주인공이 가장 좋아할 만한 격려말을 모두가 포스트잇에 쓴다(리스트 참고). 감동감탄, 과정에 초점, 소속감을 불러일으키는 말, 실패를 배움의 기회로 삼기 중에 가장 맘에 드는 영역을 격려주인공이 한두 개 고르면 그에 맞추어 격려를 해 주어도 좋다.

③ 포스트잇을 격려 주인공 몸에 붙여주며 격려의 말도 함께 해 준다.

④ 격려 주인공은 격려받은 소감을 모두에게 말한다.

⑤ 사진을 찍어주고 인화해서 선물로 주어도 좋다.

⑥ 격려 주인공이 좋아할 만한 격려말을 써서 격려주인공 사물함에 붙이는 것도 좋다.

⑦ 아이들이 각자 자신이 자주 말해보고 싶은 격려의 말을 선정해 한 주간 연습해 보라고 할 수도 있다.

[유의사항 및 기타]

· 중요한 것은 아이들이 다양한 격려의 말이 익숙해 질 수 있도록 하는 것이다. 매 시간 교사가 격려 말을 먼저 이야기하는 것이 필요하다.

· 격려카드를 사용해서 격려를 해도 좋다.

[개발자 / 참고문헌]

김성경(2019), "도대체 왜 그러냐고", 수업디자인연구소

감동 감탄하기	과정에 초점 맞추기	소속감을 불러일으키는 말	실패를 배움의 기회로 삼는 말
· 눈빛이 살아있어 · 생동감이 넘친다 와 · 감동이야 · 넌 참 특별한 존재야 · 성숙해가는 모습, 멋져 · 힘든 중에도 활기를 잃지 않고 있네 · 다른 사람을 생각하는 마 음, 정말 멋져 · 네가 꼭 해 낼 줄 알았어	· 수고 많았어~ 애썼다 · 노력하는 모습, 정말 멋져~ · 최선을 다한 걸 알고 있어 · 오랜 시간을 투자했나 보 다. 정성이 느껴져 · 힘들었을 텐데 잘 이겨냈 네 · 고민의 흔적이 보인다 · 너의 수고와 흘린 땀이 상 상이 된다 · 네가 얼마나 노력했는지 알고 있어	· 도움을 주려는 네 마음이 느껴져 · 네가 옆에 있어서 든든하 고 참 좋다 · 네 도움이 큰 힘이 되었 다. 고마워 · 넌 영원한 내 _____야 · 덕분에 우리 _____가 잘 되고 있어 · 넌 우리에게 소중한 사람 이야 · 당신이 있어서 이 공간이 특별해졌어	· 도전한 것 자체가 중요해 · 도전했으니 실패도 있는 거지 · 나도 실패를 많이 한단다 · 모두가 실패하고 누구나 실수하지 · 실수를 통해 배우면 되지 · 잘하지 않아도 자라나고 있어 · 시도하는 것만으로도 멋 진 발전이란다 · 실패는 또 다른 기회가 될 거야

실패 경진대회 '내가 도전왕'

각자 자기 실패들을 자랑스럽게 발표하기

[진행방법]

① 세스고딘의 말을 다함께 읽는다.

> "내가 당신보다 더 많이 실패하면 내가 이기는 것이다. 지는 사람들은 한번도 실패한 적이 없어서
> 그 자리에서 벗어나지 못 하는 사람들, 혹은 크게 실패했을 때 다시 일어서지 않는 사람들이다."
>
> – 세스 고딘

② 3분간 모둠별로 실패의 경험을 접착식 메모지 하나당 하나씩 쓰되 가능한 많이 쓰도록 한다.

(예) 계란 후라이를 만들다가 태워서 반도 못 먹었다.
　　　앞에서 연주를 하다 까먹으면서 얼어버려 그냥 서 있었다.
　　　시험보러 갔다가 장소를 못 찾아 헤매다 시험을 못 봤다.

③ 다 쓴 후 실패의 경험을 모둠안에서 나눈다. 이때 실패 경험당 1점씩 부여한다. 실패를 통해 배운 점도
이야기한다.

④ 나와 비슷한 실패를 한 사람이 있으면 서로에게 점수를 1점씩 더한다.

⑤ 가장 점수를 많이 받은 사람에게 감동천사말을 외쳐준다.

[유의사항 및 기타]

· 실패의 경험을 많이 이야기하면 이긴다. 실패를 공개적으로 이야기함으로써 긍정적인 관점을 가지게 하는 것이 좋다.

· 단, 친구의 실패를 비난하거나 놀리지 않도록 사전에 주의를 준다.

· 너무 진지하지 않게 실패를 재미있게 이야기하면서 생각의 전환을 꾀하는 놀이이므로 편안하게 이야기를 나누도록 한다.

· 길지 않게 한 사람당 30초 이상 1분을 넘기지 않게 이야기하도록 한다.

· 마지막에는 실패를 거듭하다 성공한 이야기를 나눌 수도 있다.

[개발자]

김성경

6장.
경청하기

왜 경청인가?

경청은 '주의를 기울여 열심히 듣는 것'이다. 경청의 의미를 한자의 자구(字句)대로 풀어보면, 경(傾)은 사람 인(亻) 변에 머리 삐뚤어질 경(頃) 자를 합하여 머리를 기울인다는 뜻이다. 경청에서 경(傾)은 몸과 마음을 상대방에게 기울이는 것이다. 상대방에게 머리를 기울이면 상대방도 마음의 문을 열게 되고 마음도 따라간다. 청(聽) 글자를 분해하면 '聽 = 耳 + 壬 +[悳 = 直 +心]'이다. 덕(悳)은 곧은 마음이고 정(壬=呈)은 내밀다는 뜻이므로, 청(聽)의 의미는 '귀를 내밀고 똑바른 마음으로 잘 듣다'라는 뜻이다. 경청은 상대방의 이야기 소리를 단순하게 듣는 것을 의미하는 것이 아니라 상대방에 대한 관심을 가지고 상대방 입장에서 생각하고 느끼는 것을 말한다.

탈무드 내용 중 "귀는 친구를 만들고, 입은 적을 만든다"는 말이 있다. 대인 관계에 있어서 상대방의 마음을 얻는 가장 좋은 방법은 상대방의 이야기를 귀기울여 듣는 것이다. 사람은 자기 입장에서만 세상을 바라보지만 경청을 통해 다른 사람 입장에서도 세상을 바라볼 수 있도록 한다. 사람과 사람 사이의 간극을 줄이는 것이 바로 경청이다. 호감이 가는 어떤 사람을 친구나 배우자로 삼고 싶다면 그 사람의 이야기를 경청해야 한다.

경청은 대화와 의사소통 방식의 가장 기초적 자세이다. 내가 무엇을 말하고 싶으면 먼저 상대방의 이야기를 경청해야 한다. 대화는 상호작용이기 때문에 경청의 자세가 없이 대화와 의사소통을 할 수 없다.

상담에서는 경청만 해도 내담자의 문제 해결이 50%정도 이루어진다고 말한다. 어설프게 해결책을 제시하지 않아도 상대방의 고민을 경청하기만 해도 자기 성찰이 이루어져서 문제를 해결할 수 있는 힘을 가질 수 있다는 것이다.

경청하기 어려운 이유

경청이 중요하다는 것은 누구나 인정할 수 있는 사실이지만 실제 일상생활에서 경청이 잘 이루어지지 않아 의사소통이 잘 일어나지 않아 오해와 갈등이 생기는 경우가 많다. 그렇다면 경청하기기 힘든 이유는 무엇일까?

일단 듣는 이가 집중력과 이해도가 떨어져서 상대방의 이야기를 제대로 듣지 못할 수 있다. 청력이 좋지 않거나 자극적인 영상 매체에 자주 노출되어 듣기 자체가 잘 이루어지지 않을 수 있다. 상대방에 대한 관심이 적거나 자기 세계에 갇혀 지내면 경청이 힘들 것이다.

그런데 이러한 원인 외에도 경청하기가 힘든 이유들이 있다.[63] 일단 시간적 여유가 없는 경우, 바빠서 상대방의 이야기를 들을 여유가 없다고 생각하는 것이다. 그리고 들어보았자 뻔한 이야기이라고 판단하는 것이다. 그리고 내가 상대방의 시시콜콜한 그저 그런 이야기까지 들어줄 필요가 없다고 생각하거나 '상대방은 원래 그런 사람이야'라고 상대방에 대한 편견을 가지게 되는 경우도 있다.

대화에서 자기가 하고 싶은 말을 말하고 상대방의 이야기를 듣는 것이 아니라 자기가 하고 싶은 말을 하고 그 다음 듣는 척하면서 자기 말의 순서를 기다리는 경우가 발생할 수 있다. 수다를 떨 때 이러한 현상이 일어나는 경우가 많다. 경청이란 말하고자 하는 사람의 욕구를 인정하고 여유를 가지고 양보하는 것이다.

잘못된 경청 자세를 정리하면 다음과 같다.

• 딴 짓하기(상대방의 눈을 바라보지 않기)

---

63) 김영수(2009), "성공하는 당신은 지금, 코칭을 합니다", 교보문고

- 한술 더 뜨기(상대방 이야기 주제에 대하여 상대방보다 자기 이야기를 더 길게 말하기)
- 가볍게 반응하기
- 충분히 듣지 않고 어설픈 조언이나 해결책 제시하기
- 듣는 척하기
- 선택적 듣기(내가 듣고 싶은 부분만 듣고 나머지는 흘려버리기)
- 조금만 듣고 쉽게 단정하기

학생들은 경청의 훈련이 부족한 경우가 많다. 특히 청소년 시기에서는 자기 자신에게만 관심이 있거나 성숙한 대화 방법을 잘 모르는 경우가 많다. 그래서 경청하지 않고 자기 입장에서만 문제를 바라보거나 떠드는 경우가 많다. 말하고자 하는 욕구는 크지만 상대방의 이야기를 들어야 할 이유를 잘 인식하지 못하는 경우가 많아서 경청하지 않고 무관심하게 흘려듣거나 오히려 공격적으로 반응을 보이는 경우도 있다. 그러므로 생활 지도 측면에서 학생들에게 경청 훈련을 강조할 필요가 있다.

의사소통방식은 크게 저맥락적 의사소통과 고맥락적 의사소통이 있다. 저맥락적 의사소통 방식은 언어적 표현을 그대로 이해하고 받아들이는 것이고, 고맥락적인 의사소통 방식은 언어적 표현 외에 다양한 의미가 들어 있어서 상대방의 언어 속에 숨겨진 의도를 파악하고 해석이 필요한 것이다. 예컨대, 내가 '배고프니?'라고 물었는데, 상대방이 '아니'라고 대답하여 그냥 넘어갔다면 저맥락적 의사소통 방식이지만 동일 질문에 '배고프지 않아'라고 대답했더라도 상대방이 예의상 그렇게 말한 것으로 여기고, '그래, 배고프지 않아도 시간이 늦었으니 함께 식사하자'라고 말하는 것이 고맥락적 의사소통 방식이다. 고맥락적 의사소통 방식에서 경청은 상대방의 말을 있는 그대로 받아들이는 것이 아닐 다양한 맥락과 숨겨진 의미를 파악해서 경청해야 한다. 저맥락적 의사소통 문화인 서양에 비해 우리나라의 경우, 고맥락적인 의사소통 문화이기에 경청은 그리 쉬운 일은 아니다.
의사소통 방식 유형에는 다음의 5가지 유형이 있다.[64]

---

64) 존 새비지, 장보철 역(2011), "심층 경청 기술", 베다니출판사

- 직접적이고 공개적인 의사소통

  서로의 정보를 자유롭게 주고받는 것이다.

- 공개적이지만 부분적인 의사소통

  말하는 이가 사실에 기초한 정보를 상대방에게 공개적으로 하지만 정보의 일부분을
  숨기는 경우이다. 듣는 이는 빠진 정보를 추측해서 해석을 해야 한다.

- 공개적이지만 왜곡된 정보

  말하는 이가 상대방에게 왜곡과 오해된 정보를 전달하는 것이다.

- 왜곡되고 불충분한 정보

  소문처럼 정보가 충분하지도 않고 왜곡된 정보를 전달하는 것이다.

- 비언어적 의사소통(신체 언어)

  언어적 표현 대신 신체 언어 등으로 자기 의사를 표현하는 것이다. 예컨대, 먼저 말을
  걸어도 반응을 보이지 않고 삐진 것처럼 행동하는 경우가 있다.

의사소통 시 주로 직접적이고 공개적인 의사소통을 하는 경우 저맥락적 의사소통 방식
이라고 할 수 있고, 나머지 유형의 의사소통이 많은 경우 고맥락적 의사소통 방식이라고
할 수 있다.

경청은 저맥락적 의사소통 방식뿐 아니라 고맥락적 의사소통 방식에서도 원활한 의사
소통을 가능하게 해준다. 말하지 않은 것도 잘 파악하여 반응을 보일 수 있는 것이 진정한
경청이라고 할 수 있다.

듣기의 유형과 경청 단계

듣기 유형에는 방어적 듣기, 소극적 듣기, 적극적 듣기 등이 있다. 그 중에서 방어적인
듣기는 경청과는 반대되는 것이다. 방어적 듣기란 상대방의 이야기를 귀 기울여 듣지 않
는 것을 말한다. 방어적 듣기는 상대방의 말을 듣고 그 순간 감정에 이끌려서 불같이 반응
하는 것이다. 즉, 공격하기 위해 듣는 것이다. 방어적 듣기는 듣고도 아무런 반응을 보이
지 않거나 상대방을 급히 달래려고 대충 반응을 보인다. 상대방의 이야기를 회피하기 위

해 대화 주제를 성급하게 바꾸기도 한다.[65]

소극적 듣기는 아무 말하지 않고 듣기만 하는 것이다. 그에 비해 적극적 듣기는 이야기 자체보다 이야기 속에 숨겨진 상대방의 감정과 생각도 알아차리고 반응을 보이는 것이다. 적극적 듣기를 위해서는 5가지 질문법을 사용하면 좋다.[66]

- 상대방과 연결할 수 있는 질문

  상대방의 관심사와 관련한 질문을 던져서 자연스럽게 경청을 할 수 있도록 하는 것이다.

  (예) "이번에 읽고 있는 책 내용 중 인상 깊었던 부분을 이야기해줄래요?"

- 열린 질문

  정답이 정해져 있는 질문은 정답을 말하면 단답형 대화가 될 것이고, 정답이 말하지 못하면 말하는 이가 심리적인 부담을 가질 수 있다.

  (예) "이번 책 저자는 누구예요?" ⇒ "이번 책 저자가 이 책을 통해 말하고 싶은 것이 무엇이라고 생각해요?"

- 대화의 방향을 바꾸지 말기

  말하는 이가 하고 있는 이야기가 충분히 진행되지 않았는데, 내 관심사가 아니라는 이유로 다른 화제로 빨리 전환하려고 하면 말하는 이 입장에서는 말하고 싶은 마음이 사라질 것이다.

  (예) "잠깐만요, 그런데 이런 일을 해본 적이 있나요?"

- 명확하게 만드는 질문

  논점을 확인하는 질문은 자기 대화 중에 자신의 생각과 느낌을 정리해줄 수 있다.

  (예) "그렇다면 이렇게 행동한 이유는 이러한 이유 때문이라는 것이군요. 맞나요?", "그렇다면 그 상황에서 매우 당황했겠네요?"

- 궁금함을 나타내는 질문

  상대방이 자기가 한 말에 대하여 다른 관점에서 받아들이고, 그것을 적극적으로 알

---

65) 데이브 핑, 앤 클립파드, 서진희 역(2008), "마음을 여는 경청 기술", 국제제자훈련원
66) 데이브 핑, 앤 클립파드, 서진희 역(2008), "마음을 여는 경청 기술", 국제제자훈련원

아보고 싶은 마음이 들도록 호기심을 불러일으키는 것이다.

(예) "그렇다면 앞으로도 그 일을 계속할 예정인가요?", "내가 만약 당신 입장이라면 다르게 선택했을 것 같은데요?" 등

경청의 단계는 다음의 4단계가 있다.[67]

소극적 듣기(침묵) ⟶ 인정 반응(리액션) ⟶ 말문 열기 ⟶ 적극적 듣기(공감적 경청)

- 소극적 듣기
  소극적 듣기는 상대방의 이야기를 중간에 끊지 않고 침묵하면서 듣는 것이다.
  (예) "…."
- 인정 반응(리액션, 맞장구치기)
  인정 반응은 상대방의 이야기에 맞추어 맞장구를 치는 것이다.
  (예) "응. 그렇구나", 고개를 끄덕이기, 미소 짓기 등
- 말문 열기
  말문 열기는 상대방이 좀 더 자기 이야기를 할 수 있도록 격려하는 것이다.
  (예) "참 흥미로운 이야기네요", "그래서 그 다음 어떻게 되었나요?" 등
- 적극적 듣기
  상대방의 이야기 속에 숨겨진 감정과 느낌도 읽어서 반응을 보이는 것이다. 적극적 듣기의 구조는 사실 인정+상대방 마음 알아주기+내 마음 전하기이다.
  (예) "나, 이번 시험 망쳤어"
  ⟶ "네가 이번 시험을 망쳤구나!(사실 인정) 이번 시험 결과가 네가 원하는 만큼 나오지 않아서 속상했겠네(상대방 마음 알아주기), 네가 시험을 망쳤다니 나도 안타깝다(내 마음 전하기)"

---

67) 토마스 고든, 김홍옥 역(2003), "교사 역할 훈련", 양철북

경청의 방법

미하엘 엔더는 "경청이 방법이 아니라고 생각하는 사람들은 그들 자신이 반만이라도 할 수 있는지 시험해 보아야 한다"고 말했다. 경청은 가만히 상대방의 이야기를 수동적으로 듣는 것은 아니다. 일단 경청의 자세를 숙지해야 한다.[68]

- 다름을 인정하기
- 편견과 선입견 버리기
- 상대방 이야기를 중간에 끊지 않고 끝까지 듣기
- 공감하면서 듣기
- 메모하면서 듣기
- 내 이야기는 경청 이후에 나중에 말하기
- 상대방의 이야기가 논점에서 벗어나지 않도록 도와주기
- 상대방의 눈이나 얼굴을 보면서 듣기
- 신체 언어를 활용하여 듣고 있다는 신호를 보내기
  (상대방 눈을 부드럽게 바라보기, 고개 끄덕끄덕 등)

경청은 기본적으로 상대방에게 관심을 가질 때 가능하다. 사람은 인격적인 존재이기에 상대방이 내 이야기에 대하여 관심이 있는지 없는지는 직감적으로 알아차릴 수 있다. 상대방의 관심이 없는 상태에서 경청이 이루어질 수 없다.

경청은 언어적 표현뿐 아니라 비언어적 표현도 잘 이해할 수 있어야 한다. 앨버트 메라비언에 따르면 실제 의사소통 시 언어적 표현 내용은 7% 정도에 불과하고, 목소리 억양이 38%를 차지하고, 신체 언어는 55%를 차지한다.[69] 예컨대, 상대방이 말로는 사랑한다고 말하면서 목소리를 비꼬듯이 말하거나 얼굴 표정이 일그러져 있다면 진정한 사랑의 표현이 아니라는 것을 쉽게 알 수 있다는 것이다.

---

68) 선태유(2016), "소통과 경청, 배려가 정답이다", 북랩
69) 데이브 핑, 앤 클립파드, 서진희 역(2008), "마음을 여는 경청 기술", 국제제자훈련원

경청을 할 때는 상대방의 느낌과 감정을 알아차리고 생각과 이해관계를 이성적으로 알아차리는 것이 필요하다. 즉 감성적 접근과 이성적 접근이 조화를 이룰 때 진정한 경청이 가능하다.

그리고 상대방 이야기를 추론을 통한 해석하기와 행동 관찰을 구분하여 질문하면 좋다. 왜냐하면 어떤 행동에 대한 해석이 달라지면 오해가 쌓일 수 있기 때문이다.

행동 관찰	추론을 통한 해석하기
소현이는 미연에게 강한 눈빛으로 한동안 주시했다.	소현이는 미연에 대한 오해가 있다? 소현이는 삐진 상태이다?
담임 선생님은 주리 이름을 불렀지만 주리는 고개를 숙인 채 아무런 반응을 보이지 않았다.	주리가 담임 선생님과 관계가 좋지 않아 의도적으로 무시했다? 주리는 딴 생각을 하고 있거나 잠자고 있었기에 선생님이 불러도 아무런 반응을 보이지 않을 뿐이다?

다음에서 제시하는 경청의 다양한 방법들을 알고 실천하면 좋다.

반영하기

반영하기는 상대방의 이야기를 그대로 다시 말하거나 상대방의 이야기를 있는 그대로 인정하는 것이다. 상대방의 이야기를 있는 그대로 인정하기만 해도 상대방은 자기에 대한 인정과 존중을 경험할 수 있다. 특히 '~구나' 용법을 활용하면 좋다. 예컨대, '아, 짜증나'라고 말한다면 '일이 제대로 풀리지 않아 짜증이 났구나'로 반응을 보이는 것이다.

부연 설명

부연 설명은 상대방 이야기 내용을 요약하거나 그 의미에 대한 나의 해석을 말하는 것이다. 내용 요약하기는 말머리+핵심 단어에 대한 재언급의 문장 구조를 많이 사용한다.

- 말머리 : '내가 듣기에 네 말은...', '내가 들은 것을 다시 말하면...' 등
- 핵심 단어 : '그러니까 이 일을 하고 싶지 않다는 것이죠?' 등
- 나의 해석 말하기 사례 : '내가 듣기에 네 말은 이 일을 하고 싶지 않다고 말하는 것 같

은데, 맞나요? 내 생각은 힘들어도 이 일은 네가 하는 것이 좋다고 생각하는데...'

긍정적인 질문

다음의 긍정적인 질문을 사용하면 경청하는 데 큰 도움이 된다.

- 상대방이 더 이야기할 수 있도록 격려하는 질문
- 상대방의 이야기 속에 삭제되거나 생략된 부분을 더 이야기할 수 있도록 도와주는 질문
- 상대방의 이야기 속에서 왜곡된 부분을 사실에 기초하여 질문하기
- 이야기 속에 숨겨진 감정을 읽고 반응하기
- 상대방의 비판적인 말이 반발하지 않고 인정할 것은 인정하기

3단계 경청법

적극적 듣기의 대표적인 경청 방법은 3단계 경청 방법이다. 먼저 상대방의 이야기를 사실 그대로 인정하고, 그 이야기 속의 숨겨진 상대방의 마음을 알아주고, 이에 대한 내 마음을 전하는 것이다.

상대방의 비판에 대하여 대응하기

상대방이 나의 잘못과 실수에 대하여 비판하는 경우, 내 행동의 잘못된 부분을 구체적으로 알려달라고 말하는 것이다.

자기 공개

경청 시 적절한 자기 공개를 하면 좋다. 자기 공개를 잘못하면 경청을 망치고 대화를 단절할 수 있도록 하겠지만 적절한 자기 공개는 대화를 풍성하게 이끌 수 있다. 자기 공개를 할 때는 적절한 타이밍에 짧게 자기 공개하는 것이 좋다. 상대방의 이야기 흐름을 끊지 않고 하는 것이 좋다.

욕구별 경청하기 방식

생존의 욕구

생존의 욕구가 높은 사람은 대개 경청을 잘한다. 경청하지 않고 딴짓하는 것은 도덕적으로 잘못된 행동이라고 생각하기 때문이다. 이성적이고 당위성에 근거한 경청의 자세를 가지고 있고, 구체적인 사실과 규칙에 기초하여 상대방의 이야기를 평가할 수 있다. 그리고 상대방의 문제에 대한 해결 방안을 고려하면서 들을 수 있다. 경청 시 논리적인 수용은 하지만 상대적으로 역지사지 관점에서의 공감적 경청은 잘 이루어지지 않을 수 있다. 상대방의 생각은 잘 읽지만 생각 속에 감추어진 감정을 찾고 공감하는 것이 상대적으로 부족할 수 있다.

사랑의 욕구

사랑의 욕구가 높은 사람들은 공감적 경청을 잘한다. 생존의 욕구와 달리 상대방의 입장에서 공감을 잘하지만 이성적인 수용은 쉽지 않을 수 있다. 특히 상대방과의 친밀성 정도에 따라 경청의 자세가 달라질 수 있다. 친한 사람과는 대화에서 경청은 잘 이루어지지만, 갈등 관계에 있는 사람과의 대화는 정서적으로 부딪히거나 대화 자체를 거부할 가능성이 있다.

힘의 욕구

힘의 욕구가 높은 사람들은 경청이 쉽지 않을 수 있다. 자기 생각과 주장이 강한 편이라 상대방이 말해도 상대방의 이야기보다는 자기 생각에 더 집중할 수 있다. 그래서 자기 주장을 강하게 제시해도 다른 사람의 이야기를 경청하는 것은 부족하다. 상대방이 자신에게 하는 비판적인 이야기도 쿨하게 들을 수 있지만 그렇다고 상대방의 의견을 쉽게 받아들이지는 않는다. 그래서 '내 의견도 틀릴 수도 있다'는 생각을 가질 수 있어야 진정한 경청이 가능하다는 것을 인식해야 한다. 상대방 입장에서 생각하는 역지사지(易地思之) 자세가 가장 필요하다.

자유의 욕구

    자유의 욕구가 높은 사람들은 경청을 잘하지 못할 수 있다. 특히 상대방이 길게 말하거나 세부적으로 이야기하면 이야기 내용을 잘 숙지하지 못할 수 있다. 간단명료하게 말하는 것을 선호하고, 자기가 듣고 싶은 말만 기억하려는 경향이 있다. 상대방이 자기에게 비판적인 이야기를 하거나 갈등 상황이 닥치면 상황 자체를 회피하려고 한다. 그러므로 다른 욕구에 비해 경청 훈련이 가장 필요하다고 볼 수 있다.

즐거움의 욕구

    즐거움의 욕구가 높은 사람들은 즐거운 분위기와 유머를 즐기기 때문에 진지하고 무거운 이야기, 부정적인 이야기는 회피하는 경향이 있다. 그래서 경청을 하긴 하지만 상대방이 생각하기에 가볍게 반응한 것처럼 오해를 받을 수 있다. 상대방 이야기 자체보다는 자기 관심사와 연결하여 경청하기가 이루어진다. 그래서 상대방의 이야기가 자기 관심사가 직접적인 연관이 있으면 흥미를 보이고 집중하지만 반대로 자기 관심사와 동떨어진 경우, 대화 자체의 방향을 다른 쪽으로 유도하려고 한다. 선택적 듣기 경향을 띨 수 있으므로 대화 시 있는 그대로 듣는 노력이 필요하다.

> ## 다시 말하기

상대방의 이야기를 있는 그대로 다시 말하기

[진행방법]

① 교사가 학생들에게 특정 주제를 제시한다. (예) 내가 좋아하는 것은?

② 한 학생이 특정 주제에 대한 이야기를 한다.

③ 다음 학생은 앞 학생이 한 말을 그대로 말하고 나서 자기 이야기를 한다.

[Tip]

주제의 특성과 학생 그룹 규모에 따라 다양하게 진행할 수 있다. 모둠 안에서 다시 말하기를 할 수 있고, 학급 전체 학생들을 대상으로 서클 대형으로 앉아서 활동할 수 있다. 예컨대, 학급 전체 학생들을 대상으로 자기소개를 할 때는 전체 학생들이 서클 대형으로 앉아서 활동하는 것이 좋다.

[유의사항 및 기타]

· 앞 학생의 이야기만 다시 말하기를 할 수도 있고, 앞에서 말한 모든 내용을 누적하여 다시 말하기를 할 수도 있음

  (예) 1번 학생 : "저는 독서를 좋아합니다."

  　　 2번 학생 : "1번 친구는 독서를 좋아하고 저는 게임을 좋아합니다."

  　　 3번 학생 : "1번 친구는 독서를 좋아하고, 2번 친구는 게임을 좋아하고, 저는 친구들과 수다를 하는 것을 좋아합니다." 등

· 전체 학생들이 참여하는 경우, 큰 소리로 이야기할 수 있도록 지도해야 함

· 친구들과 갈등 시 해결 과정에서 다시 말하기 활동을 하는 것도 좋음

· 어떤 학생이 발표를 하면 다른 학생에게 그 학생이 말한 그대로 다시 말할 수 있도록 기회를 주는 것도 좋은 방법임.

[개발자 / 참고문헌]

케이건, 수원중기초 역(2001), "협동학습", 디모데

특정 주제에 대하여 짝꿍과 이야기하고 짝꿍 입장에서 다시 이야기하기

[진행방법] 짝 대신 말하기

① 교사가 학생들에게 특정 주제를 제시한다. (예) 자기 소개 카드를 활용하여 자기를 소개하기 등

② 두 명씩 짝을 지우고 짝꿍끼리 해당 주제에 대한 이야기를 한다.

③ 전체 학생들 앞에서 짝꿍이 말한 것을 그대로 말한다.

※ 전체 학생들이 아니라 모둠 안에서 짝 대신 말하기 활동을 하는 것이 3단계 인터뷰 활동이다.

[유의사항 및 기타]

· 복습 활동으로 활용한다면 자기가 수업 시간에 배운 내용을 서로 이야기하고 다른 사람에게 짝꿍 이야기를 대신 이야기할 수 있음

· 짝꿍 이야기를 대신 이야기할 때 주어를 3인칭 대신 1인칭으로 하면 더 재미있음

　(예) "짝꿍인 미선이가 말하기를 ...." ⇒ "나 미선이는 ...."

[개발자 / 참고문헌]

· 케이건, 수원중기초 역(2001), "협동학습", 디모데

· 제이콥스, 협동학습연구회 역(2011), "아하 협동학습", 시그마프레스

사자성어를 모둠원들이 동시다발적으로 소리를 외치면 다른 모둠이 알아맞히기

[진행방법] (이구동성 게임)

① 모둠마다 학습 주제와 관련한 사자성어(四字成語)를 정한다. (예) 이심전심, 동서남북 등

② 모둠원들이 각자 사자성어 중 한 음절을 분담하고 동시에 외친다.

③ 다른 모둠에서 해당 사자성어가 무엇인지 상의하여 모둠 칠판에 기록하여 제시한다.

④ 정답을 말한 모둠에게 모둠 보상을 실시한다.

[Tip]

신체 언어 스피드 퀴즈는 모둠별로 한 모둠원이 단어를 몸짓으로 설명하면 나머지 모둠원들이 제한 시간 동안 많이 알아맞히는 활동이다.

[유의사항 및 기타]

· 이구동성 게임의 경우, 3번 정도 반복하여 외칠 수 있도록 하면 좋음

· 특정 학생이 의도적으로 소리를 작게 내는 경우, 해당 음절은 공개할 수 있도록 하면 좋음

[개발자 / 참고문헌]

· 김현섭 외(2001), "아이들과 함께 하는 협동학습", 협동학습연구회   · KBS 가족오락관

모둠 안에서 말하기, 다시 말하기, 감정과 느낌 말하기, 내 의견 말하기 순서로 이야기하기

[진행방법]

① 모둠 안에서 1번 학생이 자기 고민거리 한 가지를 이야기한다.

② 2번 학생이 1번 학생의 고민 이야기를 있는 그대로 말한다.

③ 3번 학생은 1번 학생의 고민 이야기 속에 숨겨진 감정과 느낌을 말한다.

④ 4번 학생은 1번 학생의 고민 이야기에 대하여 도움이 될 만한 자기 의견을 말한다.

⑤ 2번 학생이 이야기 주인공이 되고 위와 같은 순서로 대화 활동을 진행한다.

[유의사항 및 기타]

· 그림 비유 대화를 하고 나서 현재 상태가 가장 좋지 않은 학생을 하나둘셋 방법으로 동시다발적으로 지목
  하여 선정한 후 4단계 대화를 할 수 있음

· 진지한 분위기에 이야기 활동이 진행될 수 있도록 분위기를 유도해야 함

[개발자 / 참고문헌]

김현섭

상대방의 이야기 속에서 숨겨진 핵심 키워드를 알아맞히기

[진행방법]

① 먼저 각자 자기 관심사나 특정 주제에 대한 이야기를 생각하고 핵심 키워드 3가지를 메모지에 기록한다.
  (예) 시험, 진로, 스트레스 등

② 한 학생이 이야기 주인공이 되어 자기 관심사에 대하여 이야기를 하면 나머지 모둠원들이 핵심 키워드를
  3가지 기록한다.

③ 이야기 주인공 학생이 미리 기록한 핵심 키워드 3가지를 공개한다.

④ 나머지 모둠원들이 자신이 기록한 핵심 키워드를 공개하고 3가지 키워드 모두가 동일한 경우, 간단한 보
  상을 실시한다.

⑤ 다음 학생이 위와 같은 방식으로 돌아가며 활동을 진행한다.

[유의사항 및 기타]

· 이야기 주인공이 정해진 시간 동안 이야기를 할 수 있도록 함.

· 이야기 속에 숨겨진 키워드를 잘 찾아낼 수 있도록 듣기 훈련을 하는 게임이므로 다양한 주제에 대하여 이
  야기할 수 있는 기회를 주면 좋음.

[개발자 / 참고문헌]

김현섭

눈을 가리고 짝꿍의 인도에 따라 다양한 미로 코스의 과제를 수행하기

[진행방법]

① 학생들이 두 명씩 짝을 이룬다.

② 짝꿍 한 명이 눈을 가리고 또 다른 한 명은 인도자 역할을 한다.

③ 짝꿍의 인도에 따라 눈을 가린 학생이 단계별 미로 코스를 선에 닿지 않고 목적지까지 펜으로 그린다.

④ 단계별 미로 코스의 미션을 수행할 때마다 간단한 보상을 실시한다.

⑤ 짝꿍끼리 역할을 바꾸어서 위와 같은 활동을 진행한다.

[유의사항 및 기타]

· 눈을 감는 것 대신 안대를 활용하여 진행할 수 있음.

· 단계별로 미션 난이도가 올라감. 3단계 미션의 경우, 점프를 할 수 있도록 함.

[개발자 / 참고문헌]

김현섭, 오정화

미션임파서블

___학년___반___번 이름:_____

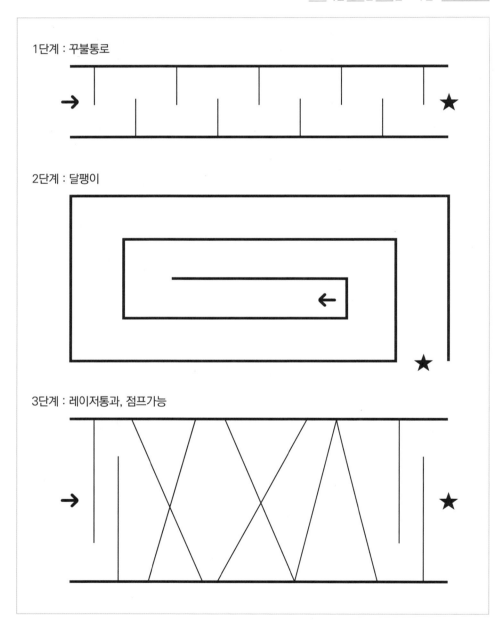

1단계 : 꾸불통로

2단계 : 달팽이

3단계 : 레이저통과, 점프가능

7장.
공감하기

왜 공감이 필요한가?

미래학자 다니엘 핑크는 "미래 사회의 인재는 다른 사람과 공감하며 조화롭게 즐길 줄 아는 삶을 영위하는 창의적인 사람"이라고 했다. 아이들이 컸을 때 사회가 필요로 하는 사람은 공감을 잘 하는 사람이라는 것이다.

그러나 요즘의 아이들은 오히려 반대로 가는 듯하다. 다른 사람에 대한 관심이 줄어들고 자신만이 중요한 시대가 되었다. 타인을 공감하기보다 경쟁자로만 인식해서 적대적으로 학교생활을 하고 나아가 직장 생활까지 그렇게 산다. 아거가 "젊은 꼰대"라고 표현할 정도이다.[70]

요즘 아이들은 공부와 꽉 찬 스케줄에 치여 자기 마음뿐 아니라 주변을 돌아볼 시간이 없다. 공감능력이 낮으면 친구 처지에서 생각해 보는 능력이 부족해져 갈등이나 다툼이 자주 생기고 좋은 관계를 맺기가 쉽지 않다.[71] 때로는 넘어지거나 다치고 곤란한 상황에 재미있어 한다거나, 상대가 너무 싫어하는데도 '나는 재미있는데!'하면서 짓궂은 행동을 지속하는 경우도 공감력 부족의 문제다. 결국 갈등이 심해지고 교사의 대처로도 상황의

---

70) 아거(2017), "꼰대의 발견", 인물과 사상사

71) 윤옥희(2020), "초등공감수업", 메이트북스

봉합이 쉽지 않을 때가 많다. 집단따돌림, 학교 폭력도 공감력의 부족에서 기인하는 경우가 많다. 피해자의 고통에 공감을 할 수 있다면 가해자의 길에 들어서지 않거나 들어섰더라도 멈출 가능성이 크기 때문이다. 결국 공감하는 마음의 부재가 관계를 망치고, 감정을 조절하지 못하게 하며, 분노조절장애를 불러오기도 하는 것이다.

공감이란 무엇인가?

공감이란 글자 그대로 보자면 함께(共) 느낀다(感)[72]는 말이다. 행동을 따라하는 것에서부터 그 사람의 깊이 있는 속마음과 연결되는 것까지 공감이라는 말은 아주 큰 스펙트럼을 가지고 있다.

우리의 소소한 삶에서 먼저 보면 상대방에게 깊이 공감되었을 때는 상대방의 행동을 따라 하게 된다. 공감은 몸동작으로도 나타나기 때문이다. 하품을 하면 따라 하는 것도 공감의 일상적인 면이고, 아기에게 밥을 먹이려고 입을 크게 벌리며 숟가락을 밀고 있는 장면도 그러하다. 사랑하는 사람의 행동은 자신도 모르게 따라 하고 있기도 하다.[73]

그런가 하면 조금 더 깊이 있는 공감력에 대해서 많은 학자들이 조금씩 다른 정의를 내린다.

장자는 진정한 공감이란 "존재 전체로 듣는 것"이라고 말했다. 칼 로저스는 "어떤 사람이 나를 판단하지 않고, 나를 책임지려 하거나 나에게 영향을 미치려 하지 않으면서 내 말을 진지하게 귀 기울여 들어주는 것이며 이를 통해 새로운 눈으로 세상을 보게 되고, 해결의 실마리가 보여 앞으로 나아가게 한다"고 말한다. 또 로먼 크르즈나릭은 "상상력을 발휘해 다른 사람의 처지에 서보고, 다른 사람의 느낌과 시각을 이해하며, 그렇게 이해한 내용을 활용해 당신의 행동지침으로 삼는 기술"이라고 했다.

이런 공감의 정의를 바탕으로 공감이 어떤 것인지 정리를 해 보려고 한다.

---

72) 박성희(2015), "공감", 이너북스
73) 박성희(2015), 위의 책. 이 내용을 토대로 한 사람이 행동하면 다른 사람이 따라하는 거울 쌍둥이 놀이를 할 수 있다.

그저 함께 있는 것

공감은 뭘 해주는 것이 아니라 그저 함께 있는 것이다. 우리는 누군가의 이야기를 들으며 조금이라도 돕고 싶고, 무슨 말이라도 위로해 주고 싶은 마음이 많다. 이 좋은 마음 때문에 역으로 공감 즉 "무언가를 하려고 하지 말고 그곳에 그대로 있는 것"[74]이 더 어려워진다. 의욕과 열정이 공감을 방해하는 것이다. 잘 도와주고 싶기 때문에 무엇이라도 한 것이 오히려 상처가 되기도 한다. 도움을 주고 싶어서 해결책을 이야기하다가 마음을 못 알아준다고 구박을 받기도 한다. 위로해 주려고 무슨 말이라도 하다가 상처를 주기도 한다. '그저 함께 있는 것'은 우리를 편안하게 그 사람 곁에 머물 수 있게 한다. 공감은 뭘 하지 않아도 된다는 점에서 시작이 쉬워진다. 그래서 우리는 누군가를 돕고 싶고 위로해 주고 싶은 이 마음이 진정한 공감이 되도록 공감을 배울 필요가 있다.

어떤 감정이든 수용하는 것

우리는 좋은 감정과 나쁜 감정을 구분한다. 나쁜 감정에 대해서는 판단하거나 그렇게 느끼지 말라고 이야기하기까지 한다. 부정적인 감정에 대해서 거부하는 것은 공감이 안 될 뿐 아니라 나아가 존재 자체에 대한 부정이 되어 버린다. 자신도 모르게 몰려오는 감정이 잘못되었다니 스스로를 이상하게 보게 되고 자존감이 떨어질 수밖에 없다. 나쁜 감정이라 여겨지는 것 또한 느낄 수 있고 좋은 면이 있음을 기억해야 한다.

잘 모른다는 마음으로 듣는 것

공감은 해석하고 판단하는 일을 멈추는 것이다. 이는 내 마음을 비우는 일이며 극단적인 말로 박성희 교수의 '기준이 없는 사람처럼 듣기'라고 할 수도 있다. 다른 사람을 공감해야지 하면서 기준이나 선입견을 가지면 상대방을 판단하게 된다. 기준이 없는 사람처럼 듣는다는 것은 "나는 저 사람에 대해서는 잘 모른다"는 겸손함이 필요하다. 내가 겪어본 것 같은 일일지라도 사람은 저마다 다르게 생각하고 느끼고 반응하기 때문이다. 물론 잘못된 행동에 대해서 기준을 갖지 말라는 말이 아니다. 마음을 공감하려고 할 때는 그 사람

---

74) 마셜B 로젠버그, 캐서린한 역(2017), "비폭력대화", 한국NVC

이 잘못된 행동을 할 만한 이유가 있었을 것이고 나는 그 이유를 모른다는 마음으로 듣는 것이 필요하다는 의미이다.

호기심

공감의 기초는 호기심이다. 호기심을 가지기 위해서는 위에서 말한 선입견과 판단에서 벗어나는 것이 필요하다. 어쩌하다고 판단을 해 버리면 호기심을 발동할 기회가 없어진다. 그들의 사고방식이 어디에서 왔고, 드러나지 않은 행동의 동기, 갈망과 신념을 알아보는 것이 공감[75]이다. 그래서 공감을 잘 하는 사람들은 질문을 잘 한다. 호기심은 앞에서 말한 '나는 당신을 잘 모른다'는 것에 기초한다.

욕구를 파악하는 것

공감은 행동의 이유가 되는 '욕구'를 추측하고 머무를 수 있는 것이다. 공감은 보통 감정에 대한 것으로 이해하는데 욕구까지 공감할 수 있다면 더 깊은 공감이 된다. 감정이 나타나게 되는 근원에 욕구가 있기 때문이다. 실제로 활동을 해 보면 욕구를 찾아줄 때 더 많은 위로와 격려가 된다.

예를 들어 아이가 축구를 하러 나가서 친구가 공을 뺏어가니 친구를 밀어서 넘어뜨리고는 "쟤가 내 공을 빼앗았어요"하는 아이에게 "친구가 공을 뺏어서 화났구나. 공을 찾아오고 싶었던 거지?"라는 말로 공감을 해 줄 필요가 있다. 그 후에 "친구를 밀면 다칠 수 있어. 그때는 '내 공 빼앗지 마'라고 정확하게 표현하는 거야"라고 말해 줄 수 있을 것이다.

공감의 오해[76]

동감해야 공감이다?

동감은 그 사람과 의견이나 느낌이 동일한 것을 말하지만, 공감은 의견은 다르더라도 느낌은 이해된다는 의미이다. 많은 이들이 동감과 공감을 오해해서 의견이 다르면 공감해

---

75) 로먼 크르즈나릭(2018), "공감하는 능력", 더퀘스트
76) 폴 블룸(2019), "공감의 배신", 시공사

주지 않는다고 속상해 하기도 한다. 교사가 상담을 하는 경우에도 아이와 생각이 다르거나 아이의 행동이 잘못되었다고 느낄 때 공감하기 어렵다고 착각한다. 이는 동감과 공감을 오해한 탓이다. 생각과 행동 가치관에 동의하지 않아도 공감은 가능하다.

동정심이 공감이다?

재난을 당하거나 험악한 일을 당한 사람들을 보며 안타까워하는 사람을 보면서 공감력이 좋다고 말하는 경우가 많다. 그러나 이는 큰 의미에서는 공감이라고 하지만 동정심에 가깝다. 동정심은 사전적 의미로 "다른 사람의 사정을 알아주고 제 일처럼 여겨 안타까워하는 마음"이다. 정말 좋은 말이고 필요한 마음이다. 그러나 많은 사람들이 '동정심은 싫어' '동정 따위 필요 없어'라고 이야기한다. 왜 그럴까? '내가 좀 더 괜찮은 사람으로서 너에게 시혜를 베푼다'라는 잘못된 태도가 숨어 있기 때문이다. 과시가 들어가고 불평등한 관계를 만들기 때문이기도 하다. 연민이나 불쌍하다는 마음을 넘어서서 상처를 주지 않고 상대방의 감정이나 시각을 이해하는 공감으로 나아갈 필요가 있다.

측은지심과 역지사지가 공감이다?

측은지심(惻隱之心)은 나의 입장에서 상대방의 슬픔을 아는 것이고 역지사지(易地思之)는 내가 저 위치에 있을 때 느끼는 감정을 말한다. 둘 다 이기적으로 자신의 입장만 생각하지 말고 상대방의 입장이 되어보라는 말이다. 이것은 관계에서 윤활유 역할을 많이 하는 중요한 덕목이다. 그러나 둘 다 나의 가치관을 기준하고 있다. 나를 벗어나지 못하며 내 입장에서 말하는 것이다. 이들은 상대의 마음과는 단절될 가능성이 크다. 조지 버나드쇼는 "상대방이 당신에게 해 줬으면 하는 방식대로 그들에게 해 주지 마라. 취향이 다를 수 있으니까"라고 했다. 동의하는 바이다. 이는 상대방과 이해관계나 원하는 것이 같은 것이라는 것을 전제하고 있다. 그러나 많은 경우 이해관계도 생각도 느낌도 다르다. 상대방의 입장이 되어 보더라도 내 입장에서 상대를 이해할 뿐이다.

또한 누군가 울면 같이 눈물을 흘리는 사람들에 대해 공감력이 높다고 여긴다. 물론 우는 사람을 보고 아무 느낌 없는 사람보다 공감력이 높은 건 맞다. 하지만 깊은 공감인지는 따져보아야 한다. 그저 눈물을 보고 측은지심으로 눈물이 나는 것이지 그 사람의 깊은 감정에 가 닿지 않을 수 있다. 상대방의 눈물과 전혀 다른 의미로 흐르는 눈물일 수도 있기 때문이다. 그래서 공감의 맥락과 다를 수 있다.

공감을 잘하는 사람이 성격이 좋은 사람이다?

공감을 잘한다는 평을 듣는 이들이 성격이 원만하고 좋다고 볼 수 없는 경우가 꽤 있다. 공감을 잘하는 만큼 화도 잘 내고 서운함도 잘 타는 경우를 꽤 본다. 나아가 공격성도 공감 능력만큼 많은 경우도 있다. 반대로 공감 능력이 떨어진다고 나쁜 사람은 아니라는 것 또한 생각해 보면 알 수 있는 일이다. 깊은 공감은 못하지만 두루두루 많은 사람들과 친하게 지내는 사람들도 꽤 있다.

공감에도 한계가 있다

공감이 만능인 것처럼 생각하는 경향이 많지만, 공감도 한계가 있다. 공감을 잘 한다고 생각하는 사람들이 오히려 조심해야 할 것들이 있다.

첫째, 공감하는 순간 그 사람에게만 몰입이 되기 때문에 공정하고 객관적인 판단이 어려울 수 있다. 양측이 팽팽한 충돌이 오는 상황에서 한쪽에 공감이 되면 편들기로 갈 수 있다. 정확하게 사실 관계가 판단되지 않았음에도 공감된 사람을 위해 나쁘다고 판단한 사람을 비난하거나 공격하는 폭력을 유발하기도 한다.[77] 사실 어느 쪽이 옳은지는 객관적으로 보지 않으면 모른다. 우리 사회에서 두 개로 나뉜 정치 사회 문화의 여러 면에서 한쪽을 공감하다 보니 객관성을 잃게 되는 것을 많이 보게 된다.

둘째, 가치관이 비슷한 사람이나 내 집단 사람에게만 공감하면서 공감 능력이 좋다고 착각할 수 있다는 것이다. 폴 블룸은 "공감은 관심과 도움이 필요한 곳을 환히 비추는 스포트라이트와 같다. 긍정적 효과가 있다. 그러나 비추는 면적이 좁고 자기가 관심 있는 곳에만 비춘다."라고 말한다. 공감의 효과가 정의를 높이는 방향이 아니라 다른 아이들을 희

77) 폴 블룸(2019), "공감의 배신", 시공사

생시켜서라도 한 사람을 위하는 방식으로 발휘되기도 한다는 것이다. 두 아이가 싸웠는데 무조건 친하게 지내는 친구의 편에 서서 방어를 해주는 경우가 이에 속한다. 여기서 문제는 편이 되어주지 않으면 친하지 않다고 여기고 배신이라고 여기는 면도 많은 점이다. 다른 가치관을 가진 사람까지도 공감할 수 있어야 진짜 공감이다. 심지어 가해자나 비행 청소년 및 다른 인종까지 이해를 할 수 없다면 높은 수준의 공감력을 가진 것은 아니라고 할 수 있을 것이다.

셋째, 공감력을 잘못 사용하는 사람도 있다는 것이다. 드라마 등에서 보면 감정을 교묘하게 이용하는 경우가 있다. 이들은 상대방이 어떻게 느낄지 다 안다. 그러나 자신의 목적을 위해 이용하기도 한다. 공감력이 좋다고 다 착하다고 할 수 없다는 것이 이런 면이다. 공감이 배려하고 다른 사람을 돕는 데 도움이 되는 능력이지만 다른 사람을 해하는 데도 요긴한 능력이 된다는 것이 안타까운 일이다.

공감의 한계와 왜곡을 넘어서는 진정한 공감이란 무엇일까?

그것은 감정을 공감하는 것에 갇히지 않고 이를 넘어서는 것이다. 우리에게 주어진 이성과 판단력과 도덕성 또한 공감하는 데 유익함을 기억하는 것이 필요하다. 타고난 공감력이 없어도 선행을 하거나 남을 도와주는 사람이 많고 다른 사람을 유익하게 하는 사람이 많다. 그러므로 공감을 못한다고 타박할 것이 아니라 서로의 다름을 인정하며 그들의 공감법도 수용하는 것이 필요하다. 그렇다고 공감 연습이 필요없다는 말이 아니다. 모두가 공감 연습을 통해 더 깊이 있는 연결과 이해로 나아가기 원한다.

욕구별 공감하기 방식

인간은 모두가 자기 스타일로 공감한다. 자기 욕구 성향과 비슷한 상황과 문제에 공감을 잘한다. 반대로 자신의 욕구와 반대적인 면은 공감이 약하다.

생존의 욕구

생존의 욕구는 상대방의 상황을 구체적이고 세밀하게 묻는 것으로 공감하는 능력을 지니고 있다. 잘 묻는 것도 큰 공감이다. 또한 안정적이지 못하고 예측할 수 없는 불안한 상황에 대한 감정에 공감을 잘한다. 그러나 일탈하고 싶은 마음이나 반항하는 마음 등에 대해서는 이해가 어렵다.

사랑의 욕구

사랑의 욕구는 깊은 감정과 외로움 슬픔 고통에 대해 공감을 잘한다. 그 사람의 편이 되어서 그 사람과 함께 고통 받는 자리에 가 있다. 함께 눈물 흘리며 울고 함께 괴로워한다. 약자의 편이 되어줄 수 있는 사람들이다.

그러나 본인이 마음을 열지 않은 곳에는 공감력을 발휘하기가 어렵다. 내 편이 아닌 사람에게 공감이 어려울 수 있다는 이야기이다. 이들은 약간의 거리를 두고 사는 자유의 욕구의 독립적이고 자신의 감정을 잘 추스르는 면에 대해서는 이해가 어렵고 감정적으로 깊이가 없는 사람들의 마음에 대해서는 공감하기가 어렵다. 공감을 받기 원해서 요구하기도 하며, 노력해서 공감하려는 것에 대해서는 고마워하긴 하지만 충분히 위로가 되지 않으니 답답해 할 수도 있다.

힘의 욕구

힘의 욕구는 애쓰고 노력하는 사람의 마음에 대해서는 지지하고 공감하는 말을 잘 한다. 또한 일과 관련된 좌절과 실패의 경험을 한 경우에는 좌절, 낙담 등의 감정에 대해서는 공감을 잘한다. 상황의 앞뒤를 살피기보다는 팩트 자체에 초점을 두고 공감하려는 면이 강하다. 그 외에 마음의 섬세한 감정에 대한 공감은 약한 편이다. 외부의 일과 활동에 관심이 많고 내면에 대한 관심이 크지 않기 때문이다. 그리고 애쓰지 않고 노력하지 못하는 사람들에 대해서는 공감하기 어려워하는 경향이 크다.

자유의 욕구

자유의 욕구는 모든 사람들이 그럴 수 있다고 여겨지기에 공감이 빠르다. 캐묻지 않고 말할 때까지 기다려주는 공감을 잘 할 수 있다. 어떤 경우는 양쪽 편 이야기를 다 듣고 둘 다 맞다고 이야기를 하기도 한다. 한쪽 편을 들 수가 없다. 그래서 누구 편이냐며 원성을 듣기도 한다. 선악의 문제라고 생각하지 않는 한 대부분 공감이 간다. 일탈 상황이나 벗어나고픈 마음 등에 대해서도 누구보다 공감을 잘한다. 모든 사람은 서로 다르다는 인식을 기본적으로 갖고 있기에 어떤 상황이든 수용이 되는 편이다.

그러나 감정에 오래 머무르는 것을 싫어하기에 마음 깊은 곳의 오랜 고민과 외로움에 대해서는 잘 이해하기 어려우며, 빨리 변화되지 않고 그 감정에서 헤어 나오지 못하는 면에 대해서도 공감하기 어렵다. 공감하기 위한 질문을 하더라도 짧고 세세하지 못하다. 또 상대방의 고통과 어려움을 어느 정도 거리에서 이해하고 공감하는 것은 잘하지만 풍덩 빠져들어서 그 사람처럼 이해하는 것은 어려워한다.

즐거움의 욕구

즐거움의 욕구는 독특한 사람이나 행동에 대해 호기심을 가지고 질문하는 걸 잘하는데 호기심을 가진 질문이 공감이 될 때가 많다. 또한 재미있고 새로운 이야기, 유머 등에 공감하고 반응을 보인다.

그러나 괴로워하고 걱정, 불안, 초조함 등의 부정적인 감정에 대해서는 공감하기가 어렵다. 부정적이라고 여겨지는 감정에 대해서는 공감보다는 긍정으로 바꾸어주고 싶은 마음이 더 크다.

사람마다 공감하는 스타일이 어떻게 왜 다른지 욕구별로 파악해 보았다. 그러나 '저 사람은 이 욕구가 높으니 이런 공감은 못 할 거야'라고 단정 지을 필요는 없다. 사람에게는 다섯 가지 욕구가 모두 있기에 상황에 따라 다른 공감력이 발휘될 수 있기 때문이다. 타고난 욕구에 따라 공감하는 법이 다르기에 다른 사람을 비판할 필요도 없고, 스스로 위축될 필요도 없다. 모두는 장단점이 있기 때문이다.

욕구별 공감법을 참고하여 나는 어떤 공감을 잘하고, 못하는지 파악해 보면 어떤 성장의 방향으로 나가야 하는지 알 수 있다. 아이들끼리도 욕구에 따라 공감법이 다르므로 이를 서로 알면 오해를 줄일 수도 있다.

공감하는 방법

공감은 연습이 필요하다. 아스퍼거 증후군을 포함한 공감능력이 제로인 사람은 인구의 2%이며 그 외 98%는 단련을 통해 공감 능력의 발전이 가능하다고 한다. 여러 가지 공감 방법을 연습해야겠지만 공감을 가르치는 가장 확실한 방법은 그 사람을 공감하는 것이라고 한다. 가르치거나 훈계보다 공감을 받아보는 것이 공감을 배우는 확실한 방법이다.[78]

상대방이 쓰는 낱말의 뜻을 묻기

다 아는 말이어도 사람마다 느끼고 이해하는 것이 다르다. 그 다름을 이해하는 것이 공감의 첫 번째 단계가 될 것이다. 그것을 전제로 상대방이 쓰는 말의 뜻을 물어보라. 그렇게 묻다 보면 상대방의 논리를 파악할 수도 있다. 상대방이 전개하는 논리를 그대로 인정하고 충실하게 따라가는 것 또한 공감이다.

박성희 교수가 공감이라는 책에서 제시한 사례를 보면 어린 공주가 달을 따 달라고 떼를 부리는데 아무도 설득할 수가 없었다. 그때 광대가 '달은 어떻게 생겼어요? 얼마만큼 커요? 어떤 색깔이에요?' 등을 물었더니 '동그랗고 손톱만하고 노랗다'는 걸 알게 된다.[79] 모두가 진짜 달을 따 달라고 이해하지만 실제로 상대방이 원하는 것은 보편적인 인식과 달랐던 것이다. 이처럼 공감이란 나의 이해와 선입견을 내려놓고 그 사람 입장에서 이해하는 것을 말한다.

감정과 욕구에 이름붙이기

공감을 위해서는 알아차림이 우선이다. 알아차림은 여러 가지 방법이 있지만 '이름'을 붙이는 것으로도 가능하다. 이름을 붙이는 것은 감정을 자각하고 '인정'하는 과정이 된다.

가트맨 박사는 감정에 이름을 붙여주는 것을 '감정이라는 문에 손잡이를 만들어주는 것'에 비유했다. 형체가 없는 감정에 이름을 붙여주면 감정을 받아들이기가 한결 편해진다.[80]

또한 욕구에 이름을 붙여주는 것이 더 깊은 공감이 된다. 감정을 공감하는 것은 자신의

---

78) 로먼 크르즈나릭(2018), "공감하는 능력", 더퀘스트
79) 박성희(2015), "공감", 이너북스
80) 존가트맨, 최성애, 조벽(2011), "감정코칭", 한국경제신문

현재 상태에 머물러 공감해 주며 위로해 주는 것이라면 욕구에 이름을 붙여주며 공감하는 것은 상황을 명료화하며 미래로 나아가게 한다.

이름을 붙이는 것은 교사가 추측하는 것도 하나의 방법이고 아이가 스스로 표현할 수 있도록 질문할 수도 있다. 감정이나 욕구를 모르겠으면 카드를 활용해서 찾는 것도 방법이다.

· 감정을 추측하고 물어봄으로 이름 붙이기 : "화가 났구나" "억울했니?"
· 감정을 스스로 표현하도록 물어보기 : "그때 기분이 어땠어?"
· 욕구를 추측하고 물어봄으로 이름 붙이기 :"너를 존중해 주길 바랬니?", "공평하길 바라니?"
· 욕구를 스스로 표현하도록 물어보기 : "네가 원하는 것은 무엇이니?"

몸에서 어떤 반응이 드러나는지 파악하기

공감이란 상대방의 행동 하나하나에 관심을 기울이고 있음을 표현하는 것에서도 드러난다.

"얼굴이 빨개졌네요" "손에 힘이 들어가 있는 것 같아요"

몸의 반응까지 파악하는 것은 더 깊이 공감하는 방법이며 사랑과 관심을 표현하는 방법이 되기도 한다.

상대의 말을 내 말로 바꾸어 말하기

상대가 한 말을 되풀이해서 말하는 것으로 '미러링 대화' 혹은 '반영'이라고 한다. 이는 이야기의 주제를 놓치지 않을 수 있는 방법이 되기도 하며, 상대방의 이야기를 잘 듣고 있다는 안심이 들게 할 수도 있다. 나아가 잘못 이해된 부분에 대해서는 수정할 수 있는 기회가 된다. 이를 통해 상대방은 자신이 한 말에 대해 다시 한 번 생각할 수 있다. 미러링된 말을 듣고 나면 좀 더 구체적인 이야기로 깊이를 더해 갈 수도 있다. 처음에 한 말은 보통 빙산의 일각과 같다.

미러링 대화의 내용은 상대방이 관찰한 것, 상대방의 느낌과 욕구, 상대방이 하고 있는 부탁까지 포함하면 좋다.[81]

---

81) 마셜B 로젠버그, 캐서린한 역(2017) "비폭력대화", 한국NVC

한 학부모가 와서 "우리 애는 무슨 말을 해도 듣지를 않아요. 어떻게 해 볼 수가 없네요"라고 말한다면 "지금 너무 힘드셔서 아들과 연결할 방법을 찾고 싶은 마음이 간절하시군요"라는 말로 상대방의 느낌과 욕구에 머물러 주는 것이다. 그러면 학부모는 좀 더 그 감정에 머무를 수 있고 정확하게 반영이 되었으면 다른 느낌을 말 할 수도 있다.

(예) "친구가 너에게 바보라고 말했을 때 억울하기도 하고 창피하기도 했다는 거지?" "네가 일부러 그렇게 행동한 것이 아니라는 것을 알아줬으면 좋겠다는 거야?" "네가 왜 그렇게 행동했는지 이유를 물어봐 줬으면 좋겠다고 말하고 싶은 거야?"

잘못된 행동에는 후공감을 사용하기

공감에서 고민되는 것이 공감을 하면 행동까지 수용해야 될 것 같은 느낌이 드는 경우이다. 힘들다고 할 일을 하지 않고 있을 때 '하기 싫구나'하고 공감을 하면 아예 안 해 버릴 것 같기 때문이다. 이럴 때는 후공감[82]이 필요하다. 꼭 해야 될 일을 힘들다고 안할 경우에는 먼저 공감하면 잘못된 습관이 들 수 있으므로, 일을 하게 하고 후에 귀찮고 몸이 힘들었는데도 해냈구나 하며 공감 격려하는 것이 지혜로운 방법이다.

나열한 것처럼 공감하는 방법은 여러 가지다. 여기서 공감 방법에 따라 잘하는 아이와 못하는 아이들이 있을 수 있다. 그러나 다른 공감 방법에서는 잘하고 못함이 바뀔 수도 있기에 한 가지 공감법으로 공감을 잘하고 못하고를 판단하지 말았으면 좋겠다. 각자 잘하는 영역이 다름을 기억하고 격려하며 공감을 연습하는 것이 필요하다.

---

82) 윤옥희(2020), "초등공감수업", 메이트북스

공감하기 기술

감정의 단어를 알아맞히는 퀴즈 놀이 형태를 통해 감정 단어를 가능한 많이 익히기

[진행방법]

① 감정카드 혹은 감정단어가 적힌 스케치북을 준비한다.

② 교사가 몇 가지 감정 단어에 대해 설명하면 아이들이 단어를 맞춘다.

③ 단계는 눈짓-표정-행동-의성어-상황말하기의 순서로 한다. 눈짓으로 표현할 때는 딱딱한 종이나 마스크 등으로 눈만 보이게 하면 좋다.

　상황말하기의 (예) 당황하다

　- 택시를 탔는데 내릴 때 쯤 지갑이 없다는 걸 알게 됐어

　- 외국여행 입국 심사에서 문제가 생겨 계속 뭐라고 하는데 멍해졌어

④ 각 단계에 따라 점수를 매길 수 있다. 빨리 맞힐수록 점수가 높다.

⑤ 모둠별로 대표가 나와서 설명을 하면 어떤 모둠이든 먼저 맞히는 모둠에게 맞춘 단계에 맞는 점수가 주어진다.
　눈빛(50점)-표정(40점)-행동(30점)-의성어(20점)-말로상황표현(10점)

⑥ 점수를 많이 받은 모둠이 승자

[유의사항]

· 감정을 많이 아는 것이 중요하므로 교사가 감정 단어를 선택할 때 아이들이 자주 사용할 만한 감정 단어를 고르면 좋다.

· 교사가 처음에 설명할 때 오버하며 재미있게 표정과 행동을 하는 것이 도움이 된다.

· 이 활동을 많이 한 후 감정스피드 퀴즈를 하면 좀 익숙한 상태에서 가능해진다.

· 모자 챙 위에 감정카드를 올려놓고 모둠원끼리 맞추기 활동을 해도 좋다.

· 눈짓, 얼굴 표정, 몸동작, 의성어, 상황말하기 중 몇 개를 추려서 단계를 짧게 맞추기 활동을 해도 좋다.

· 눈짓은 잘 맞추기 어렵지만 눈이 무엇을 말하는지 주의를 둘 수 있어서 중요하다.

　눈짓을 할 때는 눈에만 신경쓰지 않고 표정을 잘 지으면 자연스럽게 가능하다.

[개발자] 김성경

감정 스피드 퀴즈

감정을 다양하게 알고 표현할 수 있는 감정 알아맞히기 퀴즈 게임을 진행하기

[진행방법]

① 교사가 감정 카드나 목록 리스트를 활용하여 퀴즈 문제를 만든다. 기존 감정카드 중에서 뽑아놓을 수도 있고, 목록 리스트에서 뽑은 것을 ppt나 스케치북에 써 놓을 수도 있다.

② 모둠원들이 자리에 앉아 있고 그 뒤에서 퀴즈 단어를 제시한다.

③ 모둠원 중 대표 한 사람이 앞에 서서 제시어에 대해 설명을 하면 모둠원들이 협력하여 감정단어를 맞힌 다.(설명을 한 명이 할 수도 있고, 돌아가면서 할 수도 있다)

④ 모둠원들이 정답을 알아맞히면 다음 단어로 넘어간다. 통과(패스)도 가능하다.

⑤ 3분 동안 몇 개를 맞히었는지 확인한다.

⑥ 다른 모둠도 3분 동안 게임을 진행한다.

⑦ 좋은 점수를 얻은 모둠에게 격려말(살아있네!)이나 간단한 보상을 실시할 수 있다.

[유의사항]

· 미리 어려운 감정이나 욕구단어를 교사가 설명을 하는 것도 좋다.

· 한 번에 끝내지 말고 가끔 하면 감정이나 욕구 단어를 조금 더 많이 익힐 수 있다.

· 욕구도 같은 방법으로 스피드 퀴즈를 하여 욕구 단어를 익힐 수 있다.

[개발자 / 참고도서] 김현섭 김성경 (2018), "욕구코칭", 수업디자인연구소

감정카드와 욕구카드를 이용해 서로의 마음을 읽고 공감하기

[진행방법]

① 시간을 20-30분 정도 잡고 이야기 주인공을 한 명 고른다.

② 이야기 주인공은 자기 이야기를 3분 정도 한다. 이때 주제를 주어도 좋고, 요즘 자신의 이야기를 해도 좋다.

③ 감정카드를 펼친다.

④ 이야기를 경청하며 들은 모둠원들은 주인공이 느꼈을 감정을 감정카드 중에서 고른다. 감정카드를 주인공에서 주면서 왜 골랐는지 이유를 이야기한다.

⑤ 주인공은 받은 카드 중 자기에게 해당되는 감정을 고른다.

⑥ 그 중 가장 핵심적인 감정을 골라 이유를 설명한다.

⑦ 욕구카드를 펼쳐 놓고 모둠원들은 이야기 주인공의 욕구라고 생각되는 카드를 고른다.

⑧ 욕구카드를 전달하며 "~한 이유로 ~원할 것이라고 생각했는데 맞니?" 등의 공감질문을 한다.

⑨ 이야기 주인공은 모두에게 받은 욕구카드 중 자신에게 맞는 카드를 고르고 그 중 가장 핵심적인 욕구를 골라 이유를 설명한다.

⑩ 이야기 주인공의 감정과 욕구로 공감받은 소감을 모둠원에게 말한다.

[유의사항]

· 모둠원들이 감정이나 욕구카드를 내밀며 추측할 때는 제안이나 조언이 되지 않도록 조심하게 한다. 감정이나 욕구는 자신의 것이 아니면 잘 알 수 없으므로 궁금함으로 물어보면 좋다.

· 힘든 이야기를 나눌 때 대충 이야기를 하고 마는 경우가 있는데 그런 경우는 친구들이 질문을 해서 자기 이야기를 충분히 이야기할 수 있도록 한다.

[개발자 / 참고도서]

김현섭 김성경 (2018), "욕구코칭" 수업디자인연구소

피라미드 형태로 나열한 주인공의 감정 카드가 무엇인지 맞히기

[진행방법]

① 모둠원들 중에 이야기 주인공을 하나 둘 셋으로 지목해서 뽑는다.

② 주인공은 자신의 감정을 친구들이 보지 않도록 카드에서 3개 이상 고른다.

③ 고른 감정은 절대 이야기하지 않고 그 감정 관련 상황을 이야기한다.

④ 감정카드를 피라미드처럼 쌓되 맨 위에 핵심적인 감정을 놓는다.

⑤ 층별 점수를 매긴다. 3층이면 1층은 10점, 2층 20점, 3층 30점으로 정한다.

　(고른 감정카드가 많지 않으면 2층으로 해서 아래층은 10점 윗층은 20점)

⑥ 모둠원들은 카드와 같은 내용이 담긴 감정 리스트를 보고 주인공의 감정을 맞춘다.

⑦ 주인공의 감정이라고 생각되는 감정 내용을 포스트잇에 적어서 내민다.

⑧ 카드 피라미드를 뒤집어서 포스트잇과 비교해서 맞춘 사람에게 점수를 준다.

⑨ 이야기 주인공은 감정카드를 고른 이유를 설명한다.

[유의사항]

· 자신의 감정을 찾기 힘들어 하는 경우가 있을 수 있으므로 이 활동은 감정카드 익히기 활동을 많이 한 이
  후에 하면 좋다.

· 이야기 주인공은 가능하면 감정카드를 세 개 혹은 여섯 개를 고르는 것이 카드를 배열하거나 놀이하기에
  는 더 좋다. 그러나 못 찾을 수 있으므로 가능한 만큼만 한다.

[개발자 / 참고도서]

허승환, 옥상현(2019), "감정놀이", 아이스크림

말이나 행동이 아니라 눈빛만으로 텔레파시 메시지로 전달하기

[진행방법]

① 서로 잘 통하는 두 사람을 앞으로 불러 한 사람은 능력자가 된다.

② 능력자가 숫자, 나라, 도시 등의 영역 중 하나를 생각하거나 써 놓는다.

③ 능력자가 다른 사람에게 텔레파시를 쏜다.(행동으로 표현해도 좋다)

④ 텔레파시를 받은 짝꿍은 이를 맞춘다.

[유의사항]

· 문제를 제시할 때 영역을 정하여 제시하면 좋다.

　(예) 숫자 1-9까지 중에서야 / 나라 이름 중에서야 / 우리나라의 도시 이름이야

· 공감 수업 도입부에 진행할 수 있다. 부정행위가 일어나지 않도록 규칙을 강조해야 한다.

· 실제로 해보면 학생들이 의외로 잘 맞히는 경우가 많다.

[개발자]

오정화

상황 속 감정을 찾기

[진행방법]

① 교사가 짧은 동화를 읽어준다.

② 모둠별로 감정카드를 펼친다.

③ 각자가 동화 속 주인공의 감정을 카드에서 찾는다.

④ 카드를 들고 자기가 포착한 상황 속 감정과 이유를 이야기한다.

⑤ 모둠별로 찾은 감정과 이유를 발표한다.

⑥ 모든 모둠이 공통적으로 찾은 감정을 찾아보고, 새로워 보이는 감정도 찾아본다.

⑦ 감정은 모든 사람이 다 다르게 느낄 수 있으므로 틀린 것이 없다고 이야기해준다.

[유의사항]

· 다른 방법으로 한 명이 동화 속 주인공이 되어 친구들이 찾은 감정 중 자신에게 해당하는 감정을 찾아보는 것도 가능하다.

· 감정은 서로 다를 수 있으므로 어떤 감정을 골라도 인정해 주는 것이 필요하다.

· 그 상황과 전혀 맞지 않아 보이는 감정을 고르는 아이가 있다면 단어에 대해 잘 모르거나 다른 상황과 연결되어 있을 수 있으므로 필요하면 따로 만나 물어보는 것도 좋다.

[개발자]

김성경

8장.
긍정적으로 말하기

왜 긍정적으로 말해야 하는가?

성공하는 사람들의 공통점

서점에 가면 자기계발도서가 있는 코너가 있다. 자기계발과 관련된 책들을 몇 권 읽어보면 한가지 공통점을 발견할 수 있다. 그것은 "긍정"에 대해 계속해서 언급하고 있다는 것이다. 실제로 성공한 사람들 중 많은 수의 사람이 이 "긍정"과 관련이 있다.

성공하는 사람들은 매사에 긍정적인 편이다. 이들은 사람을 대할 때 '긍정'을 배경으로 두고 바라본다. 상대를 늘 긍정의 관점에서 대하고 인정하고 이해하고 칭찬하고 격려한다. 이들은 실패의 위험보다 성공의 가능성을 먼저 보는 "긍정"이 있기 때문에 새로운 일을 시작하는 데 주저하지 않고 혹 일이 잘못되어 실패하더라도 낙담하여 포기하지 않는다.[83] 실패했을 때 다시 일으키는 힘도 바로 "긍정"에 있기 때문이다. 그렇기 때문에 자신과 삶에 있어 "긍정"을 가진 사람들을 그렇지 못한 사람보다 성공이라는 문에 들어가기 더 쉽다.

---

83) 유대열(2019), "다꿈 플래너", RHK

행복의 조건

　쉬르자드 샤미네는 "긍정지능"[84]에서 마음을 통제하는 지침이며 동시에 마음이 자신에게 이롭게 작용하도록 하는 방법으로 긍정지능(PI, Positive intelligence)을 이야기한다. 긍정지능이란 마음이 우리를 돕는 시간, 친구로서 활동하는 시간의 비율을 의미한다. 그는 긍정지능을 높을수록 마음속에 아직 눈뜨지 않은 막대한 능력과 역량을 깨울 수 있고, 나아가 다른 사람도 그렇게 하도록 도울 수 있다고 말한다.

　긍정지능은 똑같은 상황을 다르게 보는 능력이다. 버지니아대학교 연구팀의 실험 결과에 의하면 인간이 부정적이거나 피로한 상태에 있을 때에는 언덕을 실제보다 높게 인식하거나 등에 맨 가방을 더 무겁게 느낀다고 한다. 후속 연구에 따르면 심적으로 부정적인 상태에 있을 때면 모든 짐이 무겁고 문제가 더 크고 심각해 보이며 모든 산을 오르기 버겁다고 느낀다는 것이다. 우리가 어떤 어려움에 직면했을 때 머리를 아무리 쓰고 나에게 있는 감성지능과 사회지능까지 모두 동원하여 해결책을 생각해봐도 해결되지 않는 상황이 있다.[85] 이럴 때 대부분의 사람은 그 상황에 좌절한다. 어찌할 바를 몰라 방어기제나 회피기제가 발동하기도 한다. 긍정지능이 있는 경우 같은 상황에서 어렵고 힘든 것을 보는 사람들과 달리 그 너머에 있는 희망을 보고 자신의 행동을 결정한다. 긍정지능이 있는 사람들은 문제가 발생했을 때 문제 속에 갇혀 그 상황만 쳐다보지 않는다. 문제 상황을 다르게 바라보고 새롭게 재해석한다. 중요한 것은 단지 똑같은 상황을 긍정적으로 생각하고 해석했을 뿐인데, 풀리지 않을 것만 같았던 문제를 해결할 수 있는 작은 실마리를 발견하게 된다는 것이다. 더 나은 해결 방법을 찾게 되거나 새로운 해결 방법을 찾게 되기도 한다. 때문에 긍정지능이 있다는 것은 삶에서 중요하다. 단순히 성공하기 위해서라기보다 좀 더 행복하게 살기 위해서 그렇다.

로젠탈 효과[86]

　미국의 사회심리학자인 로버트 로젠탈 교수는 미국의 한 초등학교 전교생에게 지능검

---

84) 쉬르자드 샤미네, 윤태준 역(2012), "긍정지능", 생각연구소. 이 책의 부록이나 긍정지능홈페이지 접속하여 긍정지능 테스트를 해 볼 수 있다. http://positiveintelligence.com

85) 숀 아처, 박슬라 역(2014), "행복을 선택한 사람들", 청림출판

86) EBS 교실이 달라졌어요 제작팀(2014), "EBS 특별기획 교실이 달라졌어요. (행복수업 편)", 경향미디어

128

사를 실시하고 이 중 20%정도의 학생을 무작위로 선발한 뒤 명단을 교사에게 주면서 '이 명단의 아이들은 지적인 능력이나 학업 성취가 향상될 가능성이 높은 학생들'이라고 믿게 만든다. 8개월 후 전에 했던 것과 똑같은 지능 검사를 다시 했는데 명단에 있었던 학생들은 다른 학생들보다 평균점수가 훨씬 높게 나왔을 뿐만 아니라 학교 성적 또한 크게 향상된 결과를 보였다.

로젠탈 효과는 자신이 조각한 여인상의 아름다움에 반해 진짜로 그 여인상을 사랑하게 된 피그말리온의 진정한 사랑에 감동을 받은 아프로디테가 여인상을 진짜 여인상으로 만들어 주었다는 내용에서 나온 피그말리온 효과와 유사한 효과이다. 로젠탈 효과와 피그말리온 효과는 긍정적인 기대와 관심, 격려가 일을 능률을 올리고 좋은 결과를 낳은 데 얼마나 큰 힘이 되는지 보여준다. 긍정은 나에게는 물론 다른 사람에게서도 또 다른 긍정을 낳는 것이다.

긍정적으로 관점(생각) 바꾸기

세상은 우리가 어떻게 보느냐에 따라 달라진다. 그것을 관점이라고 부른다. 관점은 우리가 세상을 살아가는 데 중요한 안경 역할을 한다. 어떤 안경을 쓰고 살아가느냐에 따라 우리가 보는 세상이 달라진다. 빨간 안경을 쓰고 하늘을 바라보면 하늘은 빨갛게 보인다. 파란색 안경을 쓰고 걷고 있으면 지나가는 모든 것이 파랗게 보인다. 어떤 관점으로 세상을 보느냐에 따라 우리가 보는 것들은 다 다르게 보이는 것이다. 다음 이야기들을 살펴보자.

일을 하는 이유

한 소년이 샌프란시스코의 바닷가 언덕 아래에서 용접공들이 기계로 작업하는 광경을 바라보고 있었다. 그 소년은 호기심을 이기지 못하고 쇠기둥을 용접하는 세 사람에게 다가가 차례로 물었다. "지금 무슨 일을 하고 계세요?" 첫 번째 용접공은 퉁명스럽게 대답했다. "보면 모르냐! 먹고 살려고 이 짓을 하고 있지!" 두 번째 용접공은 귀찮다는 듯 대답했다. "쇳조각을 용접하는 중이지." 세 번째 용접공은 소년의 질문에 잠시 일손을 놓고 소년을 쳐다보고 미소 지으며 대답했다. "나는 지금 세상에서 가장 멋진 다리를 만들고 있단다.” 세 사람은 모두 같은 일을 하고 있는 용접공이었다. 그들은 같은 장소에서 같은 시간 일을 했고 같은 돈을 받았다.[87]

용접공들은 똑같은 일을 하고 있으면서 일에 대해 생각하는 것이 모두 다르다. 세 사람 중 표정이 제일 밝은 사람은 누구일까? 세 사람 중 가장 행복한 사람은 누구일까? 우리는 이 이야기에서 누가 일에 대한 자부심이 있는지도 쉽게 생각해 낼 수 있을 것이다. 설령 현실이 어렵고 힘든 상황일 수 있다. 그렇다 할지라도 지금 내가하는 일에 대한 기대감과 이 일이 완성되었을 때의 모습을 상상하며 긍정적으로 삶을 대하게 되면 가짜 약을 먹고도 진짜 약과 같은 효과를 발휘하는 플라시보 효과처럼 상황은 달라질 수 있고 삶은 자신에게 더 큰 만족과 행복으로 다가올 것이다. 삶은 내가 ‘나아질 것이다’, ‘더 좋아질 것이다’ 라는 믿음을 갖고 기대한 대로 바뀔지도 모른다.

얻은 것과 잃은 것

공자가 하급관리로 일하고 있는 조카 공멸에게 물었다. “하급관리로 일하면서 얻는 것과 잃은 것은 무엇이냐?” 공멸은 “얻은 것은 없고 세 가지를 잃었습니다. 일이 많아 공부를 전혀 못했고, 보수가 적어 친척들에게 좋은 대접을 못했으며, 늘 공무에 쫓기다보니 친구와 사이가 멀어졌습니다.”라고 대답했다. 그 후 공자는 공멸과 같은 벼슬을 지내고 있는 제자 자천에게 똑같은 질문을 했다. 자천은 “잃은 것은 하나도 없고 세 가지를 얻었습니다. 배운 내용을 실행해 보게 되어 배운 내용이 더욱 확실해졌고 보수를 아껴가며 친척들을 접대하니 더욱 더 친숙해졌으며 바쁜 공무 중에도 여가 시간에 친구들과 교제하니 우정이 더욱 두터워졌습니다.”라고 답했다.[88]

공자의 조카와 제자 복자천의 차이는 무엇일까? 이야기를 읽으면서 복자천이 말을 하면서 웃음을 띠고 있었을 것이라 상상이 된다. 똑같은 상황에서 어떤 관점으로 보느냐에 따라 우리는 그것을 더 좋게 받아들일 수도 있고 나쁘게 받아들일 수도 있다. 긍정은 삶은 대하는 태도에서 나온다. 나에게 주어진 현실을 긍정적으로 생각하고 받아들이는 것은 스스로 삶에서 긍정을 선택하고 있는 점에서 중요하다.

---

87) 이민규(2018), "생각이 달라지는 긍정", 끌리는 책
88) 임재성, 태도의 힘(2018), "탈무드 학교에서 배우다 태도의 힘", 특별한 서재

생각의 전환

생텍쥐페리의 소설 〈어린왕자〉에서 노을이 지는 풍경을 좋아했던 어린 왕자는 자신이 사는 소행성이 너무 작아 예쁜 노을을 아주 잠깐 밖에 볼 수 없다는 사실에 슬퍼했다. 하지만 반대로 생각해 본다면, 행성이 작다는 것은 그만큼 노을이 빨리 찾아온다는 의미이기도 하다. 더욱이 의자를 조금만 앞으로 당기면 지는 해를 따라가며 원하는 만큼 얼마든지 오랫동안 좋아하는 노을을 실컷 보는 즐거움을 누릴 수도 있다. 처음 어린 왕자는 앞으로 나아가기보다 소극적으로 그 자리에 주저앉아 한탄하며 슬퍼하는 쪽을 선택했다. 하지만 나중에는 하루에 마흔 네 번이나 의자를 당겨 가며 노을을 바라보게 된다.[89]

내게 주어진 현실을 불평하고 있으면 불평 속에 갇힌다. 생각과 마음이 모두 불평으로 가득 차게 되고 다시 또 불평하게 된다. 불평은 현실을 바꾸지 못한다. 그대로 머무르게 할 뿐이다. 달라지는 것은 없다. 오히려 더 나빠질 수도 있다. 하지만 긍정은 그 자체로 에너지가 되어 현실을 다르게 바라보게 하고 그곳에서 기회를 찾게 한다. 그러다 해결책까지 생각하게 한다. 그리고 행동으로 이어진다. 작은 긍정과 긍정이 계속 모여 스스로 삶의 행복을 찾아가게 된다.

단점은 장점

스티비 원더는 어려서 실명해 눈이 전혀 보이지 않는다. 눈이 보이지 않는 소년 스티비 원더는 친구들이 어울려주지 않아 늘 외톨이로 지냈다. 그러던 어느 날 수업중인 교실에 쥐가 나타났고 교실은 소란스러워졌다. 쥐는 쉽게 잡히지 않았고 선생님은 곤란해했다. 그때 한 아이가 "눈이 보이지 않는 그 아이가 할 수 있을지도 몰라. 그 애는 청력이 좋아."라고 말했다. 스티비 원더는 귀를 기울였다. 평소에도 소리에 귀를 기울이기 때문에 스티비 원더는 쥐가 어디에 있는지 찾아낼 수 있었다. 덕분에 수업을 무사히 마친 선생님은 스티비 원더를 칭찬했다. "너는 비록 눈은 보이지 않지만 좋은 청력을 가졌구나. 고맙다."[90]

스티비 원더가 세계적인 팝가수가 될 수 있었던 것은 자신의 장점인 청력을 잘 사용해서이다. 그는 아름다운 노래를 만들었고 멋진 목소리로 노래를 불렀다. 사람들은 모두 능

---

89) 이정미(2019), "심리학이 나를 안아주었다", whale books
90) EBS 교실이 달라졌어요 제작팀(2014), "EBS 특별기획 교실이 달라졌어요. (행복수업 편)", 경향미디어

력을 가지고 태어난다. 그 능력을 모른 채 살아가는 사람도 있고 그 능력을 십분 사용하여 살아가는 사람도 있다. 나에게 있는 부족한 것들만 바라보면 나에게 있는 장점이 보이지 않는다. 내가 할 수 없는 것, 못하는 것들에 집중하고 있으면 내가 할 수 있는 것들이 하찮게 보이기도 한다. 내 단점은 장점이 될 수도 있고 무엇을 중요하게 생각하는지는 내 선택에 달렸다.

긍정적으로 말하기 위한 자세

표정을 바꾼다

· 밝은 표정과 진짜 미소짓기

우리는 보는 대로 따라하는 신경세포 거울뉴런[91] 때문에 무의식중에 주변 사람들의 행동을 흉내 내곤 한다.[92] 그래서 상대방에서 긍정적으로 말할 준비를 하기 전 웃는 연습-미소짓기가 필요하다. 무표정한 얼굴로 말하거나 눈을 마주치지 않고 다른 행동을 하거나 퉁명스럽게 혹은 불안한 표정으로 말을 하고 있다면 그 표현이 긍정적이라 할지라도 받아들이는 사람 입장에서는 전혀 그렇게 느끼지 못한다.

'뒤센미소'라는 말이 있다. 뒤센미소는 진심으로 웃어야만 움직이는 눈 가장자리 근육인 안륜근까지 사용한 진짜 웃음을 말한다. 반대로 '팬암미소'는 팬 아메리칸 항공의 승무원들이 보여 주는 인위적인 미소라는 뜻으로 눈가에 근육이 움직이지 않는 가짜 미소를 말한다.[93] 눈꼬리까지 휘어진 환한 미소를 짓고 있는 사람을 상상해 보자. 진짜 웃고 있는 밝은 표정은 무슨 말을 하기도 전 그 모습만으로도 상대방의 기분을 좋아지게 만들 수 있다.

---

91) 거울 뉴런(Mirror neuron) : 다른 사람의 행동을 거울처럼 반영한다고 해서 붙여진, 특정 움직임을 행할 때나 다른 개체의 특정 움직임을 관찰할 때 활동하는 신경세포. 옆 사람이 하품하면 따라 하거나, 영화를 볼 때 주인공이 울거나 슬퍼하면 나도 슬퍼하는 공감 능력, 부부가 서로 닮아가게 되는 모든 현상이 이러한 거울 뉴런이 반응하는 현상이다. 또, 거울 신경 세포는 어떠한 행동이 특정한 물체를 향해 목적을 가지고 움직일 때, 그 둘의 상호 작용에 대해서만 활성화된다.(에듀넷 교과주제별학습자료-과학-주제 신경
http://www.edunet.net/nedu/contsvc/viewWkstCont.do?clss_id=CLSS0000000363&menu_id=82&contents_id=ea60aa22-5257-4b05-8b29-edcb3d318927&svc_clss_id=CLSS0000017658&contents_openapi=naverdic)
92) 숀 아처, 박슬라 역, 위의 책
93) 박미진(2019), "엄마의 말투를 바꾸면 아이는 행복해집니다", 메이트북스

· 웃는 연습

긍정적인 생각을 하고 긍정적으로 말하는 것이 어렵게 생각될 수 있다. 그럴 경우 우선 웃는 연습을 해보는 것이 좋다. 우리 뇌는 일부러 웃어도 진짜 웃는 것으로 받아들이고 기분을 좋게 한다. 웃는 연습을 할 때에는 작은 미소부터 시작해서 활짝 웃는 웃음까지 다양하게 웃어본다. 그리고 각각의 웃음마다 느껴지는 감정을 곰곰이 생각해 본다. 아마도 그냥 살짝 띤 미소나 입만 웃는 웃음보다는 입은 물론 눈꼬리까지 휘어진 그런 웃는 표정에서 뭔가 더 행복한 느낌이 들것이다.

작게든 크게든 거울을 앞에 두고 웃는 연습을 하다보면 어떤 표정이 기분을 좋게 하고 정말 행복한 기분이 나는 웃음이 무엇이지 자연스럽게 알게 될 것이다. 계속 웃다보면 자기도 모르게 기분이 좋아질 것이고 긍정적인 생각이 들 것이다.

혹 어색해서 거울보고 웃는 것이 어렵다고 느껴질 수 있다. 그럴 때에는 우리에게 있는 거울뉴런을 적극 활용하자. 웃는 표정을 짓고 있는 사람들의 사진을 모아본다거나 어린 아이들의 웃음소리를 듣거나, 사랑스런 애착동물의 모습을 보는 것도 좋다. 우리에게 있는 거울뉴런을 적극 활용해서 나는 물론 타인까지 웃게 하고 기분 좋게 할 수 있다.

말을 바꾼다[94]

· 생각을 선택하자

인간은 선천적으로 부정적인 생각에 초점을 맞추는 경향이 있기 때문에 인간은 쉽게 부정적인 것을 찾고 쉽게 부정적인 말을 할 수 있다. 그러나 말에는 강력한 힘이 있기 때문에 말을 하기 전 부정적인 언어가 나오지 않도록 끊임없이 노력해야 한다. 이를 위해 우리는 우리 안에 있는 긍정성을 끄집어내야 하고 자연스레 떠오르는 부정적인 감정과 생각들을 상쇄하기 위해 더 많은 긍정성을 발휘해야 한다. 우리는 누구나 자신의 생각에 책임감을 가져야 하고 스스로 생각을 통제할 줄 알아야 한다. 즉 우리 모두는 자신의 생각을 부정이냐 긍정이냐 선택할 수 있고 그 선택한 것은 스스로 책임져야 한다.

---

94) 바비 드포터, 최문희, 이하나, 서지훈 공역(2015), "퀀텀 석세스, 8가지 성공의 습관", widelook, p. 66-68을 참고하였다.

• 부정을 긍정으로 바꾸는 연습을 하자

따라서 우리는 평소에 자신의 생각을 통제하는 법을 배우고 내 안에 있는 '부정'을 '긍정'으로 바꾸는 연습을 해야 한다. 말을 하기 전 이것이 어떤 말인지 부정적인 것인지 긍정적인 것인지 생각해야 한다. 그리고 우리는 일상생활 속에서 긍정적인 서술어를 찾아내고 부정적인 표현을 긍정적인 표현으로 바꿔보고 긍정적인 단어를 사용하여 말하는 연습을 꾸준히 해야 한다. 우리 눈에 보이는 모든 것을 맛볼 필요가 없듯이 우리가 생각하는 모든 것을 말할 필요도 없다. 우리가 말을 할 때 떠오는 '부정' 혹은 '긍정'의 생각 중 어떤 것을 선택할지 스스로 결정해야 한다. 이는 불가능한 일은 아니다. 인간은 누구나 자신을 통제할 수 있기 때문이다. 그리고 우리는 스스로 할 말을 선택할 수 있기 때문이다.

• 지속적으로 노력하자

잊지 말 것은 긍정적 의도로 말하기 노력을 지속적으로 해야 한다는 것이다. 미국 텍사스 대학교 언어분석 심리학자인 제임스 페니베이커 교수는 언어의 사용 패턴을 교정함으로써 심리적인 개선 효과까지 얻을 수 있다고 말한다. 부정어를 긍정어로 바꿈으로써 우리의 마음까지 긍정적으로 만들 수 있다는 이야기다.[95]

부정적인 생각이 떠올랐다면 부정적인 생각에 집중하지 않아야 한다. 그래야 뱉어내지 않는다. 만약 계속 떠오른다면, 그냥 내버려두자. 더 집중하거나 몰입할 필요가 없다. 나는 그 생각을 선택하지 않았고 더 생각하지 않을거라고 말하는 것도 마음을 정리하는 데 도움이 된다. 우리는 스스로 자신의 생각을 선택할 수 있기 때문에 얼마든지 가능하다. 이렇게 생각과 단어를 선택하는 연습을 꾸준히 하다보면 자신의 생각을 통제하는 방법도 알게 될 것이고 점점 더 원하는 방향으로 되어 갈 것이다. 긍정적 의도로 말하기를 연습하고 이것이 습관이 되면 이는 우리 삶 자체에 많은 도움이 될 것이다.

괴물말보다는 천사말

괴물말은 다른 사람을 함부로 대하는 부정적인 말이다. 들으면 기분이 나쁜 비속어는

---

95) 박미진, 위의책

물론 자신의 기준에서 다른 사람을 평가하고 상대를 업신여겨 은연중에 무시, 비하하고 책임을 전가하는 말 모두 괴물말이다. 좋은 사람, 나쁜 사람은 상대적인 것이며 내가 보고 대하는 대로 만들어진다. 내가 괴물말을 상대에게 퍼부으면 상대는 계속 괴물이 되고 괴물은 나에게 그대로 괴물말을 돌려준다. 괴물말은 상대방을 화나게 하고 공격성을 불러일으키거나 마음의 병이 들게 한다.

천사말은 기분이 좋아지는 말이다. 고마움을 표현하고 인정하고 칭찬해주며 응원하고 격려하는 말은 생각해도 기분이 좋아진다. 이해와 공감하는 말 사과하는 말, 용서하는 말 모두 함께 살아가는 우리 모두에게 꼭 필요한 천사말이다. 배려하고 관심을 가져주는 말을 하다보면 함께 있는 것만으로도 행복해진다.

긍정적인 말(괴물말)은 듣기만 해도 사람들에게 활기를 주고 웃음을 주고 넘치는 에너지를 준다. 반면 부정적인 말(천사말)은 떠올리기만 해도 사람들을 화가 나게 하고 불안하게 하고 분위기를 어둡게 만든다.[96]

괴물말(부정적인 말하기 사례들)[97]

· 평가하는 말

답답한, 게으른, 고집불통	찌질이, 문제아, 얌체	이기적, 잘난척, 싸가지
맞아도 싸	쟤는 형편없어	그것밖에 안 돼?
왜 저렇게 까칠해	지겨워, 치사해, 시시해	넌 그렇게 밖에 못 해
잘한다, 잘해	이 정도는 해야지	넌 왜 그 모양이냐
넌 틀렸어	난 걔가 싫어, 짜증나	니 멋대로야
넌 이런 것도 못하니?		

96) 할 어반, 박정길 역(2014), "긍정적인 말의 힘", 엘도라도

97) 김미경(2013)은 청소년을 위한 비폭력대화에서 상처주는 말로 "평가하는말, 비교하는 말, 강요하는 말, 상벌을 당연시 여기는 말, 책임을 인정하지 않는 말"을 이야기한다. 할 어반, 박정길 역, 위의 책에서 악명높은 네가지 말을 "1. 욕, 불쾌한 말, 2. 불평, 투덜거림, 칭얼거림, 3. 잔인하고 고통을 주는 말, 4. 무례하고 남을 배려하지 않는 말"이라고 했다.

· 무시, 비하하는 말

좀 찌그러져 있어라	내가 시키는 대로 해	그냥 따라와라
니가 하는 게 뭐 있냐?	니 주제에	너 왜 그렇게 생겼어?
야 죽고 싶냐?	저리 꺼져	웃기고 있네
어디서 까불고 있어?	네가 하는 게 다 그렇지	너한테 냄새나
먹고 떨어져	니가 그걸 한다고? 참나	네가 그럼 그렇지
말이 되는 소리를 해	더러워	그럴 줄 알았다

· 책임을 전가하는 말

이게 다 너 때문이야	네가 했잖아	내가 공부할 시간이 어딨어?
네가 먼저 했잖아	그러던지, 말든지	뭐 환경이 돼야 하지
네가 말했잖아	그래서 뭐 어쩌라고?	니가 먼저 해보시던가
너도 그랬잖아	이건 니가 당연히 했어야 할 일이야	니가 하고 싶은대로 해

· 대화를 차단하는 말

뭔소리야?	됐어, 그만해	네가 뭘 알아?
모르면 가만있어	모르면 가만히 있어라	네가 뭔데 그래?
신경 꺼	입 좀 닫을래?	알았어, 알았다고
넌 몰라도 돼	시끄러워	어, 당연하지. 근데 왜?

· 비속어

개소리	씨X	입 좀 나불대지마
너 존X 까분다	뒤진다	조그만게 까불고 지랄이야
개 짜증	개 열받네	병신아, 그만 좀 나대
개쩔어	말귀 존나 못 알아듣네	씨X 새끼 존X 빡친다

천사말(긍정적인 말하기 사례들)[98]

· 고마움, 사랑을 표현하는 말

감사합니다	힘이 돼	사랑해
고마워, 네 덕분이야	도와줘서 고마워	네가 좋다니 나도 좋아
네가 도와준 덕분에 잘 끝났어	너랑 함께 할 수 있다니 행운이야	나는 너의 그런 점이 좋아
말만이라도 정말 고마워	덕분에 나 이제 괜찮아	너는 내 최애친구야
나 혼자였으면 힘들었을거야, 고마워	네가 내 곁에 있어 다행이야	너와 같이 있으면 기분이 좋아

· 인정하고 칭찬하는 말

와, 정말 훌륭해	너는 이런 것이 장점이야	역시!
와우~ 대단해!	네 말에 용기를 얻었어	네가 자랑스러워
네가 잘 해낼 줄 알았어	네 말이 맞아.	좋은 생각이야
아주 좋은 시작이야. 계속 그렇게 해봐	이건 네가 잘 할 수 있을 것 같아	네 목표를 이뤘구나, 정말 축하해
우와 정말 열심히 했구나	넌 그만한 자격이 있어	

· 응원하고 격려하는 말

최선을 다할 거야	힘내, 화이팅!	아직 방법을 잘 몰라서 그런거야. 차근차근 생각해 보자
네 꿈은 꼭 이루어질 거야	좋아, 한번 해보자	지금보다 더 잘될거야
우리 조금만 더 참아보자	걱정마, 이만해도 충분해	난 널 믿어
넌 큰 사람이 될 거야	아직 기회는 많이 있어	너의 선택을 존중해
난 네 편이야	언제나 널 응원해	니 옆에는 항상 내가 있어
처음엔 다 그래. 계속하다보면 곧 괜찮아질꺼야	네가 결승점에 도착하는 상상을 해봐	지금 실패는 너를 더 강하게 해줄거야

---

98) 할 어반, 박정길 역, 위의 책에서 서른 가지 사례깊은 말로 "1. 용기를 북돋아주는 말, 2. 고마움을 표현하는 말, 3. 인정해주는 말, 4. 반가운 인사, 5. 칭찬, 6. 축하, 7. 가르치고 교훈을 주는 말, 8. 편안하게 해주는 말, 9. 격려, 10. 응원하는 말, 11. 묻고, 관심을 보여주는 말, 12. 관계를 개선하는 말, 13. 웃게 만드는 말, 14. 믿음과 확신에 찬 말, 15. 좋은 소식, 16. 존중, 17. 상냥한 말, 18. 이해와 공감을 보여주는 말, 19. 찬성하는 말, 20. 초대하는 말, 21. 예의 바른 말, 22. 충고와 상담하는 말, 23. 사과, 24. 용서, 25. 도움을 주는 말, 26. 진실된 말, 27. 좋은 점을 지적해주는 말, 28. 애정이 담긴 말, 29. 가치 있는 말, 30. 사랑을 전하는 말"을 이야기한다.

· 이해와 공감하는 말

그랬구나	너, 정말 힘들었겠다	아하, 그렇구나
네가 한 말이 이런 뜻이었구나	그래서 그랬던 거구나	걱정마. 내가 도와줄게
그게 이거였나봐	너무 잘됐다	그건 그래. 니가 그럴만 했어
맞아, 그랬던거 같아	그게 이런 뜻이니?	나도 그래
그렇게 하면 되겠구나	그래, 그걸로 충분해	그래? 그럼 그러자

· 사과하는 말, 용서하는 말

미안해 내 잘못이야	나도 진심이 아니었어	괜찮아, 그럴 수 있지
내가 그런 말을 하면 안 되는 거였어	내 실수가 너를 힘들게 할줄은 몰랐어. 정말 미안해	잘못을 인정해줘서 고마워
그건 내가 잘못 알고 있었어 사과할게	그런 뜻으로 한 말이 아니었는데 너무 미안해	괜찮아, 사과해줘서 고마워
내가 잘못했어. 앞으로 조심할게	기분이 나빴다면 미안해. 다음부턴 그러지 않을게	괜찮아. 이제 화 다 풀렸어

· 배려하는 말

네가 먼저 선택해	나랑 같이 할래	네가 한번 해봐
내가 도와줄게	우리 같이 하자	네가 먼저 해봐
힘든 것이 있으면 말해줘	내가 양보할게	이렇게 하면 어떨까?
네가 원하는 것을 먼저 이야기해봐	이번엔 네가 쓸 차례야	내가 대신 할게. 넌 좀 쉬어.
내가 먼저 갈 테니까 천천히 따라와		

· 관심을 보여 주는 말

요즘 어떻게 지내?	내가 도와줄게	네 얘기가 듣고 싶어
괜찮아? 무슨 일 있어?	너 많이 힘들었겠구나	보고 싶고 궁금했어
지난번 다쳤던 팔은 좀 나았니?	왜 그래? 얼굴이 안좋아보여	니가 속상해 해서 많이 걱정했어
이거 네가 좋아하는 거지?	어째? 괜찮겠어?	다시 한번 말해줘
너 오늘 기분 좋아 보인다		

나에게 긍정하기

　지난 2016년 8월, 리우 올림픽 남자 펜싱 박상영 선구는 결승전에서 13:9로 지고 있는 상황이었다. 감독과 중계하는 해설가들은 "은메달도 잘한 것"이라며 포기하고 있었다. 쉬는 시간. 관중석 어딘가에서 들린 "할 수 있다"라는 외침. 박상영 선수는 "할 수 있다, 할 수 있다"를 반복하고 다시 경기에 임했다. 결과는 모두의 예상을 뒤엎은 박상영 선수의 우승. 5점을 내리 따내며 14:15로 대역전극을 만들었던 것이다. 승리가 불투명한 상황에서 모두가 포기하고 있을 때 누군가 외친 긍정의 메시지. 그리고 박상영 선수가 반복적으로 되뇌인 긍정의 메시지는 한국에게 올림픽 사상 최초로 펜싱 종목 에페에서 금메달을 따는 기적으로 나타났다. 긍정의 생각으로 나온 말 한마디는 자신은 물론 우리 모두의 삶을 바꿔주고 행복하게 해준다.

　먼저 나에게 긍정하자. 나 스스로 나를 사랑하고 나의 존재를 인정하고 긍정해야 내 안에서 긍정의 생각이 들고 긍정의 단어들이 나올 수 있다.

・괴물말은 나에게도 안돼

　'나는 왜 늘 이 모양일까?', '내가 봐도 나는 한심해', '내가 뭐 그렇지. 잘하는 게 없어', '어차피 난 못할 텐데..', '정말 되는 일이 하나도 없네.', '노력해도 나는 안 돼', '누가 나 같은 사람을 좋아하겠어?'

　이런 괴물말은 나를 끝없는 구덩이로 떨어뜨리는 것 같은 느낌이 들게 하고 자존감을 떨어뜨린다. 괴물말은 그저 글로 보기만 해도 기분이 좋지 않다. 이런 부정적인 생각을 드는 순간 스스로 그만해야 한다. 그리고 입으로 뱉어내지 말아야 한다.

・나에게 먼저 천사말

나는 빛나는 사람이다	나는 나를 사랑한다	내 몸은 건강하다
나는 무엇이든 할 수 있다	그래 오늘도 잘했어	내 마음은 건강하다
나는 무엇이든 될 수 있다	그 정도면 충분해	나는 나의 팬이다
나는 가치 있는 사람이다	나는 정직하다	나는 볼수록 매력적이다
나는 긍정 에너지로 넘친다	오늘 기분 좋은 일이 생긴다	나의 모든 것을 응원한다
나는 말과 행동이 일치하는 사람이다	내가 어떤 모습을 하고 있어도 나는 소중하다	나는 오늘 할 일을 다 할 수 있다
나는 마음 먹은 일은 끝까지 해낸다	나는 있는 그대로의 나를 사랑한다	나는 지금 이대로의 내가 좋다

말은 나의 생각에서 나와 모두의 몸속으로 들어간다. 그래서 우리는 나를 포함한 모두를 건강하게도 희망적이게도 만들고 행복하게도 하고 높은 에너지를 갖게도 한다. 놀랍게도 하고 명랑하게 만들기도 한다. 반대로 나를 그리고 모두를 불편하게 하고 슬프게도 하고 힘들게도 하고 의기소침하게 만들 수도 있다. 말은 우리 몸속으로 들어와 우리를 우울하게 하고 화가 나게 하고 마침내는 아프게도 한다.[99] 이 사실을 명심하고 나에게는 물론 세상 모든 것에 긍정적인 말을 하도록 하자.

욕구별 긍정적으로 말하기 방식

생존의 욕구

다른 욕구가 높은 사람에 비해 생존의 욕구가 높은 사람들은 긍정적인 말을 평소에 잘 사용하지 않는 편이다. 기대수준이 높고 있는 사실 그대로, 본 그대로를 말하지 포장하거나 부풀려 말하지 않는다.

- 그래서 그랬던 거구나
- 너는 이런 것이 장점이야
- 계획한 대로 해 봐야겠어

사랑의 욕구

사랑의 욕구가 높은 사람들은 긍정적인 경험이 많으면 긍정적인 말을 많이 하고 부정적인 경험이 많으면 부정적인 말을 많이 한다. 상대방이 나를 그동안 어떻게 대했는지가 영향을 주기 때문에 대상에 따라 말이 달라지기도 한다.

- 와우~ 대단해! 네가 잘할 줄 알았어
- 어디 다치지는 않았어? 중간에 넘어졌어도 포기하지 않고 열심히 달린 것만으로 대단해
- 좋아! 네 눈빛만 보더라도 이번 일에 대한 네 마음이 느껴져

---

99) 할 어반, 박정길 역, 위의 책

힘의 욕구

힘의 욕구가 높은 사람들은 다른 사람들이 어렵다고 하는 일에도 자신감을 가지고 한다. 인간관계와 일 모두에서 할 수 있다는 자신감이 넘치고 잘해낼 것이라는 기대감도 높다.

- 아니야, 할 수 있어
- 에이. 이 정도 쯤은 당연히 할 수 있지
- 좋아, 한번 해보지, 뭐

자유의 욕구

자유의 욕구가 높은 사람들은 다른 사람을 있는 그대로 수용하는 편에서 관계 자체가 긍정적인 편이다. 다른 사람에 대한 편견이나 선입견, 고정관념이 없이 표현한다. 자세하게 어떤 점을 세세하게 말하지 않고 간단하고 짧게 표현한다.

- 어, 그거 좋다
- 괜찮네
- 그랬어?

즐거움의 욕구

즐거움의 욕구가 높은 사람들은 긍정성이 많아 매사에 기분이 좋고 행복하다. 하지만 때로는 근거없는 긍정을 할 때도 있어 자기 조절이 필요하다.

- 괜찮아, 그럴 수도 있지
- 이런 생각을 다 하다니, 너 정말 대단하다
- 가다보면 분명 좋은 일이 생길 거야

긍정적으로 말하기 기술

나에게 주는 긍정의 알약을 만들고 매일 3번씩 외치기

[진행방법]

① 긍정의 알약 세 알 활동지를 나누어 준다.

② 나에게 하고 있는 긍정의 말 혹은 내가 가진 긍정적 특성을 알약 이름으로 적는다.

③ 모두 작성한 후 한 개씩 오려 낸다.

④ 모둠 안에서 둘씩 짝을 지어 서로 긍정 알약을 말해준다.

⑤ 알약봉투를 만들어 알약을 넣는다.

⑥ 알약봉투를 양면테이프를 이용하여 자기 책상에 붙인다.

⑦ 봉투에서 알약을 꺼내 매일 한 번씩 외치고 외칠 때마다 알약에 색칠을 한다.

[유의사항]

· 이 활동을 한 후 알약 리스트를 모아 한 면에 프린트한 후 게시해도 좋다. 이때 체크리스트를 함께 만들어 옆에 두고 외칠 때마다 표시하게 하는 것도 좋다.

· 친구들에게 선물로 줄 수도 있다.

[개발자 / 참고문헌]

오정화(2019)

긍정 알약 세 알

___학년___반___번 이름 :_____

아래 긍정의 말을 참고하여 나에게 주는 긍정 알약을 만들어 보자.

나는 빛나는 사람이다	나는 나를 사랑한다	내 몸은 건강하다
나는 무엇이든 할 수 있다	그래 오늘도 잘했어	내 마음은 건강하다
나는 무엇이든 될 수 있다	그 정도면 충분해	나는 나의 팬이다
나는 가치 있는 사람이다	나는 정직하다	나는 볼수록 매력적이다
나는 긍정 에너지로 넘친다	오늘 기분 좋은 일이 생긴다	나의 모든 것을 응원한다
나는 말과 행동이 일치하는 사람이다	내가 어떤 모습을 하고 있어도 나는 소중하다	나는 오늘 할 일을 다 할 수 있다
나는 마음 먹은 일은 끝까지 해낸다	나는 있는 그대로의 나를 사랑한다	나는 지금 이대로의 내가 좋다

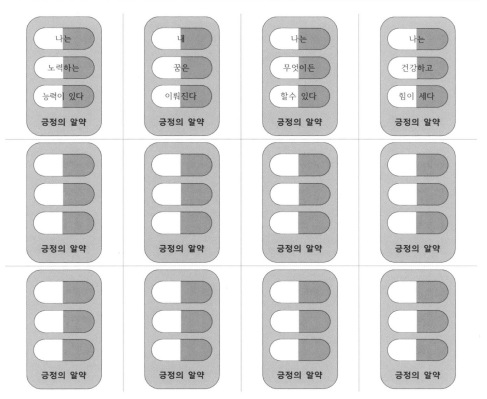

긍정 처방전 봉투 만들기

___학년___반___번 이름 : _____

선을 따라 오린 후 풀로 붙여 봉투를 완성하고 긍정알약을 담아 보관하세요.

매 식전 식간 식후
복용

긍정처방전

1일 __회
____일분

<table>
<tr><td rowspan="2" style="writing-mode:vertical">풀 칠 하 세 요</td></tr>
</table>

풀
칠
하
세
요

사용방법

1. 하루 세 번 알약에 있는 긍정문구를 마음속으로 혹은 소리내어 외친다.
2. 1번 외칠때마다 알약 1알을 색칠한다.
3. 의욕상실과 우울이 몰려오고 자존감이 바닥을 칠때에는 하루 복용양을 2배로 늘린다.

주의사항

° 절대 씹지 마시오.
° 포장된 상태로 책상위에 붙여 보관하십시오.
° 남의 손에 닿는 곳에 안심하고 두셔도 됩니다.
° 본인 외 복용이 가능합니다.

풀
칠
하
세
요

_____ 님

빙그레~ 웃음 한가득

행복하게 웃는 모습이 담긴 사진을 모아 매일 볼 수 있는 곳에 부착하기

[진행방법]

① 각자 잡지 1권을 준비한다.

② 행복하게 웃는 사진을 오린다.

③ 사진을 보고 떠오르는 행복한 이야기를 만든다.

④ 모둠원에서 돌아가며 이야기를 나눈다.

⑤ 잡지 속에서 행복하게 웃는 모습이 담긴 사진을 오린다. 이때 사진은 인물 사진으로 선택한다.

⑥ A3 색지를 3, 4장 칠판에 붙인다.

⑦ 모둠별로 나와 잡지에서 오려낸 웃는 사진을 붙인다.

⑧ 다 붙이고 난 후 모두가 잘 볼 수 있는 곳에 게시한다.

[유의사항]

· ④단계에서 이야기 나누는 방식은 다양하게 진행할 수 있다. 1. 각자 자신이 선택한 사진을 내놓으며 행복한 이야기 한 문장을 말하고 다음 사람은 사진을 내놓으며 이전 사람의 이야기를 연결해서 말한다. 이때에는 모둠의 이야기가 하나의 이야기가 전체가 연결되어야 한다. 2. 사진 한 장을 선택하고 그 사진과 관련된 행복한 이야기를 모둠원이 돌아가며 말한다. 3. 각자 선택한 사진의 행복한 이야기를 만들어 이야기 나눈다.

· ⑤단계에서 행복하게 웃는 모습이 담긴 우리 반 사진으로 진행해도 좋다.

· ⑧단계에서 게시할 때 종이 액자와 같은 틀을 만들어 활용하면 더 좋다. 포털 사이트에서 '종이액자 만들기'로 검색하면 다양한 방법들을 참고 할 수 있다.

[개발자 / 참고문헌] 오정화

긍정소개자가 되어 모둠친구들을 긍정표현으로 소개한다.

[진행방법]

① 모둠별로 긍정적 표현이 담긴 활동지를 나눠준다.

② 모둠안에서 돌아가면서 한 개씩 읽는다. 이때 나를 나타내는 표현이라고 생각되는 것에는 동그라미, 나랑은 좀 거리가 있다 생각되는 것에는 세모로 표시한다.

③ 다 읽고 난 후 다시 단어를 살펴보면서 단어 전체에서 내가 이렇게 되었으면 좋겠다고 생각하는 단어가 있다면 별표로 표시한다.

④ 플래시 보드(혹은 메모지)에 각자 자신에게 어울리는 표현 2개를 골라 자기소개 한 문장을 만든다.
   (예) '건강하고 목소리가 우렁찬 노하은입니다' 등

⑤ 가위 바위 보를 한다. 이긴 사람이 소개자가 된다.

⑥ 모둠원들은 긍정소개자가 잘 볼 수 있도록 자신의 플래시보드를 자기 가슴 앞에 든다.

⑦ 각 모둠별로 긍정소개자는 모둠원 각자의 긍정 이미지 표현을 한 번씩 읽으며 외운다.

⑥ 교사가 한 모둠을 지목하면 긍정소개자가 일어나 자신의 오른쪽 사람부터 한명한명 손짓으로 짚어가면 긍정표현으로 소개한다. 이때 긍정소개자 자신도 포함한다.(예: 건강하고 목소리가 우렁찬 노하은 옆, 밝고 따뜻한 김라경 옆, 자신감이 넘치고 용기있는 이해성이 옆, 저는 즐겁고 힘이 센 김준영입니다.)

⑦ 긍정소개자가 말이 막힐 경우, 모둠원 중 다른 한명이 긍정소개자의 대리인이 되어 대신 소개할 수 있다. 긍정소개 대리인은 같은 방법으로 모둠원을 소개한다.

⑧ 소개가 마치면 "잘했다~ 잘했다~ 멋찌다!" 등의 구호를 학급원 전체가 외치며 박수로 격려한다.

⑨ 다음 모둠이 같은 순서로 진행한다.

[개발자 / 참고문헌]

오정화(2019)

긍정소개자

___학년___반___번 이름:_____

아래 단어들을 활용하여 나를 소개하는 문장을 만들어 보세요.

진솔한		정직한		활동적인	
진지한		건강한		능력있는	
지적인		현명한		긍정적인	
명랑한		유연한		자유로운	
풍부한		따뜻한		창조적인	
신중한		즐거운		매력적인	
열심인		유쾌한		자유로운	
세심한		철저한		여유로운	
행복한		용기있는		열성적인	
변치않는		끈기가 있는		몰입을 잘하는	
이성적인		미래지향적인		잘 받아들이는	
너그러운		상상력이 있는		의지할 만한	
영향력 있는		모험을 즐기는		책임감 있는	
조심성 있는		감사가 넘치는		야망이 있는	
자신감 있는		에너지 넘치는		통찰력이 있는	

출처:성공적으로 변화한 사람들의 특성 중 (William R. Miller, Stephen Rollnick, 동기강화상담, 시그마프레스)

예 : <u>상상력이 있고, 에너지가 넘치는</u> 김하율입니다.

_____고, _____는 _____입니다.

모둠친구들의 자기 소개 표현을 적어보자.

긍정 이미지 단어 36개 중 친구에게서 보이는 긍정적인 느낌을 찾고 그 느낌을 전달하기

[진행방법]

① 모둠별로 긍정적 표현이 담긴 36개의 단어카드를 나눠준다.

② 모두 펼쳐서 다 같이 살펴본다.

③ 한 사람씩 돌아가며 마음에 드는 카드 하나를 고른다.

④ 카드가 모두 나누어지면(4명 기준 9장씩) 카드를 손에 들고 내가 가지고 있는 단어 중 오른쪽 옆 친구와 가장 어울리는 느낌을 한 장 찾아 전달한다. 이때 단어가 보이지 않도록 뒤집어서 둔다.

⑤ 반대 방향으로도 전달한다. 여러가지 방법으로 자신이 가지고 있는 단어카드를 모둠친구들에게 전달한다.(예: 오른쪽 사람에게 전달, 왼쪽사람에게 전달, 오른쪽 두 번째 사람에게 전달, 왼쪽 두 번째 사람에게 전달, 1-2장 남았을 때 : 순서에 상관없이 그 표현과 가장 어울리는 모둠원에게 주기 등, 한 번 정도는 자신이 가지고 있는 단어 중 모둠원 모두와 어울리는 단어라고 생각하는 세 장을 선택해서 가운데 두고 한 사람에 한 장씩 무작위로 가져가기로 진행할 수도 있다.

⑥ 자신이 받은 카드를 뒤집어 확인한다. 그 중 가장 마음에 드는 단어 1개를 고른 후 뒷면에 자기이름을 쓴다.

⑦ 남은 8개의 카드 중 4개의 카드는 자신의 모둠 기준 앞 뒤 좌우에 위치한 모둠의 자신과 같은 위치에 있는 친구에게 가장 어울리는 단어 1개씩을 골라 뒷면에 해당 친구의 이름을 쓴다.

⑧ 나머지 3개의 카드는 그 단어가 가장 어울리는 친구를 찾아 뒷면에 해당친구 이름을 쓴다. 이때 쓴 이름은 중복될 수 없다. 즉 앞에 쓴 친구는 제외된다.

⑨ 교사의 신호에 맞춰 한 모둠이 일어나 모둠원 모두 동시에 돌아다니며 긍정단어카드를 해당친구에게 전달한다. 이때 카드내용이 보이지 않게 뒤집어 놓는다.

⑩ 받은 카드와 자신이 전달한 카드가 섞이지 않도록 미리 설명을 한다. 가령 전달할 카드는 자기 손에, 받은 카드는 책상에 두도록 안내한다.

⑪ 다음 모둠이 교사의 신호에 맞춰 카드를 전달한다. 교사가 신호를 주기 전까지 카드내용을 뒤집어 보지 않는다.

⑫ 마지막 모둠 카드 전달이 끝난 후 교사가 신호를 주면 모두 함께 받은 카드를 뒤집어 그 내용을 본다.

⑬ A4 종이에 받은 카드 나열하며 붙인다.

⑭ 모둠친구들과 소감을 나눈다.

[유의사항]

· 이 활동은 충분히 시간이 확보된 상태에서 진행해야 한다.

· ⑨단계에서 꼭 교사의 신호에 맞춰 한 모둠씩 일어나 동시에 이동하도록 해야 하며 나머지 구성원들은 앉아 있는다.

· ⑨단계에서 전달할 때에는 바로 전달만 하고 돌아와야 하며 전달하는 시간에 카드 전달할 주인공을 생각하면 안된다. 그 전에 미리 끝내야 한다. 그래서 이름을 적게 한다.

· 시간이 부족할 경우 전체 활동을 생략하고 ⑥번까지만 진행한 후 ⑬, ⑭를 진행한다.

[개발자 / 참고문헌]

오정화(2019)

긍정단어 36 개

___학년___반___번 이름:_____

즐거운	용기 있는	힘이 센	멋진	든든한	진실을 말하는
상상을 잘하는	매너 있는	행복한	표정이 밝은	매력적인	존경받는
마음이 따뜻한	밝게 웃는	재미 있는	귀여운	건강한	최선을 다하는
소통을 잘하는	이해 많은	믿을 만한	지적인	사랑이 가득한	생각이 깊은
배려할 줄 아는	자신 있는	부지런한	다재 다능한	평안한	약속을 잘 지키는
질서를 잘 지키는	호기심 많은	적극적인	같이 있으면 유쾌한	가능성이 많은	누구와도 잘 어울리는

일상생활 속에서 자주 사용하는 부정적인 표현과 언어들을 살펴보고 모둠원과 의논한 후
긍정적인 표현으로 바꾸기

[**진행방법 1**] 부정적인 단어 바꾸기

① 부정적인 표현의 단어들이 적힌 활동지를 배부한다.

② 모둠안에서 함께 읽어 본다.

③ 더 생각나는 부정적인 표현이 있으면 빈칸에 작성한다.

④ 모둠원과 의논하며 부정적인 표현을 긍정적인 표현으로 바꾼다. 답은 정해진 것이 없으므로 다양하게
생각한 것들을 모두 적을 수 있도록 안내한다.

⑤ 교사가 부정적인 표현을 칠판에 쓰면 모둠에서 한 명이 나와 자신들이 생각한 긍정의 표현으로 바꾸어
작성한 후 자리로 돌아간다. 다른 표현으로 생각한 모둠이 있다면 나와 또 작성한다.

⑥ 긍정적인 표현을 함께 읽어보며 마무리한다.

[**유의사항**]

· 책이나 인터넷 속 부정적인 표현을 찾아 진행할 수도 있다.

[진행방법 2] 경고문 바꾸기

① '경고를 긍정적으로 할 수 있을까?'라는 질문을 던진다.

② 학생들은 자유롭게 답한다.

③ 경고문의 예를 몇 가지 들어 긍정적으로 어떻게 바꿀 수 있는지 질문한다.

　　(예) '풀을 밟지 마시오', '훔쳐가지 마시오', '나무에 오르지 마시오'를 긍정적인 문구로 바꾸어 본다면?

④ 경고문의 긍정적인 문구 예시를 알려준다.

　　(예)[100] 풀을 밟지 마시오 ⇒ 식물에게 자랄 수 있는 기회를 주세요.

　　　　훔쳐가지 마시오 ⇒ 카메라를 보고 웃어 주세요.

　　　　나무에 오르지 마시오 ⇒ 길에 머물러 주세요.
　　　　　　　　　　　　　　세콰이어 나무 뿌리를 보호할 수 있습니다.

⑤ 일상생활에서 접할 수 있는 경고문을 소개한다.

　　(예) 낭떠러지-유리에 기대지 마세요, 빵집-손대지 마세요, 도로공사중-출입금지, 부착금지, 사용하지
　　　　마세요 등

⑥ 이 경고문을 긍정적으로 문구로 바꿀 표현이 무엇인지 모둠원과 의논한다.

⑦ 함께 이야기 나눈다.

⑧ 일상 생활 속에서 자주 쓰는 부정적인 표현들을 긍정적인 표현 혹은 대체하는 순환된 표현으로 어떻게
　　바꿀 수 있는지 모둠에서 함께 의논해서 작성해 본다.

⑨ 학급 전체 학생들 앞에서 발표한다.

[개발자 / 참고문헌]

오정화(2019)

---

100) Granada(ialwaysrespectyou)의 블로그 중 Daily Life 2019.7.17 긍정적으로 말하기 (긍정적으로 경고하기) 내용을
　　참고하였다. https://blog.naver.com/ialwaysrespectyou/221584647190

변해라! 괴물말

___학년___반___번 이름 : _____

괴물말(부정적인 표현[101])을 천사말(긍정적인 표현)로 바꾸면?

나서기를 좋아하는 ⇒	**적극적인, 참여의지가 높은**
소극적인 ⇒	
낯을 많이 가리는 ⇒	
막무가내인 ⇒	
남의 눈을 의식하는 ⇒	
수다스러운 ⇒	
둔감한 ⇒	
자기의견만 내세우는 ⇒	
자기중심적인 ⇒	
약삭빠른 ⇒	
냉정한 ⇒	
따지기 좋아하는 ⇒	
잘난 척 하는 ⇒	
답답한 ⇒	
게으른 ⇒	
행동이 느린 ⇒	
의존적인 ⇒	
고집불통인 ⇒	
수동적인 ⇒	
무신경한 ⇒	
성질이 급한 ⇒	
예민한 ⇒	
걱정이 많은 ⇒	
신경질적인 ⇒	
감정기복이 심한 ⇒	
욕심이 많은 ⇒	
경솔한 ⇒	

---

101) Granada(ialwaysrespectyou)의 블로그 중 Daily Life 2019.7.17 긍정적으로 말하기 (긍정적으로 경고하기) 내용을 참고하였다. https://blog.naver.com/ialwaysrespectyou/221584647190

변해라 ! 괴물말

___학년___반___번 이름 : _____

주변에서 흔히 볼 수 있는 경고문을 긍정적인 문구로 바꾸어 본다면?

(공원) 풀을 밟지 마시오	⇒	식물에게 자랄 수 있는 기회를 주세요
(마트) 훔쳐가지 마시오	⇒	카메라를 보고 웃어 주세요
(산책길) 나무에 오르지 마시오	⇒	길에 머물러 주세요. 세콰이어 나무뿌리를 보호할 수 있습니다
(낭떠러지) 유리에 기대지 마세요	⇒	
(빵집) 손대지마세요	⇒	
(도로공사중) 출입금지	⇒	
(전봇대) 광고물 부착금지	⇒	
	⇒	

우리가 흔히 겪을 수 있는 상황이다. 이 상황에서 사용하는 괴물말을 천사말로 바꿔보자.

또 청소야, 대체 청소는 왜 하는 거야?	⇒
관종, 쩌네. 왜저래? 붕신같이.	⇒
이번 시험은 망쳤다. 에효.	⇒
존ㄴ, 씨ㅂ, 오늘 재수 더럽게 없네. 짜증나	⇒
씨ㅂ, 졸라 어이없지 않냐?	⇒
	⇒

각자에게 있는 긍정의 모습을 찾아내어 말해주며 내 안에 있는 긍정의 느낌을 찾아보기

[진행방법]

① 활동지를 나눠준다.

② 활동지에 있는 긍정단어를 천천히 살펴본다.

③ 짝에게 가장 어울리는 느낌의 긍정단어를 1개 선택하고 그 단어 옆에 이름을 쓴다. (예) '즐거운 박신영' 등

④ 찾은 긍정단어를 활용하여 "OO아, 너는 OOO 우리반 보물이야~" 라고 말한다.
　 (예) '신영아, 너는 즐거운 우리반 보물이야'

⑤ 친구의 활동지에 해당 단어를 찾아 아래 칸에 스티커를 붙여준다.

⑥ 다시 긍정단어를 살펴보며 그 단어와 가장 어울리는 느낌의 학급 친구 이름을 한 단어당 한명씩 적는다.
　 이때 중복되지 않도록 주의한다.

⑦ 교사의 신호에 맞춰 움직이며 만나는 친구에게 "OO아, 너는 OOO 우리반 보물이야~" 긍정단어를 말해주
　 고 스티커를 붙여준다.

⑧ 교사의 마침신호가 있으면 자리로 돌아 온다.

⑨ 자신의 활동지를 살펴보며 각 긍정단어에 친구들 붙인 스티커 개수를 세어 적는다.

⑩ 그 중 실제 내 모습에 해당하는 단어에 ○표시, 실제 내 모습은 아니지만 내가 갖고 싶은 긍정이미지에
　 ♡표시한다.

⑪ 긍정단어로 나를 표현하고 짝과 서로 번갈아가며 이야기 나눈다.

[유의사항]

· 돌아다니며 긍정단어를 말할 때 정해진 문구
　 "OO아, 너는 OOO 우리반 보물이야~"만 사용하도록
　 약속하고 시작한다.

· 활동 후 활동 내용을 바탕으로 우리 반 긍정보물
　 소개게시판을 만들 수 있다.

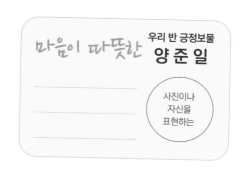

[개발자 / 참고문헌]

오정화(2019)

우리 반 긍정보물찾기

___학년___반___번 이름 :_____

1. 친구와 가장 유사한 느낌의 긍정단어를 찾아 그 단어 옆에 친구이름을 쓴다.
2. 만난 친구에게 그 긍정단어를 활용하여 "○○아, 너는 ○○○ 느낌이야." 라고 말한다.
3. 그 단어 아래 칸에 자신의 이름을 써준다.

즐거운	용기 있는	힘이 센	멋진
상상을 잘하는	매너 있는	행복한	든든한
마음이 따뜻한	밝게 웃는	재미있는	귀여운
소통을 잘하는	이해 많은	믿을만한	지적인
배려할 줄 아는	자신 있는	부지런한	냉철한
질서를 잘 지키는	호기심 많은	적극적인	진지한
거짓말을 못하는	표정이 밝은	매력적인	건강한
공부를 열심히 하는	참을성이 있는	사랑스러운	평안한
누구와도 잘 어울리는	약속을 잘 지키는	생각이 깊은	친밀한

나는 우리 반 긍정보물 !

___학년 ___반 ___번 이름 : _____

1. 각 긍정단어에 친구들 사인 개수를 적는다.

2. 그 중 실제 내 모습에 해당하는 단어에 ○ 표시한다.

3. 실제 내 모습은 아니지만 내가 갖고 싶은 긍정이미지에 ♡ 표시한다.

4. 긍정단어로 나를 표현하고 짝과 서로 번갈아가며 이야기 나눈다.

긍정단어	개수	긍정단어	개수	긍정단어	개수	긍정단어	개수
즐거운		용기 있는		힘이 센		멋진	
상상을 잘하는		매너 있는		행복한		든든한	
마음이 따뜻한		밝게 웃는		재미있는		귀여운	
소통을 잘하는		이해 많은		믿을만한		지적인	
배려할 줄 아는		자신 있는		부지런한		냉철한	
질서를 잘 지키는		호기심 많은		적극적인		진지한	
거짓말을 못 하는		표정이 밝은		매력적인		건강한	
공부를 열심히 하는		참을성이 있는		사랑스러운		평안한	
누구와도 잘어울리는		약속을 잘 지키는		생각이 깊은		친밀한	

이름	긍정단어
나 _____ 는	_____ 사람이야.
나 _____ 는	_____ 사람이야.
나 _____ 는	_____ 사람이야.
나 _____ 는	_____ 사람이야.

내가 갖고 싶은 내 모습은

_____ 입니다.

그 이유는_____ 다.

9장.
배려하기

왜 배려가 필요할까?

공동체 속 외로움의 이유

현대사회는 많은 사람들이 자신이 혼자라고 느끼고 소외를 경험한다. 그로 인해 상처를 받게 되고 분노를 표출하기도 하고 자신의 감정이나 행동을 잘 조절하지 못해 서로에게 피해를 주고 자신만을 더 챙기는 어쩌면, 함께 있어도 불행한 사회가 되었다. 그 원인을 누구나 다 알고 있는 "배려"에서 찾을 수 있다. 아마도 이들은 배려를 받지도, 배려를 하지도 못해서일지도 모른다. 우리는 공동체 안에서 서로의 마음을 주고 받으면서 소통하며 살아간다. 이때 배려가 기본 전제가 되지 않는다면 마음을 주고 받는 것이 자신의 생각과 입장만 생각한 행동 혹은 계산된 행동으로 나타나고 내 생각만 강요하다보니 제대로 된 소통이 되지 않는다. 욕심은 나만 생각하는 것이다. 배려는 나도 생각하고 남도 생각하는 것이다. 배려가 빠진 세상은 서로의 욕심으로만 채워진 세상이다. 당연히 행복은커녕 함께 사는 세상에서 혼자 살고 있는 느낌을 받을 수밖에 없다.

배려는 도와주거나 보살펴 주려고 마음을 쓰는 것이다. 사람은 배려를 받을 때 관심과 존중을 받고 있다고 느끼고 마음이 따뜻해진다. 누군가 나를 생각하며 나를 위해 배려해 줬다는 그 느낌은 내가 사랑받고 있다고 느끼게 함과 동시에 공동체의 한 일원으로서 존재를 확인하게 하고 그것은 배려받는 사람으로 하여금 자연스레 행복한 감정을 느끼게 한다. 배려는 서로의 마음을 확인하는 도구가 되기도 하고 그 마음에 대한 결과이고 또 다른 배려의 시작점이 되기도 한다. 지금 자신이 느끼는 불안함, 쓸쓸함, 그리고 힘든 일상에 대한 답은 '배려'일지도 모른다.

나와 너를 연결해주는 배려

배려의 윤리학에서 나딩스는 도덕적 행위 자체를 칸트가 주장한 것처럼 딱 정해져 있는 보편적인 원리가 아닌 내가 상대에게 관심을 가지고 상대를 따뜻하게 대하고 상대방의 감정을 공감하는 것으로 보았다. 나딩스는 어떤 대상에 대해 부담을 느끼고 걱정하며 그의 입장과 관심을 고려하고 책임감을 느끼는 것으로 배려를 설명한다. 배려는 나와 너를 연결해주고 상대를 인격체로서 존중하게 해준다. 또한 배려는 그 과정에서 배려하는 자신을 성장시켜주고 좀 더 나은 인격체로 성숙하게 해준다. 그리고 배려받는 사람 역시 자신이 받은 배려를 바탕으로 자신이 할 수 있는 또 다른 배려를 찾고 행동으로 실천할 수 있도록 마음을 성장시킨다. 관계적 자아로서 배려는 서로의 감정을 공유하고 공감하며 도와주고 싶은 마음이 들게 하고 그렇게 하지 않았을 때 마음이 불편하고 부끄럽기도 하며 스스로 떳떳하지 않은 마음에 계속해서 생각나게 하는 것이다. 그런 의미에서 우리는 배려하며 살기 위해 계속 노력할 수밖에 없다.[102]

관계 속 힘, 배려

우리는 인생에서 가장 중요한 조건으로 자상함, 배려심이 있는 사람을 원한다. 많은 사람들은 배려하는 사람과 함께 하고 싶어 한다. 배려하는 사람은 함께 있으면 믿음직스럽고 편안할 뿐만 아니라 용기와 격려도 얻을 수 있기 때문이다. 다행히 배려는 거창하거나 특별한 것이 아니다. 배려는 다른 사람의 입장에서 나를 생각해보고 나의 입장에서 다른 사람의 상황을 돌아보고 생각하고 행동하는 것이다. 조금 더 관심을 가져주고, 조금 더 신경 써주고, 염려해주는 것이다. 배려는 누구나 노력한다면 배려할 수 있다. 배려할 줄 아

---

102) 넬 나딩스(2002), "배려교육론", 다른우리

는 사람과 함께 있으면 즐거워진다. 배려할 줄 아는 사람은 늘 편하게 대해 주기 때문에 쉽게 마음의 문을 열게 된다. 배려는 인간관계를 원활하게 하는 힘인 동시에 풍요롭게 하는 도구이며, 직장생활과 일상생활을 편리하게 하는 힘이다.[103]

배려는 황금률[104]

황금률은 인류의 보편적인 도덕원리이자 규칙이다. '네가 남에게 바라는 대로 남에게 해주어라'는 '네가 싫어하는 것을 다른 사람에게 하지 마라'는 말로도 해석할 수 있다. 상대방이 어떻게 느끼는지, 상대방의 입장에서 생각해보는 황금률을 실천하는 것은 곧 다른 사람을 배려하는 것이다. 새 학교로 전학 온 아이의 기분이 어떠할지, 친구들로부터 따돌림을 당하는 아이의 마음이 어떠할지, 누군가의 도움이 필요한 사람의 간절함이 어떠할지, 직접 내가 그 상황의 주인공이라고 상상해 보면 내가 받고 싶은 도움과 친절 등의 배려가 떠오를 것이다. 그렇게 보면 모든 인간관계는 이 황금률로 시작하고 황금률로 끝난다고 볼 수 있다.

옛 성현들의 황금률에 대한 생각은 모두 한결같다.

공자 : 네가 싫어하는 것을 다른 사람에게 하지 마라

기독교 : 네 이웃을 네 몸처럼 사랑하라

유대교 : 네가 싫어하는 것을 남에게 하지 마라

이슬람교 : 아무도 해치지 마라, 그러면 아무도 너를 해치지 않을 것이다

힌두교 : 다른 사람에게 고통을 주는 것은 어떤 것도 하지 마라. 이것은 꼭 지켜야 할 의무이다.

불교 : 너에게 해가 되는 것이라면 남에게도 하지 말라

---

103) 지동직(2015), "배려", 북스토리
104) 아일린 쿠퍼, 정선심 역(2008), "황금률", 두레아이들

배려의 방법

배려의 방법은 배려의 의미를 통해 찾을 수 있다. 배려(配慮)란 글자 그대로 나눌 배(配), 생각할 려(慮)로서 도와주거나 보살펴 주려고 마음을 쓰는 것이다. 도와주거나 보살펴 주려면 상대방의 입장을 생각하는 자세가 필요하다. 도와주거나 보살펴 주려고 마음만 쓰는 것일까? 상대방의 입장에서 생각한 것을 행동으로 옮기는 것까지 포함된 것이다. 즉 배려란 상대방에게 관심을 갖고 상대방이 좋아할 방법을 상대방의 입장에서 생각하여 상대방이 도움이 필요하다고 생각하는 순간 도와주려고 행동하는 것이라 할 수 있다.

관심 갖기

상대방에 대한 관심을 가지고 있어야 배려를 시작할 수 있다. 배려가 많은 사람들을 상대방에 대해 알고 싶은 욕구가 많을 뿐 아니라 관찰력도 뛰어나서 많은 것을 읽어낸다.[105] 관찰력이 높기 위해서는 관심과 애정이 기본적으로 있어야 한다. 상대방이 어떤 표정인지, 어떤 말을 하는지, 어떤 행동을 하는지 관찰하면 내가 볼 때 사소하거나 별일 아닌 것도 상대방에게는 도움이 필요한 순간이 될 수도 있다. 상대방이 어떤 도움을 필요한지 주의를 기울이고 관심을 가지는 것은 배려를 시작하는 첫 번째 단계이다.

일대일 관계

20세기 윤리학에서는 배려를 특수한 상대방과 그 사람의 상황에 대하여 더욱 포괄적인 관여를 하는 것이라고 설명한다. 나딩스는 '나-너'의 관계를 형성하는 것이 기본적인 전제가 되어야 한다고 말하고, 인간 대 인간으로서의 인격적인 만남이 전제되었을 때 배려의 윤리는 큰 힘을 얻게 된다고 주장했다. 즉 모든 사람 또는 일정한 집단 전부를 배려의 대상으로 삼는다 해도 실제적으로 배려가 행해질 때는 한 사람 한 사람을 일일이 고려하고 그들이 받아들일 영향을 생각하면서 단 한 사람에게 다가가는 마음으로 배려해야 한다는 말이다. 배려는 지금 당신 앞에 있는 단 한 사람을 향한 관심과 보살핌이다.[106]

---

105) 지동직, 앞의 책
106) 지동직, 앞의 책

상대방 중심에서 바라보기

소와 사자가 있었다. 둘은 사랑해서 결혼해서 함께 살게 되었다. 소는 최선을 다해 맛있고 신선한 풀을 사자에게 대접했고 사자는 풀이 싫었지만 참았다. 사자도 최선을 다해 맛있고 싱싱한 살코기를 소에게 대접했고 소도 괴로웠지만 참았다. 계속 참던 둘은 결국 다투게 되었고 끝내 헤어지게 되었다. 헤어지며 서로에게 한 말은 '나는 최선을 다했어'였다.[107]

배려를 할 때는 상대방의 상황과 입장에서 생각해야 한다. 내가 머릿속으로 그린, 나만의 배려가 아니라 상대방이 원하는 배려여야 한다. 그러기 위해서는 열린 마음으로 상대방을 대해야 한다. 진짜 배려가 되기 위해서는 내가 원하는 것을 주는 일방적인 것이 아니라 상대가 원하고 필요한 것을 주는 것이어야 한다. 상대방의 입장에서 그 상황을 생각해보고 어떤 마음일지, 어떤 도움을 필요로 할지 생각해보는 것이 중요하다.

상대방이 어떤 생각인지 잘 파악이 안 될 때가 있다. 역지사지로 생각해봐도 감이 안 온다면 옆에서 어떤 말을 하는지 듣고 또 물어보는 것이 방법이 될 수 있다. 상대방의 잘 드러나지 않은 상황이나 미묘한 심리상태는 유심히 듣고 이해하고 다시 질문하면 구체적으로 이해할 수 있기 때문이다. 사실 상대는 자신의 이야기를 들어주는 것만으로 자신을 이해하려고 노력한다고 생각한다. 또한 우리는 이야기를 하면서 스스로 자신의 어려운 고민거리를 털어버릴 수도 있고 홀가분하게 정리하거나 자신의 힘겨운 감정들을 누그러뜨릴 수도 있다. 그래서 이야기를 하다 보면 상대방에게 마음을 여는 경우가 흔히 발생한다.[108]

존중하는 마음으로 대우하기

우리는 누구나 존중받을 권리가 있다. 배려받는 사람은 나와 같은 동등한 인격체이다. 더 잘나서 배려는 하는 것이 아니다. 배려받는 사람이 무조건 나보다 처지가 어렵고 힘든 것만도 아니다. 배려는 불쌍한 사람 돕는 심정에서 적선하듯 하는 것이 아니라 같은 인격체로서 존중하는 마음에서 우러러 나와 저절로 해야 하는 것이다. 상대방을 존중하고 더 나아지길 바라는 마음에서, 좀 더 행복해지길 바라는 마음에서 배려가 이루어져야 한다.

---

107) 박해조(2012), "이미 그대는 행복합니다", 판타레이
108) 지동직, 앞의 책

손해 볼지라도 다가가기

배려는 당장의 나의 손해를 전제하고 있을 때가 있다. 그래서 배려하는 것이 겉으로 보기에는 손해 보는 것 같이 보인다. 하지만 우리는 배려가 가진 여러 가지 힘을 마음속에 상기시킬 필요가 있다. 당장의 이익보다는 인생을 장기적인 안목으로 바라보려는 자세가 필요하다. 사회는 혼자서는 아무것도 할 수 없는 공생관계이다.[109] 배려는 내가 손해 볼지라도 하는 것이다. 이것은 우리 사회는 함께 살아가는 공동체이기 때문에 내가 공동체의 일원으로서 감수하는 몫이다. 당장은 내가 좀 불편하더라도, 지금 내가 한 배려는 공동체가 움직이는 데 도움이 된다. 내가 손해 보더라도 배려하는 것은 상대방은 물론 공동체에 대한 진정한 마음이고 그 사람의 인격을 그대로 보여주는 것이다.

상대방이 필요한 배려를 상상하기

배려의 상황을 미리 생각하며 상대방이 어떤 것을 필요로 하는지 또 어떤 반응일지 상상해 보는 것도 좋은 방법이다. 미리 상상하는 것은 배려의 마음을 준비하는 것이고 또 배려 상황에서 어떤 말로 표현하는 것이 더 좋을지 생각해 볼 수 있다. 물론 마음으로만 생각한다고 배려가 이루어지진 않는다. 모든 것이 그렇듯 배려는 행동으로 실천되어야 한다. 평소에 우리는 일상생활 속에서 주변인들에게 배려할 수 있는 것들을 생각해보는 연습을 하다보면 배려의 상황이 되었을 때 조금 더 쉽게 용기를 내어 배려를 실천할 수 있게 될 것이다.

배려는 습관

우리가 배려를 실제로 해보지 않는 한 배려에서 오는 기쁨이나 배려가 주는 진정한 힘을 쉽게 파악하기 힘들다. 뿐만 아니라 배려를 어떻게 행해야 하며 어떻게 실천하는 것이 가장 자연스럽고 적절한 것인지 좀처럼 습득하기 어렵다. 배려를 하다보면 많은 것이 보인다. 아는 만큼 보이는 것이다. 처음 하는 배려가 어색하게 전달되어 스스로 미숙한 느낌이 들 때도 그런 미숙한 방식의 배려를 되풀이 하지 않아야 한다는 것을 배우게 되는 것이

---

109) 지동직, 앞의 책

163

다.[110] 배려는 마치 신앙심을 쌓아가는 것과도 같다. 한순간에 만들어지는 것이 아니라 여러 상황과 순간들 속에서 실천한 작고 사소한 것에 대한 세심한 배려가 습관이 되고 이것이 차곡차곡 쌓여서 배려로 내 생활을 꽉 채우게 된다.[111]

즉, 배려는 습관이다. 배려하는 것이 습관이 되려면 계속해서 연습하고 훈련해야 한다. 어린아이나 임산부, 노인에게 자리를 양보하거나 공공시설에서 조용히 걷고 말하기, 다음 사람을 위해 앉은 자리를 정돈하기. 엘리베이터는 먼저 탄 사람이 내린 후 타기 등 일상생활 속에서 내가 할 수 있는 것부터, 작은 것부터, 사소한 것부터 매일 매일 꾸준히 연습해야 한다.

배려의 범위

가정에서 가족을 위한 배려

감사한 마음으로 식사하기 도울 수 있는 집안일 돕기 본 책, 입은 옷 스스로 정리하기 가족 간 약속 지키기 형제 간 서로의 영역 인정하기	부모님께 외출 시 알리기 부모님 시간 존중하기, 무리한 요구 하지 않기 부모님, 형제의 물건을 허락 없이 사용하지 않기

'고맙습니다', '사랑해요', '미안해요', '먼저 드세요'라는 말을 언제나 준비한다.

동네에서 이웃을 위한 배려

먼저 인사하기 벽에 낙서하지 않기 엘리베이터에서 머리카락 털지 않기 뒷사람을 위해 출입문을 잡아 주기 어른들에게 인사하고 예의를 갖추기 나보다 어린 아이들 함부로 대하지 않기 길에 쓰레기 버리지 않기	층간소음 줄이기 – 거실에서 뛰지 않기 문을 쾅 소리나게 닫지 않기, 늦은 시간에 운동이나 악기 연주 하지 않기 자기 집 쓰레기를 현관 밖 공용공간에 두지 않기 계단을 이동할 때 쿵쿵거리며 소란스럽게 뛰어다니지 않기

'안녕하세요', '실례합니다', '감사합니다'라는 말을 언제나 준비한다.

---

110) 지동직, 앞의 책
111) 지동직, 앞의 책

학교에서 친구를 위한 배려

복도에서 뛰지 않기	
실수한 친구 놀리지 않기	
실패를 농담거리로 삼지 않기	준비물을 가져오지 않은 친구에게 빌려주기
친구와의 비밀이야기는 말하지 않기	잘 챙기지 못하는 친구에게 미리 한 번 더 준비물을 말
고운말 사용하기	해 주기
반갑게 인사 먼저 하기	친구가 할 일이 있을 때 그 시간을 존중하기
차례지키기	잘못한 것이 있으면 솔직하게 인정하고 사과하기
맡은 역할 책임 다하기	잘한 것을 칭찬하고 잘된 것을 축하하고 같이 기뻐하기
청소 도망가지 않기	전학 온 친구에게 먼저 말 걸고 우리 반 규칙에 대해 알
시합 때 힘내라고 응원하기	려주기
누구나 단점이 있다는 것 생각하기	급식을 먹을 때 먹을 만큼만 덜기, 맛있는 반찬에 욕심
다른 사람 무시하며 으스대지 않기	부리지 않기
잘한 친구에게 진심으로 축하해주기	
도움이 필요한 친구가 보이면 부탁하기 전 할 수 있는	
도움주기	

'안녕, 잘가', '고마워', '미안해, 괜찮아', '파이팅', '축하해', '부탁해', '내가 도와줄게' 라는 말을 언제나 준비한다.

동식물 환경에 대한 배려

반려동물을 키우기 전 그 동물에 대해 미리 공부하기	화분에 물주기
반려동물의 이름을 지어주고 사랑으로 보살피기	나무나 돌에 이름을 새기거나 왔다간 흔적 남기지 않기
반려동물이 싫어하는 행동 하지 않기	분리수거하기
제시간에 먹이 챙겨주기	안 쓰는 전기코드 뽑기
반려동물이 놀 수 있는 환경 만들기	물 아껴쓰기
반려동물에게 맞는 먹이와 장난감 주기	나무와 꽃은 눈으로만 감상하기
적당히 산책하기	1가정1채소텃밭 실천하기
평생 키울 수 있을 때 키우기	가까운 거리는 걷기
	쓰레기를 화단에 버리거나 나무사이에 끼워놓지 않기

'잘 자라줘서 고마워', '예쁘게 피었구나', '귀여워', '예뻐', '멋지다', '잘했어'의 말을 언제나 준비한다.

함께 사는 세상에 대한 배려

*대중교통 이용시 노약자석에 앉지 않기, 자리양보하기. 시끄럽게 떠들지 않기, 내리는 사람이 먼저 내릴 수 있도록 비켜주고 다 내리고 난 후 타기
*도서관에서 책을 함부로 다루지 않기, 맘에 드는 그림이나 글귀가 있어서 찢지 않기, 휴대폰 끄기, 뛰지 않기, 본 책은 정리하는 곳에 두기
*영화관에서 좌석 발로 차지 않기, 우적우적 과자 먹지 않기, 아는 내용 큰소리로 말하지 않기, 핸드폰 끄기
*마트에서 시식용 음식은 조금만 맛본다. 계산하지 않고 먹거나 사용하지 않는다. 카트를 위험하게 몰지 않는다.
*음식점에서 탁자를 두드리지 않는다. 컵에 침을 뱉지 않는다. 뛰지 않는다.
*뒤에 오는 사람을 위해 문 잡아주기
*공공화장실, 공원 등 공중시절 깨끗하게 사용하기
*도움이 필요한 사람 발견시 주변 어른들에게 알리기
*교통질서를 지킨다.
*자전거를 타고 이동 시 전용도로를 이용한다.

*쓰레기는 쓰레기통에 버리기
*재활용 분리수거하기
*장난전화하지 않기
*애완견 산책시 반드시 목줄하기, 배설물 치우기
*다른 사람의 반려동물 존중하기, 함부로 만지거나 큰 소리 내어 자극하지 않기
*안내견을 만지거나 쓰다듬거나 간식을 주거나 이름을 부르는 등 집중하지 못하게 하는 행동 하지 않기, 주인 동의 없이 사진이나 동영상을 찍지 않기
*장애우나 노약자를 위해 잠시 기다려 주거나 요청 시 도움 주기
*작아져서 못 입는 옷, 쓰지 않는 장난감, 학용품, 읽지 않는 책 기부하기
*인터넷에서 선플달기
*본인의 동의 없이 SNS에 사진 등의 개인 정보 올리지 않기
*넷티켓 지키기
*혐오표현 사용하지 않기
*다른 사람의 얼굴로 장난치지 않기

'고맙습니다', '미안합니다', '괜찮습니다' 라는 말을 언제나 준비한다.

배려는 상호적인 것

관계는 '나와 너'가 있음으로 가능

일반적으로 배려는 배려하는 자의 입장에서 배려를 하는 것에만 초점을 두어왔다.[112] 하지만 모든 인간관계는 어느 한 사람의 노력으로 형성되는 것이 아니다. 관계라는 말 자체가 나와 너, 나를 포함한 누군가가 연결되어 있음을 의미한다. 또한 관계에 참여하는 양 당사자 모두 그 관계를 유지하기 위해 기여하고 있음을 의미한다. 한쪽이라도 서로 연결되어 있는 관계의 고리를 깨뜨려 버린다면 관계라는 말은 사라진다. 둘 사이의 "관계"는 없는 것이다. 배려는 배려하는 사람과 배려받는 사람이 있어야만 가능하다. 그런 의미에서 볼 때 배려는 관계의 윤리라고도 할 수 있다.

112) 고미숙(2004), "배려윤리와 배려교육", 한국교육학연구. 제10권 제2호

배려와 배려의 수용

우리가 배려를 한다고 할 때 그저 배려를 해 주었다고 해서 배려가 이루어지는 것은 아니다. 배려를 받은 사람이 배려가 받아들여졌음을 수용하고 인정하고 응답할 때 배려가 이루지는 것이다. 배려의 윤리학자 나딩스는 배려는 타인에게서 완성된다고 말했다. 즉 배려를 받는 사람이 자신이 배려를 받고 있다고 지각하지 못하면 배려를 수용하지 못하게 되기 때문에 배려가 제대로 이루어지기 위해서는 양쪽 모두 서로에게 귀를 기울여야 한다.[113]

배려하는 사람은 배려 받는 사람이 말하고 있는 것을 경청해야 배려가 가능하다. 배려를 받는 사람은 배려를 받았음을 알고, 이를 수용하여 배려받았음을 표현함으로써 배려가 나에게 영향을 주었음을 알게 해야 한다.

배려는 서로 주고받는 것

배려는 배려를 하는 상황과 배려를 받는 상대방에 민감해야 하고 그 상황 속에서 올바른 판단을 해야 한다. 배려가 이루지는 데는 상황적인 지식이 요구되는 것이다. 또한 배려는 어떤 특정한 사람만이 할 수 있거나 특별한 덕목을 가지고 있는 사람이 하는 것이 아니다. 어떤 한 사람이 상황에 따라서 배려하는 자가 될 수도 있고 배려를 받는 입장이 될 수도 있다. 그러므로 배려하는 능력만이 아니라 배려를 받는 능력도 기를 필요가 있다. 누군가로부터 배려를 받고 기쁨을 느껴본 자는 다른 사람이 배려를 필요로 할 때 자신이 받았던 배려를 회상하면서 기꺼이 배려를 하고 싶어지는 것이다. 다른 사람의 배려를 수용한다는 것은 배려하는 자의 배려가 잘 행해졌는지를 확인하는 단계이기도 하다. 이는 배려가 배려 받은 사람에게 적합하지 않은 방식으로 행해졌을 경우 배려의 방식을 수정할 기회가 되기도 한다. 그리고 어떻게 배려하는 것이 더 좋은 것인지 생각해 보게 한다. 즉 배려를 수용하는 것은 배려하는 사람을 성장시키는 데 도움이 되며 또 다른 배려를 낳게 하는 원천이 되기도 한다.[114]

---

113) 고미숙, 앞의 책
114) 고미숙, 앞의 책

배려를 받는 방법

1. 마음받기

    상대방의 배려를 자연스럽게 받아들인다.

2. 감사하기

    밝은 표정과 부드러운 말과 행동으로 나를 위한 배려와 봉사에 감사하는 마음을 갖는다.

3. 배려 나누기

    내가 받은 배려를 생각하며 다른 사람에게 내가 할 수 있는 배려가 있는지 찾아본다.

자기 배려하기[115]

나는 소중한 존재라는 인식

　자기 배려를 하도록 교육시키기 위해서는 우선적으로 자신을 하나의 인격적인 주체로서 볼 수 있도록 해야 한다. 물론 이 인격적인 주체는 타인과의 관계 속에 있다. 자아와 타자는 서로 분리되어 있는 것이 아니라 서로 얽혀 있어 나의 존재에 대한 정의는 타인과의 관계속에서 정의될 때만 완전히 정의될 수 있다. 자기를 배려하는 것이 이기적인 것이나 개인적인것과는 다른다. 자기를 배려한다는 것은 자신이 특별하고 소중한 존재임을 인식하는 것이고 그렇게 자신에게 긍정하는 자존감을 말한다.

단점을 그대로 받아들이기

　자기 배려를 하기 위해서는 자신에게 있는 단점을 있는 그대로 받아들이고 자기혐오와 자기비판의 늪으로 빠지지 않아야 한다.

나를 알아가기

　배려의 윤리학에서 나딩스는 '나는 누구인가'의 물음을 묻고 자신의 존재의 의미에 대해서 탐구해보는 것이 자기 배려를 하도록 하는 데 도움이 된다고 하였다. 내가 나를 어떻게 생각하는지. 내가 소중하게 여기는 가치는 무엇인지. 내 삶의 목표와 내가 가진 강점과

---

115) 고미숙, 앞의 책 참고

약점, 내가 좋아하는 것, 원하는 것 등에 대해 스스로 질문한다. 자신을 존중한다는 것은 자기 자신을 안다는 것이 전제가 되고 자기 자신을 잘 아는 것은 자신을 배려하도록 이끈다. 자기를 안다는 것은 타인에 대한 앎과 서로 관련되어 있다. 왜냐하면 내가 누구인가를 탐구하는 과정 속에서 나 자신이 타인과 연관되어 있다는 것, 나라는 존재는 타인의 존재 없이는 가능하지 않다는 것을 알게 되기 때문이다. 즉 자기 배려를 배운다는 것은 동시에 타자를 배려하는 것을 배운다는 것이다. 자기 배려와 타자 배려는 분리되지 않는다.

관계 속 성찰

자신에 대한 존중은 자기 스스로 자신을 존중하는 것이기도 하지만 이것은 타인이 나를 어떻게 대우하는가에 따라서 영향을 받는다. 어떤 사람이 자신을 존중한다고 해도 지속적으로 타인이 그 사람을 존중하지 않는다면 자기존중이 이루어지기 어렵다. 자기 존중은 단지 자기 자신의 문제가 아니라 타인과의 관계 속에서 형성될 수 있는 것이다. 이것은 자아에 대한 배려와 타인에 대한 배려가 서로 연결되어 있음을 말한다. 자기 배려는 자신과 타자가 서로 관계를 맺고 있음을 인식하도록 할 뿐만 아니라 때로는 타자와의 거리를 유지하면서 자신의 존재에 대해 성찰해 볼 수 있는 시간을 갖도록 하는 것이 필요하다.

욕구별 배려 방식

생존의 욕구

생존의 욕구가 높은 사람들은 세심하게 배려를 한다. 다른 욕구들에 비해서 배려를 가장 잘하는 사람들이기도 하다. 특별히 지구 공동체를 위한 배려, 가령 분리수거나 에너지 절약, 동식물 보호, 지구 반대편의 이웃돕기 등 당위적이고 규범적인 것들에 대한 배려는 생존의 욕구가 높은 사람들에게서는 당연한 배려로 인식하고 있다. 태안 기름유출 사고가 났을 때 가장 먼저 달려간 사람들이 아마 생존의 욕구가 높은 사람들일 것이다.

사랑의 욕구

사랑의 욕구가 높은 사람들은 손해보고도 배려하는 사람들이다. 배려를 할 때 상대방의 감정과 마음까지 배려하고 먼저 나서서 도와주고 측은지심을 가지고 모든 것을 내 준다. 하지만 사랑의 욕구가 높은 사람은 사랑받는 것을 가장 좋아하고 원하는 사람들이기에 배려를 받는 것을 좋아하고 배려받기를 원한다. 그런 서로 주고받는 것에서 자신의 존재의 의미를 찾는 사람들이다.

힘의 욕구

힘의 욕구가 높은 사람들은 배려를 목표로 두었을 때 배려를 한다. 평소에는 배려를 잘 하지 못하고 필요성을 잘 느끼지 못하지만 배려를 해야 한다고 의식하는 순간 의도적으로 배려를 하기 위해 노력한다. 가식적인 것이 아니라 노력하면서 배려를 실천하는 사람들인 것이다.

자유의 욕구

자유의 욕구가 높은 사람들은 무언가를 특별히 한다기 보다는 상대방을 있는 그대로 인정하고 마음대로 할 수 있도록 내버려두는 것이 배려라고 생각한다. 그런 면에서 상대방의 의사를 가장 잘 존중해주는 사람들이다. 자신의 생각과 가치관이 달라도 '그럴 수 있지', '괜찮아'하며 상대방을 수용하고 있는 그대로 받아준다. 하지만 이런 부분이 어떤 면에서는 방치하는 것처럼 보이기도 한다는 문제가 있다.

즐거움의 욕구

즐거움의 욕구가 높은 사람들은 개인적인 배려는 잘하지 못하지만, 감동, 감탄을 잘하기 때문에 공동체에서 전체적인 분위기를 긍정적으로 바꿔주고 같이 소속되어 있는 사람들을 즐겁게 해준다. 스스로 어색하거나 재미없는 것이 싫기 때문에 다른 사람을 향해 많이 웃어주고, 또 웃을 거리를 만들고 그렇게 웃는 분위기가 되면 그것으로 만족을 얻는다.

배려하기의 기술

우리 반 배려사전

배려를 내가 경험한 내용으로 재해석하여 정의한 것을 각자 카드에 작성하고 전시하기

[진행방법]

① 아름다운 가치사전에 있는 배려를 미리 보여준다.

> 배려란[116]
>
> 영화관에서 다름 사람에게 방해가 되지 않도록 영화가 시작되기 전에 핸드폰을 꺼두는 것
> 친구를 위해 걸음을 천천히 걷는 것, 걸으면서 같이 이야기하는 것
> 화분을 햇빛이 드는 곳으로 옮겨주는 것
> 밥 먹을 때 할머니께서 잘 드는 음식을 할머니 가까이에 놓아 드리는 것
> 엄마가 전화를 받으실 때 목소리를 낮추는 것

② 내가 경험한 일들을 떠올리며 내가 생각하는 배려의 정의를 작성한다.

③ 모둠에서 이야기 나눈다.

④ 다시 한번 작성하는 시간을 준다.

⑤ 명함크기(혹은 2배정도의 크기)의 종이를 나눠준다.

⑥ 1장당 1개씩 작성한다.

⑦ 게시판에 게시한다.

[유의사항]

· 작성 개수는 자유롭게 한다.

· 매달 한 번씩 자신이 우리반에서 받은 배려를 작성하게 한 후 고리에 걸어 게시하면 좋다. 이때 고리 메모지 혹은 링 메모지를 활용하면 좋다.

· 내가 받았던 배려를 기억할 수 있고 친구들이 받은 배려를 살펴보면서 어떤 것이 배려인지 어떻게 배려할 수 있는지에 대해 배울 수 있다.

[개발자] 오정화

---

116) 채인선(2005), "아름다운 가치사전", 한올림 어린이

우리반 배려사전

___학년___반___번 이름 : _____

배려가 무엇일까요? 다음은 아름다운 가치사전에서 나오는 배려의 의미입니다.

> 배려란
>
> ° 영화관에서 다른 사람에게 방해가 되지 않도록 영화가 시작되기 전에 핸드폰을 꺼두는 것
> ° 친구를 위해 걸음을 천천히 걷는 것, 걸으면서 같이 이야기하는 것
> ° 화분을 햇빛이 드는 곳으로 옮겨주는 것
> ° 밥 먹을 때 할머니께서 잘 드는 음식을 할머니 가까이에 놓아 드리는 것
> ° 엄마가 전화를 받으실 때 목소리를 낮추는 것
>
> 채인선(2005), 아름다운 가치사전, 한울림 어린이

배려 받은 경험을 작성해보세요.

....

....

....

....

내가 경험했던 내용을 바탕으로 배려의 의미를 정의해 보세요.

배려란

이다.

**배려가 필요한 순간은 언제인지 어떤 배려말이 있는지 생각해 본 후
한 사람이 배려말을 말하면 나머지 사람이 돌아가며 똑같이 따라 말한다.**

[진행방법]

① 활동지를 나누어 준다.

② 예시로 나온 배려말을 한 사람이 읽으면 나머지 사람들이 순서대로 따라 읽는다. (가령 네가 한번 해봐 ⇒ 네가 한번 해봐 ⇒ 네가 한번 해봐 ⇒ 네가 한번 해봐 같은 말을 앵무새처럼 반복하는 것이다.)

③ 가정, 동네, 학교, 환경에 대한 배려와 공공시설을 이용할 때 할 수 있는 배려를 생각나는 대로 적고 모둠에서 나눈다.

④ 모둠친구들과 가정, 이웃, 학교, 동식물·환경 및 공공시설에서 어떤 배려의 말을 할 수 있는지 생각해 보고 적는다.

⑤ 배려말 목록을 만든다.

⑥ 모둠 안에서 돌아가며 배려의 말을 연습한다. 한 명이 배려의 말을 말하면 나머지 사람들은 앵무새처럼 차례대로 똑같이 따라 말한다.

[유의사항]

· 학급 전체에서 배려말 목록을 만들어 진행할 수도 있다.

· 꾸준히 배려의 말을 실천하는 것을 목표로 이 활동을 진행할 수 있다.

① 탁상달력을 준비한다.

② 배려말 목록을 참고하여 날짜마다 배려의 말을 1개씩 적는다.

③ 하루에 한 번 그날의 배려말을 꼭 한 번은 할 수 있도록 노력하겠다는 다짐을 달력 빈 곳에 작성한다.

④ 해당 날짜의 배려말을 했다면 동그라미 표시를 하거나 스티커를 붙이거나 인증도장을 찍는다. (인증도장의 예 (인증)[117])

⑤ 한 달이 지난 후 모둠에서 자신이 노력한 배려의 말들을 함께 나눈다.

⑥ 한번도 실천하지 못한 배려의 말이 있다면 왜 그런 것인지 생각해보는 시간을 갖는 것도 좋다.

[개발자] 오정화

---

117) 카카오 프로젝트100의 인증표시임

배려가 필요한 순간은 언제 ? 누구에게 ?

___학년___반___번 이름:_____

배려는 어느 곳에서나 필요하고 누구나 배려를 주고 받을 수 있어요. 누구에게 어떤 배려를 할 수 있는지 적어보세요.

가정에서 가족을 위한 배려	동네에서 이웃을 위한 배려

학교에서 친구와 선생님을 위한 배려	동식물, 환경에 대한 배려

공공시설을 이용할 때 필요한 배려	그 외 필요한 배려

어떤 배려말이 있을까

___학년___반___번 이름:_____

아래의 배려 말을 참고해서 평소에 내가 할 수 있는 배려의 말이 무엇인지 생각해보고 적어보세요.

네가 먼저 선택해	나랑 같이 할래	네가 한번 해봐
내가 도와줄게	우리 같이 하자	네가 먼저 해봐
힘든 것이 있으면 말해줘	내가 양보할게	이렇게 하면 어떨까?
이번엔 네가 쓸 차례야	네가 원하는 것을 먼저 이야기해봐	
내가 대신 할게. 넌 좀 쉬어	내가 먼저 갈 테니까 천천히 따라와	

가정에서		동네에서	
학교에서		동식물환경에 대한	
공공시설을 이용할 때		그 외	

배려말 앵무새

___학년___반___번 이름:_____

배려말 목록을 만들어 보고 친구들과 함께 배려말을 연습해 보세요.

영역	할 수 있는 배려말
가정	

"오늘은 나에게 배려가 필요한 날이예요" 라는 문구가 적힌 목걸이를 목에 건 친구가 있다면
특별히 더 배려를 하고 배려받은 친구는 어떤 배려를 받았는지 말하기

[진행방법]

① 각자 배려 목걸이를 만든다. 배려 목걸이 가운데는 "오늘은 나에게 배려가 필요한 날이예요"라는 문구가
   적혀 있어야 한다.

② 배려 목걸이는 자기 사물함에 두거나 약속된 장소에 둔다.

③ 오늘 배려가 필요한 날이라고 생각하는 사람은 아침에 등교하며 혹은 일과 중 어느 때라도 배려 목걸이
   를 목에 건다.

④ 일과 중 배려 목걸이를 하고 있는 사람을 발견하면 그 사람에게 좀 더 배려한다.

⑤ 배려목걸이를 한 사람은 자신의 감정과 욕구가 채워져 이제 괜찮다는 생각이 들면 배려 목걸이는 목에서
   빼내어 원래의 장소에 둔다.

⑥ 종례시간을 이용하여 오늘 배려 목걸이를 한 사람은 몇 명이었는지 손을 들어 확인해보고 각각 어떤 배
   려를 받았는지 기억나는 배려를 발표한다.

[유의사항]

· 배려 문구는 공통된 것으로 출력하여 코팅한 후 배부해 주는 것이 좋다.

· 배려목걸이는 빨대를 잘라 실(끈, 고무줄)에 꿰어 만들거나 비즈, 구슬을 실에 꿰어 만들어 활용할 수 있
  다. 끈만으로도 목걸이를 만들 수 있는데 이때에는 끈의 두께가 너무 얇지 않은 것으로 한다.

· 장난으로 배려목걸이를 하지 않도록 약속한다.

[개발자] 오정화

우리 반에서 내가 할 수 있는 배려 약속을 작성한다.

[진행방법]

① 약속을 뜻하는 새끼손가락 모양 활동지를 나누어 준다.

② 우리 반에서 내가 할 수 있는 배려가 무엇인지 생각해 보고, 배려약속을 2개 작성한다. 손등(손바닥)쪽에 작성한다.

③ 활동지를 오린다.

④ 짝에게 자신이 적은 배려약속을 말한다.

⑤ 자신과 짝의 새끼손가락 활동지의 새끼손가락 끝부분 마주 대어 붙여서 약속할 때 손모양을 만들며 다시 배려 약속을 말한다.

⑥ 교사의 신호에 따라 모두가 일어나 자유롭게 돌아다니며 만나는 친구에게 새끼 손가락활동지를 서로 맞 대며 서로 배려 약속을 말한다.

⑦ 교실 뒤편에 게시한다

[유의사항]

· 약속한 배려를 실천한 경우 스티커 등을 붙여 표시를 해도 좋다.

· 꽃잎 모양의 활동지를 활용하여 배려꽃을 만들어 게시할 수도 있다. 학급전체로 큰 꽃으로 만들거나 모둠 별로 해서 작은 꽃을 만들 수 있다.

[개발자]

오정화

우리반 배려 약속

___학년___반___번 이름:_____

우리반에서 배려할 수 있는 것들을 생각해보면 나와 모두에게 약속하는 약속의 말을 작성해 보자.

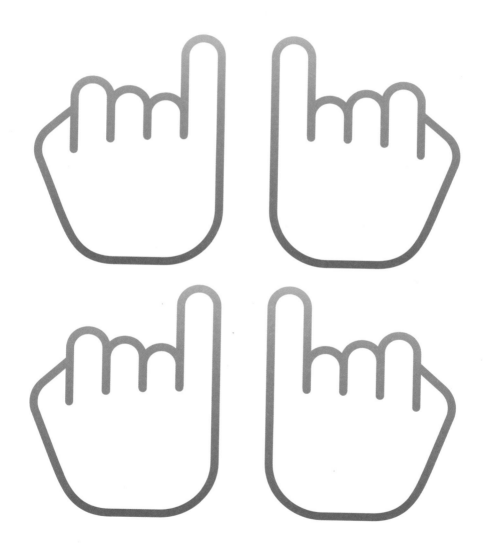

하루에 한 번씩 돌아가며 배려맨이 되어 학급 친구들과 선생님께 배려하기

[진행방법]

① 배려맨을 할 순서를 무작위로 정한다.

② 자기 순서가 되면 "출동! 배려맨~" 배지를 옷깃에 단다.

③ 하루 중 배려가 필요한 순간이 되면 자연스럽게 배려를 한다.

④ 누구에게 어떤 배려를 했는지 적는다.

[유의사항]

· ②단계에서 배지 대신 스티커를 옷깃에 붙이거나 팔찌 등을 만들어 활용할 수 있다.

· ④단계에서 학급배려일지를 만들어 작성하게 하는 것도 좋다.

[개발자]

오정화

배려와 관련된 문구를 넣어 만든 딱지를 그 배려 행동을 한 친구에게 배려딱지를 선물하기

[진행방법]

① 최근 배려를 받았던 경험을 떠올리며 활동지에 그때의 상황과 어떤 배려를 받았는지 내 느낌은 어떠했는지 작성한다.

(예) 상황 : 오늘 아침을 안 먹고 와서 오늘 배가 너무 고팠는데 배식당번이라 친구들에게 배식을 다 하고 난 후에야 밥을 먹을 수 있다.

받은 배려 : 다음주 배식 당번인 해리가 갑자기 자기랑 배식당번 바꾸자고 말했다.

느낌 : 내가 친구들이랑 하는 얘기를 들은 것 같기도 하고. 해리랑 별로 친한 사이도 아닌데 나한테 배식당번 바꾸자고 말해줘서 너무 고마웠다.

② 배려해준 사람에게 해 주고 싶은 말을 생각해서 활동지에 작성한다.

(예) 배가 너무 고팠는데 네가 배려해준 덕분에 배식당번을 안하고 밥을 먼저 먹을 수 있었어. 진짜 고마워.

③ 딱지를 만들 종이를 각자 한 장씩 준비한다. 너무 얇거나 두껍지 않은 종이로 선택한다.

④ 딱지모양을 그리고 오린다. 모양은 보통 동그라미로 하고 원할 경우 네모, 육각형, 별 모양 등 자유롭게 해도 좋다.

⑤ 받은 배려와 관련된 문구를 적는다.

(예) '양보해 줘서 고마워. 순서를 잘 지킨 너에게', '도움을 준 네 마음, 최고!' 등의 문구나 '좀 추웠는데 창문을 닫아줬다', '내 화분에도 물을 주었다' 등의 구체적인 내용을 적어도 좋다.

⑥ 간단하게 꾸민다.

⑦ 딱지 뒷면에 만든 사람 이름을 쓴다. (예) 배려받아 기쁜이 : 김슬기

⑧ 만든 딱지를 해당 사람에게 전달한다.

⑨ 나머지 딱지들은 일과 중 어느 때든 배려의 행동을 보인 사람을 발견하면 배려딱지로 칭찬과 고마움의 마음을 전한다.

⑩ 일정기간이 지난 후 배려딱지를 많이 받은 사람을 발표하고 어떤 배려딱지를 받았는지 게시한다.

[유의사항]

· 딱지 개수는 1인당 5개 정도가 좋다.

· 여러 사람의 손을 거쳐도 튼튼한 딱지를 만들고 싶은 경우 코팅을 하거나 피스크래프트 등의 업체에서 나온 보드게임제작용 원형, 사각 타일을 이용해서 제작하면 된다.

· 시간이 충분하지 않은 경우, 혹은 가위사용의 불편함이 예상되는 경우 동그란 딱지 모양을 미리 만들어 배부하고 활동을 진행하면 좋다.

[개발자]

오정화

배려왕딱지

___학년___반___번 이름 :_____

최근 배려를 받은 적이 있나요? 배려받은 기억을 떠올리며 작성해 보세요.

어떤 상황이 었나요?	
어떻게 배려 받았나요?	
배려 받았을 때 내 느낌은 어땠나요?	

배려를 해 준 그 사람에게 해 주고 싶은 말이 있다면?

배려를 받은 자신의 마음을 표현하는 그림그리고 문구를 작성해서 배려딱지를 만들어보자.

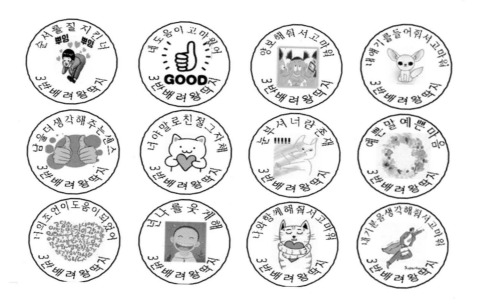

배려왕딱지 만들기

___학년___반___번 이름 :_____

모양을 오려 배려받은 내 마음을 표현하는 딱지를 만들어 보세요.

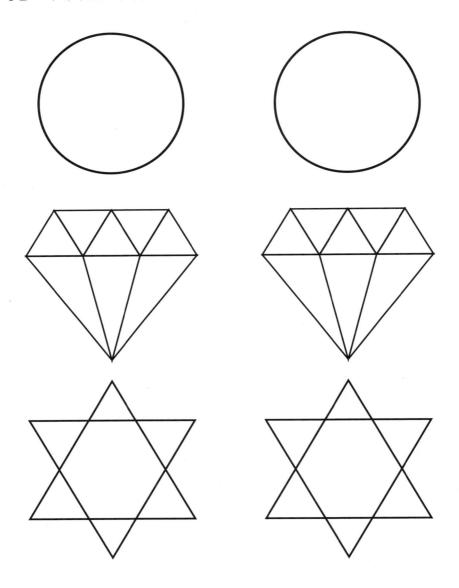

10장.
다름을 인정하기

다름의 빛과 그림자

다름의 매력

다름이란 참 매력적이다. 나와 다른 사람을 보면 신기하고 매력을 느낀다. 그러나 친밀해지면 그 매력적이던 성격차이 때문에 갈등이 생긴다. 다정해서 좋던 사람이 너무 세심하게 간섭을 해서 싫고, 자기 일 똑 부러지게 잘 해서 좋던 사람인데 내 행동에 대해서도 똑 부러지게 말을 하니 불편해진다. 남녀노소를 불문하고 친하다가 멀어지는 관계들이 어찌 보면 이런 패턴을 따르고 있는 것이 아닌가 싶다.

매력적이었던 사람이 불편함과 증오의 대상으로 바뀌는 이유는 무엇일까? 왜 매력이 불편함이 되는 것일까? 다름은 멀리서 볼 때는 좋다. 그러나 가까이 보면 나와 따로 노는 모래알 같아진다. 편안함은 사실 비슷한 데서 온다. 그런데 문제는 비슷하면 매력적이지는 않다는 것이다. 나는 이 다름을 매력으로 느끼는 인간의 습성이 인간사회를 발달하게 하는 것이라고 본다. 그리고 성숙하게 하는 것이다. 똑같은 사람들이 모여 있으면 늘 비슷하게 산다. 그러나 발전은 없다. 다름이 있으면 갈등을 겪게 되고 불편함 때문에 고민하고 부대끼며 결국은 새로운 대안으로 나아갈 수 있게 된다.

우리는 매력이 불편함으로 바뀌는 이 순간을 주목해야 한다. 내가 이 사람을 나의 편안함을 위해 바꾸려고 하는 것은 아닌가? 매력적이었던 그 사람은 바뀌지 않았는데 불편함을 느끼는 것은, 나의 문제이지 상대방의 문제는 아니다. 그런데 우리는 상대방에게 불평을 하고 바꾸라고 말한다. 결국 갈등은 여기에서 시작되고 인간은 쉽게 바뀌지 않기에 또 서로 멀어지고 헤어지게 된다. 물론 가까이서 겪어보지 않으면 그 다름이 불편함이 될 것이라는 것을 잘 모르기 때문일 것이다.

다름을 틀림으로 보는 이유

갈등은 '상대방과 나' 중에서 누군가 한 명이 틀렸다고 생각할 때 시작된다. 틀렸다고 생각하면 불편함을 느끼게 되고 거리를 두게 되며, 밀쳐낸다. 그리고 비난한다. 밀쳐내고 비난하는 과정에서 당하는 사람은 알 수 없는 거절감에 상처가 생기고 내가 뭘 잘못했다고 그러는지 억울함이 쌓이게 되는 것이다. 그 상처는 다시 상대방을 향하게 되고 서로 갈등과 상처가 돌고 도는 악순환이 계속 된다. 이렇게 다름을 틀림으로 보는 것이 결국은 내 상처로 돌아오게 되지만 우리는 다름을 계속 틀림으로 여긴다. 왜 그럴까?

첫째, 어느 순간 다름이 불편하게 느껴지는데 불편함을 주는 것은 잘못이라는 인식이 한몫을 한다. 특히 우리나라는 감정을 느끼는 것에 대해 자신의 문제라기보다 대상 때문이라는 생각이 많은 것도 하나의 이유가 될 것이다.

둘째, 자기중심적인 사고로 자신이 옳다고 생각하기 때문이다. 프리츠 하이더의 '귀인 이론'에 의하면 문제를 자기 탓으로 돌리는 것을 '내부 귀인'이라고 하고, 외부의 탓으로 돌리는 것이 '외부 귀인'이다. 이는 뇌의 구조상 자기를 보호하기 위한 장치라고 한다. 모든 것을 자기 탓으로 돌리면 우울증이나 비관에 빠질 수 있기 때문이다. 그래서 많은 경우 잘되면 자신의 개인적 성향이나 기질 덕분이고, 못되면 외부의 영향으로 여기는 '자기본위편향'이 나타난다.

이로 인해 뭔가 다름으로 불편한 상황이 되면 다른 사람이 잘못된 것으로 자연스럽게 가는 경우가 많다는 것이다.

셋째, 모든 사람은 자신의 세계에서 산다. 자라오면서 가정에서 옳다고 여겨진 방식들이 자신의 세계에서는 전부인 것이다. 때로 꼼꼼하지 못하다고 혼나면서 겨우겨우 습관화시켰는데 다른 친구의 구멍을 보면 당연히 잘못한 일이 된다. 그러나 다른 집은 또 너무 다르다. 너무 꼼꼼하게 따진다고 혼이 나면서 자랐다면 꼼꼼한 사람을 잘못된 것으로 본다.

결국 이 모든 기재는 자기를 보호하고 자신이 옳다고 여겨야 자신 있게 살 수 있다고 여기기 때문이지 않을까 싶다.

다양성과 동질감의 팽팽한 긴장

우리나라 교육의 화두 중 하나가 '창의성'이다. 창의성은 다름을 인정하는 것에서 가능해지는 개념이고 다양성을 존중함으로 얻을 수 있는 것이다. 우리 교육계에도 다양함이 눈에 띄게 많아지고 있다. 세계화에 따라 국가 간 이동이 활발해 져서 우리나라도 다문화 사회가 되었다. 교육부 통계에 의하면 우리나라의 다문화 학생의 수가 2015년부터 매해 1만 명 이상씩 증가하여 2019년에는 총 13만 명을 초과했다고 한다. 이렇게 다양성이 실제로 공존하고 있다.

그러나 아이러니하게도 민승기 교수가 표현했던 다양성의 두드러짐과 함께 '동질성에 대한 애착현상'[118]이 심화되어 가고 있다. 유대감을 중요하게 여기는 현상이 부각되고 있다는 말이다. 사실 다양성과 동질성은 늘 공존할 수밖에 없는 개념이긴 하다. 동질감이 너무 강하면 다양성을 추구하고 싶고, 다양성이 강하면 동질성을 추구하고 싶은 것이 인간이기 때문이다.

동질감과 유대감은 팀워크를 이루는 면에서는 좋다. 그러나 거기에 그치지 않고 집단이기주의로 변질하거나 배타성을 드러낼 가능성도 많다. 그 집단에서 소외된 누군가는 왕따의 피해를 입기도 한다. 실제로 다문화 사회가 되면서 피부색의 다름과, 말투, 문화나 풍습의 차이로 인해 차별받는 경우가 허다하게 생기고 있다. 다문화 문제가 아니어도 학교 아이들을 보면 성격이나 외모, 생활스타일의 다름으로 아픔을 당하는 경우는 비일비재하다.

다양성을 통한 창의성이 중요한 시대이지만 동질성에 대한 애착도 함께 강해져서 다름을 더 배타시하는 이 상황에 대한 대처가 시급하다.

---

118) 민승기(2016), "인성이 경쟁력이다", 나비의 활주로

다름을 인정하지 못한 결과

많은 이들이 관계 속에서 힘들어하고 불행하다고 말한다. 청소년도 예외는 아니다. 2019년 세계 행복보고서에 의하면 우리나라 청소년(877만 명)의 행복지수는 세계에서 54위였다. 청소년 자살율 또한 세계 최고를 기록하고 있다.[119] 또한 교육부가 초등 4학년~고교 3학년 약 372만 명을 대상으로 진행한 '2019년 1차 학교폭력 실태조사'에서 초·중·고교 학생 6만여 명이 학교폭력을 당한 적이 있는 것으로 조사됐다. 피해 영역은 언어폭력 35.6% 집단따돌림 23.2%, 사이버 괴롭힘이 8.9%였다. 집단따돌림은 언어폭력과 학교폭력으로 이어졌다고 한다.[120]

여러 통계들이 뒷받침하는 것처럼 불행해 하고 힘들어하는 학생들이 너무 많다. 이렇게 행복하지 못하다고 느끼는 이유는 무엇일까?

노주선(2018)은 "불행은 불행할 수밖에 없는 절박한 상황 때문이라기보다 서로의 다름을 이해하고 수용하지 못한 데 따른 단순한 오해와 편견 때문일 수도 있다."[121]라고 말했다. 일리가 있다. 상황 때문이라기보다는 다름을 이해하지 못함에서 시작되는 것이다. 그러나 시작은 단순한 오해와 편견이지만 실제로 빚어지는 갈등과 고통은 가정, 학교, 직장, 정치 등등 없는 곳이 없다. 그리고 그 고통은 단순하지도 않고 때로는 앞의 기사에서 드러난 것처럼 절망과 죽음의 상황으로 치닫기도 한다.

다름을 틀림으로 보는 순간 대화가 오갈 수 없다. 틀림으로 보면 존중도 이해도 어려워진다. 상대방이 틀렸다고 생각하니 말과 행동에 예의와 품격을 갖추어야 한다는 생각을 못한다. 결국 거친 말과 폭력으로 나타날 수 밖에 없는 것이다.

결국 행복해지는 방법은 나를 둘러싸고 있는 사람들이 나와 어떤 다름을 가지고 있는지 이해하는 데서 시작된다. 다름이 조화를 이루어야 행복해지고 그 안에서 창의성도 꽃을 피울 수 있게 된다.

---

119) 테크M(2019.3.24.) "세계에서 가장 행복한 나라 핀란드…UN 2019 세계행복보고서 발표"
120) 국민일보(2019.8.27.), "한국 아동청소년 행복수준 OECD 최하위"
121) 노주선(2018), "행복을 이끄는 다름의 심리학", 메이트북스

다름을 이해하는 자세

다름은 나쁜 것이 아님을 받아들이기

　나와 다른 사람이 답답하고 불편하지만 나쁜 사람이 아니라는 것을 인식하는 것이 필요하다. 다르다고 비판하고 판단하며 나쁜 사람으로 취급하기 때문에 문제와 갈등이 발생한다. 물론 인간은 부족하기에 나쁜 사람도 있을 수 있고, 변화 발전해야 될 부분이 분명 있다. 그런 법적 도덕적인 부분을 따지기 전에 혹시 내가 다름을 틀림이라고 생각하는 부분은 없는지 살펴보는 것이 필요하다.

　다름은 정상이다. 나아가 다름 때문에 갈등이 생기는 것도 어찌 보면 정상이다. 그 부딪힘 때문에 변화와 성장이 있을 것이기 때문이다. 중요한 것은 틀림이라고 생각하고 선긋고 담을 쌓지 않으면 된다.

다름은 성장하게 한다는 것에 주목하기

　다름은 사실 우리에게 너무나 큰 선물을 줄 수 있는 좋은 것이다. 나와 다른 사람은 내가 없는 것을 가진 사람이기도 하다. 그러기에 그를 통해 배울 수 있고 성장할 수 있다. 이해인 수녀는 '비가 전하는 말'이란 시의 한 구절에서 "함께 사는 삶이란 힘들어도 서로의 다름을 견디면서 서로를 적셔주는 기쁨"이라고 표현했다. 힘들어도 다름을 견디면 결국엔 기쁨을 얻을 수 있는 것이다. 또한 우리는 사회와 정치 관계 모든 영역에서 다름 덕분에 견제를 통한 균형이 생기고 발전도 가능해진다.[122]

나의 다름을 발견하기

　우리는 늘 다른 사람이 다르다는 것만 생각한다. 자신은 문제가 없다고 생각하는 것이다. 그러나 다른 사람이 보기에 나는 어떤 사람인지를 알면 세상을 보는 눈이 달라진다. 마음이 낮아지면서 다른 사람의 다름도 수용하기가 쉬워진다. 그래서 서로의 다름을 이해하기 위해서는 먼저 나 자신의 다름을 발견해야 한다. 나는 누구인지, 무엇을 원하는지, 어떤 행동과 특성을 보이는 사람인지에 대한 해답을 찾아야 한다. 나의 독특함과 나만의 고

---

122) 한상복 연준혁(2010), "보이지 않는 차이", 위즈덤하우스

유성을 알아야만 타인의 다름을 발견하고 받아들일 수 있기 때문이다.[123]

새로운 해석의 틀 가지기

문제 상황에서 상대방의 행동만 보면 다름이 아니라 틀림으로 보게 되는 경우가 많다. 그러나 서로 다른 사람들끼리 서로의 다름과 관련된 한 가지 주제를 가지고 나누다 보면 자신에 대해 다른 사람에 대해 이해하게 되는 경우가 많다. 특히 타고난 다름인 욕구를 가지고 나눔을 하다보면 내가 이상하다고 생각했던 사람들이 욕구가 다름이었구나 하면서 이해의 폭이 넓어지는 것들을 많이 보게 된다. 결국 그 사람은 그대로인데 내가 어떻게 이해하냐에 따라 다름일 수도 있고, 틀림일 수도 있는 것이다.

"인간의 고통은 사건 자체 때문이 아니라 사건에 대한 해석 때문에 발생한다."

– 에픽테토스

"스트레스는 내가 옳다는 생각이 강하기 때문에 받는 것"

– 법륜스님

위 말처럼 관계 속에서 고통과 스트레스를 받는 것은, 많은 경우 상대방의 행동 때문이라고 여기지만 나의 해석 때문인 경우가 더 많다. 그러므로 나의 해석이 달라지면 스트레스와 고통의 문제도 달라질 수 있다. 해석이 달라져서 다름을 인정하면 상대방은 존중받는 느낌으로 소통이 가능해지는 선물도 받을 수 있다.[124]

욕구로 보는 다름

다르다는 이유로 비판하는 영역들은 관계 곳곳에 있다. 생각, 가치관, 결정하는 방법, 평가에 대한 관점, 생활 태도, 관계방법 등등. 이 모든 것을 아우를 수 있는 근원적인 부분이 바로 욕구가 아닐까 싶다. 사람에게 욕구는 채워지냐 아니냐에 따라 감정의 향방을 결

---

123) 노주선(2018), "행복을 이끄는 다름의 심리학", 메이트북스
124) 선태유(2016), "소통과 경청과 배려가 답이다", 북랩

정지으며, 무엇을 추구하느냐에 따라 생각, 가치관, 생활 태도까지 결정이 된다. 욕구에 따라 관계를 맺는 방법도 판이하게 다르기 때문이다. 그러므로 욕구로 다름을 분석하면 더 넓고 깊은 영역에서 이해를 더할 수 있다.

특히 윌리엄 글라써의 기본적인 욕구 5가지는 인간에 대한 해석을 하는 도구로 아주 좋다. 어려운 말이 없고 일상에서 늘 사용하는 말들로 구성되어 있어 이해하고 적용해 볼 뿐 아니라 오래 기억하기에도 제격이다. 욕구로 어우러지는 다름은 아름다움이 된다. 이를 '다름다움'이라고 표현한 예를 보았다. 욕구로 보며 '다름다움'을 만들어가면 좋겠다.

5가지 욕구는 인간에게 모두 있지만 어느 욕구가 높은 사람인가 또는 어떤 욕구를 주로 추구하고 있는가에 따라 큰 차이를 보인다. 서로 다른 욕구가 어떻게 부딪힘이 되는지 예를 들어 살펴보고자 한다.

생존의 욕구 VS 자유의 욕구

생존의 욕구는 규칙이 만들어지면 잘 지킨다. 이들 덕분에 이 사회는 안정감있게 운영된다. 반대로 자유의 욕구는 규칙을 보면 '왜 저렇게 만들었을까? 다르게 하면 안되나'를 먼저 생각한다. 이로 인해 삶에서 부딪히는 경우가 너무 많다. 규칙을 지키려는 사람이 있기에 공동체가 유지되지만, 큰 그림에서 보면 규칙에 물음표를 던지는 사람이 있기에 발전도 있다. 이 다름이 먼저 인정되고 규칙에 대해 논할 수 있다면 어떨까 싶다.

또한 생존의 욕구는 계획을 만들고 그대로 실행하는 것에 희열을 느끼는 데 반해 자유의 욕구는 계획이나 정해진 일정이 답답하다. 변화되는 상황에 따라 즉흥적으로 그 자리에서 결정하고 움직여도 늦지 않다고 여긴다. "그때 상황보고 결정하자"란 말도 자유의 욕구가 자주 하는 말이다. 너무 많은 일정이 짜여 있을 때도 답답함을 느껴서 도망가고 싶어한다. 그리고 생존의 욕구는 정해진 방법대로 하는 것이 편하지만 자유의 욕구는 원래 했던 그대로 또 하는 것이 지겨워서 새로운 방법을 늘 추구한다.

즐거움의 욕구 VS 생존의 욕구

즐거움의 욕구는 모험을 좋아하고 스릴을 즐기며, 농담을 좋아하고, 활동적으로 노는 것을 좋아한다. 잘 웃고, 오버액션을 잘하는 편이다.

반면 생존의 욕구는 위험해 보이는 것은 싫어하며 모험은 아예 피한다. 안전과 모험의 문제는 늘 갈등의 요소가 되지만 이는 욕구의 차이이다. 또 생존의 욕구는 농담 자체를 실없게 여기고 잦은 농담이 불편하다. 특히 다른 사람을 깎아 내리거나 놀리는 농담은 나쁘다고 여긴다. 모든 면에서 진지한 편이며 오버하는 반응에 대해 어색해 하고 가식적이라고 여긴다. 몸으로 부대끼며 놀기보다 가만히 앉아있는 것을 더 좋아한다.

힘의 욕구가 높은 사람 VS 힘의 욕구가 낮은 사람

힘의 욕구가 높은 사람은 자신감이 넘치고 다른 사람의 의견에 대해 아니면 아니라고 말을 잘하는 편이다. 그러나 힘의 욕구가 낮은 사람은 다른 사람의 의견을 수용하는 것이 편하기에 거절을 잘 하지 않는다. 이 두 사람이 만나면 서로 수용하고 잘 지낸다. 힘의 욕구는 자신이 생각한 것이나 의견을 낸 것은 그대로 꼭 이루어지길 바라지만 힘의 욕구가 낮은 사람은 의견을 잘 내지 않기도 하지만 낸 의견이 이루어지지 않아도 크게 상관이 없다.

힘의 욕구는 승부 상황에서는 무조건 이기기를 바란다. 그래서 질 경우 속상한 마음은 아주 크다. 그러나 힘의 욕구가 낮거나 자유의 욕구가 높은 사람은 꼭 이기지 않아도 된다고 생각한다. 그래서 지더라도 힘의 욕구만큼 힘들어하지 않는다.

다른 많은 이들이 힘의 욕구의 자신감과 뚝심을 불편하게 여기기도 하고, 힘의 욕구가 낮은 사람의 수용의 과함과 줏대 없어 보이는 면을 답답해하고 불편하게 생각한다. 둘 다 장점도 있고 단점도 있는 개성이요 다른 점일 뿐이다.

사랑의 욕구 VS 자유의 욕구

사랑의 욕구와 자유의 욕구도 서로 많이 다른데 다름이 매력이 되지만 많은 갈등의 소지가 되는 것이 이 두 가지 욕구다.

사랑의 욕구는 혼자 있는 것을 싫어하고 함께 있는 것을 좋아한다. 혼자 밥을 먹어야 되는 상황이 되면 아예 안 먹는 것이 낫다. 무엇을 하든 함께 하려고 한다. 심지어 화장실도 같이 가려고 한다. 삶의 모든 것을 공유하는 것이 친밀감이라고 여겨서 절친에게는 말하지 못할 비밀이 없다. 친밀한 사람과는 문자나 톡 등의 연락을 자주 많이 한다.

그러나 자유의 욕구는 함께 있기도 하지만 혼자 있는 시간이 꼭 필요하다. 혼자 밥을 먹어도 크게 어색하지 않고 편하다. 아무리 친밀해도 각자의 공간(영역)을 인정해 주는 것이 존중이라 여긴다. 너무 잦은 연락이 오는 것을 불편하게 여긴다. 연락을 자주 하지도 않고 통화를 하더라도 '용건만 간단히'를 선호한다.

상황별 욕구 다름

여러 가지 상황에서 보면 5가지 욕구에 따라 반응하는 방식이 많이 다르다. 몇 가지 주제에서 어떻게 다른지를 보며 다름의 미학을 느껴보기 바란다.

갈등 대처

갈등 상황이 닥치면 힘의 욕구는 승부 상황으로 보이기 때문에 무조건 그 싸움에서 이기려고 한다. 상대방을 누르거나 기 싸움에서라도 이기고 싶어 한다. 그래서 정면으로 맞서고 대결하고 끝까지 싸운다.

그러나 자유의 욕구는, 갈등 상황이 되면 외면하고 피하려고 한다. 기억도 잘 하고 싶어 하지 않는다. 갈등 상황에 대한 질문을 해도 다시 떠올리고 싶지 않은 듯 대답도 회피한다.

사랑의 욕구는, 나 때문인가? 내가 뭘 잘못했나라는 생각을 먼저 한다. 그리고 어떻게 상황을 풀어가야 하는지 고심하며 상대방의 기분이 어떤지 눈치를 본다. 그리고 가능하면 갈등 상황을 잘 풀어보려고 애쓴다. 상대방이 기분 나빠 할까 봐 자신의 마음을 잘 표현하지 못하기도 한다. 그러나 갈등의 골이 깊어지면 완전히 단절을 택할 수도 있다.

즐거움의 욕구는 가능하면 재미있는 분위기로 기분을 풀어보려 애쓰고 긍정적으로 생각하려고 애쓴다.

생존의 욕구는 일단 터지는 순간에는 조심하며 가만히 있다가 상황을 분석하고 극단의 상황까지 대비하거나 법률조항까지 살핀 후 조목조목 따진다.

놀기

노는 것에 대한 태도도 욕구마다 다르다. 힘의 욕구는 "얘들아 이렇게(이것으로) 놀자"

라는 말로 놀이를 제안하고 방법도 제시하는 역할을 많이 한다. 그리고 놀이에서 이기고 싶어 하고 지면 많이 속상해 한다. 사랑의 욕구는 다같이 모여서 노는 것을 좋아하고, 놀이 자체보다는 어떤 사람과 노느냐에 초점을 둔다. 자유의 욕구는 혼자 노는 것도 즐긴다. 생존의 욕구는 할 일을 해 놓고 노는 것을 좋아한다. 즐거움의 욕구는 신나게 놀고 한참을 놀아도 '아직 다 못 놀았다'며 또 놀고 싶어 한다.

기억하는 법

사랑의 욕구는 사람 이름과 얼굴을 다른 욕구보다 잘 기억한다. 감정에 대한 기억도 잘한다. 추억에 대해서는 기억력이 남다르다. 공부는 좋아하는 선생님의 가르침에 대해서는 좀 더 기억을 잘 하는 편이다. 힘의 욕구는 성과를 이룰 수 있는 일, 인정받을 수 있는 이론, 설득을 위한 이론을 잘 기억해서 써 먹는다.

생존의 욕구는 세세하게 어디에 어떤 물건이 있었는지, 숙제는 어떤 것이었는지, 언제까지 하기로 했는지 등등에 대해 기억을 잘 한다. 옛날 있었던 사건에 대한 상황 어떤 이야기를 했는지 등에 대해서도 자세하게 잘 기억한다. 무엇보다 암기에 능하다.

하지만 자유의 욕구는 세세한 기억을 잘 못하며 몸으로 경험하거나 체득한 부분에 대한 기억을 잘한다. 단어 하나도 틀리지 않고 암송해야 하는 부분에 대해 어려워하고 잘하지 못한다. 큰 맥락에서 흐름과 의미를 기억하는 것을 좋아한다.

즐거움의 욕구는 유머나 재미있는 장면을 잘 기억하며 맛있는 곳, 즐거운 장소를 잘 기억한다. 특히 관심 있고 새로운 이론에 대해서 기억을 잘한다.

공부

힘의 욕구는 "이번 시험에 목표한 만큼 잘 해야지"라고 말하고, 잘하고 싶어서 끈질기게 노력한다. 자유의 욕구는 "인생은 성적순이 아니야"고 말하며 공부가 인생의 전부가 아니라고 생각한다. 생존의 욕구는 "성적 떨어지면 안 되니 최선을 다해야지"하며 엉덩이를 오래 붙이고 앉아 공부한다. 사랑의 욕구는 "공부 열심히 해서 부모님이나 선생님에게 사랑받아야지"라는 마음으로 공부한다. 즐거움의 욕구는 재미있으면 열심히 하고 "지루한 공부는 싫어"라고 한다.

사람마다 이렇게 다르기에 아이들의 모습도 제각각 다를 수밖에 없는 것이다.

다름을 행복으로 만드는 기술

이런 다름을 보며 '욕구 때문에 행동도 생각도 다르구나' 라고 생각하면 갈등도 현저히 줄어들고 스트레스도 줄어들 수 있다. 그러나 기억해야 할 것은 다름이지만 각자에 맞는 성숙의 과정들 또한 필요한 것이다. 성숙을 위해 놓치지 말아야 할 것은 내가 가진 욕구에는 쉬운데 다른 욕구로는 힘든 것이 있다는 것이다. 이 차이를 아는 것이 갈등을 예방하는 중요한 부분이다. 다른 사람에게 친절하게 대하고 공감해 주며 배려하는 것이 사랑의 욕구에게는 어렵지 않다. 그러나 다른 욕구는 노력해도 사랑의 욕구만큼 쉽게 되지는 않는다. 뚝심 있게 목표한 바를 이루는 것이 힘의 욕구에게는 쉽지만 다른 욕구에게는 쉽지 않다.

결국 변화의 시작점은 각자 욕구마다 다르다는 것을 인정하는 데 있다. 그러면 다른 사람의 노력을 쉽게 판단하지 않는다. 사람마다 욕구의 강도가 다 다르기에 성장의 방향도 각자 다름을 인식해야 한다. 감사한 것은 내가 성장해야 할 부분이 나와 다른 사람에게 있다는 점이다. 사랑의 욕구는 자유를 보면서 성장해야 하고, 자유의 욕구는 사랑을 보면서 자신을 바꾸어 가야 한다. 생존의 욕구는 자유나 즐거움을 보면서 성장의 모델을 삼으면 되고, 자유 즐거움은 생존을 보면서 배워야 한다. 서로 배움의 대상이 된다면 '다름다움'은 잘 만들어질 것이다.

달라서 좋아!

비슷한 상황에서도 다르게 행동하는 우리.
서로 달라서 좋은 것을 모둠별로 찾아보며 다름의 장점을 인식하기

[진행방법]

① 아무 일이 없는 하루가 생겼다면 오전, 오후, 저녁으로 나누어 나는 무엇을 하면서 지내는지 플래시보드에 적고 돌아가며 이야기한다.

② 한 사람 이야기가 끝나면 아래 말을 하면서 다른 사람이 이야기한다.

"앞의 ~~는 이렇게 말했는데 저와 다르네요(비슷하네요). 저는 아무 일없는 하루가 생기면…"

③ 그 다음 사람도 앞의 사람들과 다른 점 및 자신의 이야기를 한다.

④ 모둠원이 모두 이야기를 마치면 다시 한 사람씩 주인공이 된다.

⑤ 다른 모둠원들이 주인공에게 자신과 달라서 좋은 점을 말해준다.

⑥ 주인공은 자신이 느끼는 좋은 점을 말한다.

⑦ 돌아가며 주인공이 되어 달라서 좋은 점을 듣고 말한다.

한마디씩 소감을 말하고 "달라서 재미있어요(좋아요)" 외치며 마친다.

[유의사항]

· 싫은 행동이 있을 수도 있지만 다른 사람이 이야기해 주는 장점을 들으면서 자신이나 다른 사람을 수용할 수도 있다.

· 다른 주제로 바꾸어 진행할 수 있다.

[개발자]

김성경

보이는 게 전부가 아냐!

동화를 통해 개인적 차이에 대해 받아들이고 존중하도록 돕기

[진행방법]

① 교사가, 못생겨서 주변 이들에게 놀림 받는 애벌레 이야기를 짧게 들려준다.

② 다른 동물들이 애벌레를 어떻게 취급했으며 애벌레는 어떻게 느꼈을지 토론한다.

③ 불행했던 애벌레가 고치 속에 숨었지만 아름다운 나비가 되어 나온 이야기를 들려준다.

④ 다른 새들, 애벌레들, 나비들의 느낌에 대해 토론한다.

⑤ 다름에 대해 어떻게 대해야 하는지 함께 이야기를 한다.

⑥ 다름 관련 지침을 참고한다.

> ### 다름을 수용하기 지침
>
> 모든 사람은 어느 정도 다르다.
> 불친절한 말을 하거나 다른 사람에게 나쁜 행동을 하지 않는다.
> 나와 다른 사람들에게 친절하게 한다.
> 우리 모두는 사랑받고 잘 대접받아야 한다.

[유의사항]

· 개인적 느낌을 각자 기록할 수도 있고, 모둠별로 토론 후 발표할 수도 있다.

· 다른 예를 사용할 수도 있다. 동화 "키리쿠와 마녀" : 모자 안에 쏙 들어갈 정도로 너무나 작은 키리쿠. 작다고 친구들에게 무시당하고 놀림을 당한다. 하지만 리키쿠는 친구들을 위험에서 구해주고, 나쁜 마법사에게서 마을을 구해 낸다.

[개발자/참고도서]

· 김성경

· 루스 벤트만 비건, 응용발달심리센터 역(2002), "사회적 기술 향상프로그램", 시그마프레스

보이는 게 전부가 아냐

이야기 1	"옛날 옛날에 아주 못생긴 애벌레가 있었다. 모든 새와 다른 동물들은 애벌레를 놀렸다."
토론	1. 애벌레에게 구체적으로 어떤 행동과 말을 했을까? 2. 애벌레의 느낌은 어땠을까?
이야기2	"애벌레는 너무 불행해 하면서 스스로 고치를 만들어 숨어버렸다. 그런데 몇 달 후 아름다운 나비가 되어 나왔다."
토론	1. 다른 새와 동물들의 느낌 2. 다른 애벌레의 느낌 3. 나비의 느낌
나와 다른 사람을 대하는 방법은 어때야 할까?	

욕구가 달라서 통통

욕구 강도 프로파일 검사를 하고 욕구별 모임을 하면서
욕구 간에 달라서 힘든 점, 좋은 점, 부러운 점 나누기

[진행방법]

① 욕구강도 프로파일 검사를 한다.

② 교사가 각 욕구별 특징을 설명한다.

③ 가장 높은 욕구가 같은 사람들끼리 모인다.

④ 욕구별로 이해되지 않는 사람에 대해 나누고 부탁하고 싶은 말을 기록한다.

⑤ 우리 욕구가 부러운 욕구와 이유에 대해 나눔을 하고 기록한다.

⑥ 우리 욕구의 행동 중 다른 사람들에게 이해를 바라는 점을 이야기하고 기록한다.

⑦ 욕구별로 발표를 한다.

[유의사항]

· 욕구별 특징을 잘 설명해 주어야 활동이 쉽다.

[개발자/참고도서]

김현섭 김성경(2018), "욕구코칭" 수업디자인연구소

〈　　　　　〉 욕구

___학년___반___번　이름 :_____

갈등과 욕구	불편함이 생기는 욕구 불편한 상황과 이유 부탁하고 싶은 말
부러운 욕구와 이유	우리 욕구가 부러운 욕구와 이유
다른 사람이 나에 대해 불편해 하는 점에 대해 이해를 구하라	다른 사람이 불편해 하는 점 / 이래서 그래요 (이해를 구하라)

욕구강도 프로파일 (어린이용)

___학년___반___번 이름:_____

아래 질문에 답하고 아래에 있는 점수를 적어 보세요

전혀 그렇지 않다(1) 별로 그렇지 않다(2) 때때로 그렇다(3) 자주 그렇다(4) 언제나 그렇다(5)

A	돈을 아껴쓴다 (　　)	
	돈으로 사고 싶었던 것을 사면 좋다 (　　)	
	몸이 아프면 낫기 위해 열심히 노력한다 (　　)	
	밥을 잘 챙겨먹으려고 한다 (　　)	
	학교의 규칙을 지키는 것이 편하다 (　　)	
	선생님이나 부모님이 싫어할 만한 일은 하지 않는다 (　　)	
	하던 대로 하는 것이 편하다 (　　)	
	위험해 보이는 일은 하지 않는다 (　　)	
	옷이나 머리를 깔끔하게 하는 것이 좋다 (　　)	
	쓸 수 있는 물건은 버리지 않고 간직한다 (　　)	

점수합계 : (　　　　　)

B	관심과 사랑을 받지 못하면 힘들다 (　　)	
	친구에 대해 궁금한 것이 많다 (　　)	
	친구가 도움이 필요할 때 잘 돕는다 (　　)	
	힘들거나 불편한 사람을 보면 도와주고 싶은 마음이 든다 (　　)	
	사람들과 함께 있는 것이 좋다 (　　)	
	친한 친구와 자주 만나고 이야기도 많이 한다 (　　)	
	나누어 주는 것을 좋아한다 (　　)	
	다른 사람이 나를 좋아해 주면 좋겠다 (　　)	
	친절한 편이다 (　　)	
	친구들과 함께 모여 놀거나 과제를 하는 것이 편하다 (　　)	

점수합계 : (　　　　　)

C	내가 한 일에 대해 인정받고 싶다 (　)
	다른 사람이나 친구가 잘못했을 때 잘못에 대해 이야기한다 (　)
	다른 사람이나 친구에게 무엇을 하라고 잘 시키는 편이다 (　)
	놀거나 뭔가를 결정할 때 내가 낸 의견으로 정해지면 좋겠다 (　)
	쉽지 않은 상황이라도 내가 원하는 것을 하고 싶다 (　)
	친구가 무리한 부탁을 할 때 거절할 수 있다 (　)
	내가 하는 일에서 최고가 되고 싶다 (　)
	모든 친구들이 내 말대로 따라주면 좋겠다 (　)
	어른도 잘못 생각할 때는 말해줘야 한다고 생각한다 (　)
	내가 해낸 것과 능력이 자랑스럽다 (　)
	점수합계 : (　　　　)

D	교사나 부모님이 나에게 뭔가를 시키면 부담스럽다 (　)
	친해도 가끔 만나는 것이 좋다 (　)
	좋은 것도 강요하면 안된다고 생각한다 (　)
	누구나 자유롭게 선택할 수 있도록 존중해 주어야 한다 (　)
	내가 하고 싶은 일을, 하고 싶을 때 하기 원한다 (　)
	나 혼자 있는 시간이 필요하다 (　)
	정해진 계획이 불편하다 (　)
	한 가지를 끝까지 하는 것이 어렵다 (　)
	친구의 의견이 나와 달라도 괜찮다 (　)
	계획과 다르게 진행되어도 괜찮다 (　)
	점수합계 : (　　　　)

E	큰소리로 웃기 좋아한다 (　　)
	유머를 사용하거나 듣는 것이 즐겁다 (　　)
	나 자신에 대해서 웃을 때가 있다 (　　)
	새로운 것을 배우는 것이 즐겁다 (　　)
	흥미있는 게임이나 놀이를 좋아한다 (　　)
	여행이 좋다 (　　)
	독서를 좋아한다 (　　)
	영화를 즐겨본다 (　　)
	호기심이 많다 (　　)
	새로운 방식으로 생각해 보는 것이 즐겁다 (　　)
	점수합계 : (　　　　　)

욕구강도 순위 (202　년　　월　　일)

A 생존의 욕구 (　) B 사랑의 욕구 (　) C 힘의 욕구 (　) D 자유의 욕구 (　) E 즐거움의 욕구 (　)

욕구강도 프로파일 (청소년용)

___학년___반___번 이름:_____

아래 질문에 답하고 아래에 있는 점수를 적어 보세요

전혀 그렇지 않다(1) 별로 그렇지 않다(2) 때때로 그렇다(3) 자주 그렇다(4) 언제나 그렇다(5)

A	돈이나 물건을 절약한다 ( )
	원하는 것을 살 수 있는 돈이 있을 때 든든하다 ( )
	나의 건강에 관심을 가지고 있다 ( )
	잘 챙겨먹으려고 노력한다 ( )
	학교의 규칙을 지키려고 하는 편이다 ( )
	상식이나 규범에서 벗어나지 않으려 한다 ( )
	돈이 있으면 모아놓거나 저축하는 편이다 ( )
	위험해 보이는 일은 피하고 싶다 ( )
	내 외모가 단정해 보이는 것이 좋다 ( )
	쓸 수 있는 물건은 버리지 않고 간직한다 ( )
	점수합계 : ( )

B	나는 사랑과 관심을 많이 필요로 한다 ( )
	다른 사람의 고민이나 상황에 관심이 있다 ( )
	친구를 위해 시간을 낸다 ( )
	새학기 처음 만난 친구에게 말을 건다 ( )
	사람들과 함께 있는 것을 좋아한다 ( )
	아는 사람과는 가깝고 친밀하게 지낸다 ( )
	선생님이 내게 관심을 가져주기 바란다 ( )
	다른 사람이 나를 좋아해 주기 바란다 ( )
	다른 사람들에게 친절하게 대한다 ( )
	부모님이 나의 모든 것을 좋아해 주기 바란다 ( )
	점수합계 : ( )

C	내가 하는 일에서 사람들로부터 인정받고 싶다 ( )
	다른 사람이나 친구에게 충고나 조언을 잘 한다 ( )
	다른 사람이나 친구에게 무엇을 하라고 잘 시킨다 ( )
	옳다고 생각되면 주장하고 이루어내려 한다 ( )
	사람들에게 칭찬 듣는 것을 좋아한다 ( )
	친구가 무리한 부탁을 할 때 거절할 수 있다 ( )
	내가 하는 일에서 최고가 되고 싶다 ( )
	집단에 리더가 되고 싶다 ( )
	내가 속한 집단이 내가 원하는 방향으로 나아가기(바뀌기) 원한다 ( )
	내가 이룬 것과 재능을 자랑스럽게 여긴다 ( )

점수합계 : (   )

D	사람들이 내게 어떻게 하라고 지시하는 것이 싫다 ( )
	내가 원하지 않는 일을 하라고 하면 싫다 ( )
	다른 사람에게 어떻게 살아야 한다고 강요하면 안된다고 생각한다 ( )
	누구나 자유롭게 선택할 수 있도록 존중해 주어야 한다 ( )
	내가 하고 싶은 일을, 하고 싶을 때 하고 싶다 ( )
	다른 사람 눈치를 보지 않고 내가 하고 싶은대로 살고 싶다 ( )
	누구나 인생을 자기 뜻대로 살 권리가 있다고 믿는다 ( )
	한 가지를 오래 하는 것이 어렵다 ( )
	친구의 의견이 나와 달라도 존중한다 ( )
	계획된 일이 다르게 진행되어도 크게 상관없다 ( )

점수합계 : (   )

E	큰소리로 웃기 좋아한다 (　)
	유머를 사용하거나 듣는 것이 즐겁다 (　)
	나 자신에 대해서도 웃을 때가 있다 (　)
	뭐든지 유익하거나 새로운 것을 배우는 것이 즐겁다 (　)
	흥미있는 게임이나 놀이를 좋아한다 (　)
	여행하기를 좋아한다 (　)
	독서를 좋아한다 (　)
	영화나 음악감상을 좋아한다 (　)
	호기심이 많다 (　)
	새로운 방식으로 일하거나 생각해 보는 것이 즐겁다 (　)
	점수합계 : (　　　)

욕구강도 순위 (202　년　월　일)

A 생존의 욕구(　) B 사랑의 욕구(　) C 힘의 욕구(　) D 자유의 욕구(　) E 즐거움의 욕구(　)

욕구강도 프로파일 해석하기

___학년___반___번 이름 : _____

욕구	특징	관계속 역동
☐ 생존의 욕구 ( )	절약해야 한다. 잘 못 버림 소비보다는 저축 위험한 일은 싫어 몸, 건강에 관심많고 식사가 중요함 단정 한 외모에 관심 상식을 따르는 편 꼼꼼한 편이다 물건을 잘 찾는다	서로 욕구가 다를 때 : 타협안 마련하기 협상의 방법은 타협 자신의 경계를 침범할 때 분노 상식을 어기는 사람이 불편
☐ 사랑과 소속의 욕구 ( )	사람들을 좋아하고 잘 사귀며 친절함 가깝고 친밀한 관계 좋아함 얼마나 주고 싶은가로 측정 다른 사람을 위해 시간을 냄 사랑과 관심을 받고 싶어함 (얼마만큼의 사랑을 충분하다고 여기는지 그 강도가 사람마다 다르다. 사랑의 욕구와 소속의 욕구는 다를 수 있다.)	밖에서만 상냥한 사람 : 집에서 통제 당한다 는 생각 때문에 마음껏 못 줌 자유의 욕구와 사랑의 욕구가 동시 30점 이 상이면 딜레마
☐ 힘의 욕구 ( )	가장 충족이 어려운 욕구 지시, 충고, 조언을 잘 하는 편임 인정받고 싶은 마음 내 말이 옳다 내 방식대로 하기 원함 탁월성과 리더를 원함 자신에 대해 자랑스럽고 가치있게 여김 통제형, 사람 소유하려 함 존중으로 욕구가 채워지기도 함	관계속에서 힘의 욕구를 채우려고 하면 갈등 이 생길 수 있음 : 서로 다른 영역에서 힘을 사용하도록 조절 힘의 욕구가 큰 사람들은 타협이 쉽지 않음 낮은 힘의 욕구는 타협하고자 하는 강한 욕망

☐ 자유의 욕구 ( )	지시나 억지로 시키는 것 싫음 소유되는 것 싫음 같은 욕구를 공유하기 어려움 규칙에 순응하기 보다는 다른 방식을 생각함 한 장소나 한 집단에 오래 머무는 것 어려움 순응하면 자유의 욕구가 낮은 것 관계를 오랫동안 지속하기 어려운 편 상대방의 자유도 구속하고 싶지 않음 열린 마음, 허용적	자유 욕구가 다를 때 : 욕구제한 않기, 양보하기 더 큰 자유로 결합하기 어려움 자유에 동의하지 않은 것을 사랑과 연결시키지 않기
☐ 즐거움의 욕구 ( )	잘 웃고 유머를 좋아함 스스로에게 만족도 높음 새로운 것을 배우고 싶어함 더 알고 싶고 알아내고 싶어함 게임 놀이 좋아함 여행, 독서, 영화, 음악 감상 등을 좋아함 새로운 방식으로 일하고 싶어함 가르치는 것을 좋아함	즐거움만 추구하다가 다른 사람을 배려 못할 수 있음 즐거움의 영역이 달라서 서로 부딪힐 수 있음 즐거움의 욕구와 생존의 욕구가 동시에 30이상인 경우 딜레마 가능

한 가지 주제를 선택해서 욕구별 활동으로 어떤 다름이 있는지를 파악하기

[진행방법]

① 한 가지 주제를 가지고 욕구별 모둠활동을 한다.

② 예를 들어 친구들과 2박 3일 여행을 간다고 할 때 여행계획을 짜서 기록한다.

③ 각 욕구별로 여행 계획이 다름을 확인할 수 있다.

④ 모둠별로 발표를 한다.

⑤ 발표 후 5가지 욕구 별로 여행에 기여하는 부분을 나눈다. 먼저 자신의 욕구 성향이 기여하는 것을 나눈
   후 다른 욕구가 볼 때 기여하는 부분을 이야기한다.

⑥ 소감을 나눈다.

[유의사항]

다른 주제로 할 수 있는 것들

– 공부(공부를 하고 싶어질 때, 공부가 하기 싫어질 때),

– 기억(잘 기억하는 것, 잘 안되는 기억),

– 놀이(어떤 놀이가 좋은가 몸을 쓰는 놀이, 머리 쓰는 놀이, 앉아서 하는 놀이 등)

– 행복할 때와 스트레스를 받을 때

등의 다양한 주제로 나눔을 하다 보면 서로 어떻게 다른지 더 실감나게 파악할 수 있다.

[개발자 / 참고도서]

김현섭, 김성경(2018), "욕구코칭", 수업디자인연구소

[참고자료] 다름다움 찾기

	여행 계획(준비)하는 방법	여행에 기여하는 부분
생존	시간대별로 세세하게 계획 위험한 곳이 없는지 확인 저렴한 가격대로 숙소, 음식점 알아봄 각자 준비물까지 철저히 나눔	비상약품까지 다 준비해 온다. 안전하고 저렴한 곳을 찾아갈 수 있다. 구멍이 나지 않도록 철저히 준비하니 걱정없음 유익한 여행이 가능
사랑	누가 함께 가는지가 중요 친구들의 의견을 소중히 여김 집단지성이 발휘될 수 있도록 의견모음	여행에서 함께 하는 친밀감을 누릴 수 있다. 먹을 것이나 필요한 것을 싸 감 소외되는 사람없도록 신경씀
힘	여행을 제안하고 진행시킴 여행계획 진척이 빠름 맡아야 할 역할을 분배함	우왕 좌왕하는 순간 이끌고 간다. 모르는 길을 갈 때 어느 순간엔가 앞장서 있다. 여행 계획을 빨리 짜고 진행시키니 좋다.
자유	큰 계획은 짜지만 가서 결정해도 될 것은 계획 x 가다가 만나는 맛집에서 밥을 먹음 카드 하나 가지고도 여행 가능 빡세지 않은 여행을 계획	예상치 못한 즐거움을 선사 예측 못한 멋진 곳을 만나게 됨 편안한 여행을 누림
즐거움	맛집, 멋있는 곳을 잘 추천 인터넷 정보 수집이 빠름 안 해 본 경험을 하도록 제안	함께 하는 시간이 내내 즐거움 재미있는 경험을 많이 할 수 있다.

11장.
감정 조절하기

왜 감정 조절하기인가?

감정조절이란?

요즘 들어 분노조절장애 같아 보일 정도로 감정적인 아이들이 점점 더 많아진다. 화낼 상황이 아니거나 저 정도 화 낼 일은 아닌 것 같은데 화를 버럭 내고 화를 이기지 못해 뒤엉켜 싸우기도 한다. 한번 미운 감정이 올라오면 상대에게 지속적인 괴롭힘을 하는 아이들도 있다. 감정 조절이 안되는 것이다. 이 아이들은 왜 그럴까?

감정조절이란 '정서를 구별하며 적절히 조절하고 상황에 맞게 활용할 수 있는 능력'[125] 으로 정서지능의 중요한 부분이다. 모든 감정을 느끼지만 그에 압도되거나 휩쓸리지 않고 있는 그대로 느낄 수 있는 것을 말한다. 화가 난 상태를 견딜 수 있는 것, 우울증으로 가지 않고 슬픈 상태에 머물 수 있는 것을 말한다. 다른 말로 감정의 역할에 맞게 잘 사용하여 자기나 다른 사람에게 해가 되지 않게 표현하는 것이기도 하다.

감정조절이 잘 안되는 이유

감정조절이 쉽지 않은 이유는 감정을 억압하거나 회피하는 데서 기인하는 경우가 많다.

---

125) 이지영(2011), "정서조절코칭북", 시그마프레스

피하는 존재를 조절하기는 불가능하다. 또한 화가 날 때 '누구 때문이야'라며 남 탓하는 말을 많이 하는데 이는 공격성을 더하며 감정을 조절할 필요성을 덜 느끼게 만든다. 화를 폭발하거나 폭력을 쓰게 되더라도 상대방이 그만큼 큰 잘못을 했기 때문이라며 자신의 책임을 스스로 면제시키기도 한다.

자존감이 낮아졌을 때도 감정조절이 어렵다. 수용된다는 느낌이 들지 않고 안정감이 떨어질 때 자존감은 낮아진다. 자존감이 낮으면 부정적인 자극에 더 집중하기 때문에 사건 사고가 생기면 더 큰 반응으로 나아가게 된다. 그리고 과거의 아물지 않은 상처는 지속적으로 우리를 괴롭힌다. 뇌의 기억을 관장하는 해마에 과거 상처에 대한 기억도 저장이 되기 때문이다. 이 해마가 감정의 중추인 편도핵에 붙어 있어 기억과 감정은 늘 함께 간다.[126] 원래 아픈 곳은 살짝만 건드려도 아프다. 별 일 아닌 일에 왜 이렇게 예민한가 싶은 경우 아픈 상처가 건드려졌을 가능성도 크다.

또한 위험한 상황이라고 느끼면 사람은 자신을 지키기 위해 불확실한 것은 적으로 간주하는 경향이 생긴다. 흑백논리가 뇌를 장악하는 것이다. 그러면 100% 확실하다고 여겨지는 것 외에는 조금만 나빠도 100%가 나쁜 것처럼 극단적으로 말을 하고 경계를 하게 된다.[127] 무엇보다 감정조절하는 법을 배우지 못한 경우가 많다. 감정조절하는 법은 태어나서부터 배워가는 것이다. 아기가 칭얼거리거나 울 때 부모가 안고 어르고 토닥여 주면 아기는 힘들었던 감정이 해소되며 감정조절을 체득한다. 이런 경험을 충분히 못하면 자신의 감정조절에도 서투를 수밖에 없다. 감정조절은 보면서 배우는 것이다.

· 격한 감정을 가진 아이로 태어남[128]

살짝 뭔가가 피부에 닿기만 해도 신경질적인 반응이 나오고, 조이는 양말이나 옷은 입지도 못하며, 조금만 시끄러워도 시끄럽다며 귀를 막고, 뭔가 제대로 안되면 슬픔이 지나쳐 부모를 잃은 아이처럼 울고, 기분이 좋으면 날아갈 듯 기뻐하는 아이들이 있다. 이들은 별 일 아닌 것도 난리가 난 것처럼 반응한다. 감정조절이 안되는 것처럼 보여 성격이 이상하

126) 윤홍균(2016), "자존감수업", 심플라이프
127) 권혜경(2016), "감정조절", 을유문화사
128) 노라 임라우(2019), "감정조절 안되는 아이와 이렇게 대화하기 시작했습니다", 김영사

거나 부모가 아이를 잘 못 키워서 그런 것으로 오해를 한다. 그러나 미국 하버드 대학의 심리학과 제롬 케이건 교수는 연구를 통해 아이들 10명 중 2명은 반응이 강한 아이들로 태어나는 것을 밝혀냈다. 그리고 이것은 예민한 편도체 때문이라고 주장했다. 에디슨, 슈바이처, 안데르센, 스티브 잡스 등의 유명인들도 감정이 격하고 예민한 아이들이었다. 그러나 훌륭하게 커서 공동체에 큰 기여를 한 사람들이 되었다. 문제라기보다는 예민한 기질로 태어났음을 이해하는 것이 필요하다. 감정이 격하고 예민한 아이들의 장점은 너무나 사랑스러우며, 감수성이 풍부하고, 창의적이고, 호기심이 많고, 활동적이며, 회복력이 빠르다.

이렇게 감정조절법을 배우지 못하거나 상처로 아파하고 위협감을 느끼는 상태로 학교에 온 아이들을 어떻게 할까? 감정조절은 서로서로에게 영향을 받는다. 친구들을 통해 배워갈 수도 있고, 교사를 통해 배울 수도 있다. 감정조절은 배우면 가능해진다.

감정 이해하기

감정은 목적이 있다.

이유없는 감정은 없다. 밖으로 드러난 표면적인 이유가 아닌 긍정적인 목적이 있다. 그다지 친하지 않은 이성 친구가 저녁에 자기네 집으로 오라고 할 때 당황스럽고 어찌할까 망설여지는 감정은 좋고 나쁨을 검증해 볼 뿐 아니라 가까이 가야 하는지 도망가야 하는지 반사적으로 판단하고 행동할 수 있게 한다. 부정적으로 보이는 감정도 나를 보호하기 위한 장치이기에 우리는 자신의 감정을 소중히 여길 필요가 있다.

레슬리 그린버그는 감정의 여러 가지 역할들을 이야기했는데 우리가 많이 느끼는 감정에 대해 정리하면 다음과 같다. "열등감은 보다 나은 삶을 살기 위해 목표를 세우고 노력하며 성장하게 하는 역할을 한다. 두려움은 위험하다는 경고를 보낸다. 슬픔은 우리를 어떤 상황에서 철수시키거나 물러서게 한다. 반대로 다른 사람들에게 가까이 다가서게 하는 역할도 한다. 수치심은 잘못한 것을 일깨워주는 역할을 한다. 화는 무엇인가를 쫓아내는 역할을 한다. 분노는 위험을 알려주어 대항하거나 공격하게 한다."[129] 우리는 자신의 감

---

129) 레슬리 그린버그(2015), "심리치료에서 정서를 어떻게 다룰 것인가?", 학지사

정이 원하는 것이 무엇인지 어떤 역할을 하기 위한 것인지 스스로에게 물을 필요가 있다. "이름은 무엇이니? 네가 원하는 것은 무엇이니?" 이러한 질문이 감정을 조절할 수 있는 디딤돌이 된다.

감정은 나의 선택이다.

'너는 나를 화나게 해. 너 때문에 상처받았어. 네가 그렇게 해서 슬퍼' 같은 말처럼 우리는 감정의 원인을 상대에게 돌린다. 그래서 감정조절이 더 어려워진다. 폭력 또한 자신이 당하는 고통이 다른 사람 때문이라고 생각하기 때문에 당연히 벌을 받아야 한다는 믿음의 결과일 경우가 많다. 다른 사람의 행동은 자극일 뿐이다. 자극과 원인을 구분해야 한다. 분노를 일으키는 것은 다른 사람의 행동이 아니라 바로 내 머릿속에 있는 상대에 대한 생각과 그의 행동에 대한 나의 해석이다. 달리 말하면 감정은 자신의 필요와 기대에 따른 것이기도 하지만 다른 사람의 말과 행동을 어떻게 받아들이기로 선택했는가에 달려있다.[130]

감정을 조절하는 방법

잘못된 정서조절 방법 점검하기

모든 이들은 자기 감정을 조절하면서 산다. 그러나 정서조절에는 도움이 되지 않는 부적응적 방법을 쓰는 경우가 많다. 어떤 것인지 스스로 점검해 보면 좋겠다.

먼저 자기를 비난하거나 반대로 모든 것이 다른 사람 때문이라고 생각하여 감정을 조절하려고 하는 경우이다. 이렇게 되면 불쾌한 감정은 증폭된다. 또 하나는 상대방이나 주변 사람들에게 화나 짜증을 냄으로 불쾌감을 해소하려는 방법을 쓰는 것이다. 이때 순간은 후련하지만 결국 자책과 관계의 불편으로 나아간다. 또 폭식으로 기분전환을 하거나 놀이 게임 술 등 흥분되거나 자극적인 대상을 찾는 것은 정서조절에 도움이 되지 않는다.

---

130) 마셜B 로젠버그(2017), "비폭력대화", 한국NVC센터

감정조절 방식 찾아보기[131]

		감정조절하는 방식	나의 감정조절
인지적 방법	1	감정의 원인과 과정 파악해서 이해하거나 생각을 바꿈, 해결 방법을 계획함	
	2	생각에 접근해서 정서를 변화시킴. 불쾌한 생각 잊으려 함, 자기 위안의 말로 기분 전환	
	3	상황이나 경험을 받아들이고 인지적으로 수용. '그래 그럴 수 있지' 라고 생각	
	4	부정적으로 생각하며 반복해서 곱씹음. 걱정하고 파국을 걱정. 후회와 자기비난	
	5	타인을 비난하고 나 때문이 아니야 라는 생각으로 감정을 조절하려 함	
체험적 방법	6	즐거운 상상	
	7	감정을 표현하고 공감을 받으며 감정 조절	
	8	자기 감정을 수용. 감정을 있는 그대로 마주함	
	9	타인에게 부정적 감정분출	
	10	안전한 상황에서 부정적 감정 분출(혼자 있거나 혹은 수용될 만한 사람에게)	
행동적 방법	11	문제 대상이나 상황을 개선하거나 해결할 수 있도록 행동을 함	
	12	조언이나 도움 구하기	
	13	친밀한 사람 만나기	
	14	기분전환 활동하기(영화, 음악, 산책, 미용실, 쇼핑 등)	
	15	먹는 것으로 기분전환	
	16	흥분되거나 자극적인 대상을 찾음(놀이 게임 술 등)	

알아차림으로 감정조절하기

감정조절을 위해 가장 먼저 해야 할 것은 감정을 알아차리는 것, 즉 인정하는 것이다. 감정의 실체를 모르면서 조절을 할 수는 없다. 감정을 알아차리는 방법은 자신의 몸, 생각, 행동을 살펴보는 것이다.[132]

첫째, 몸의 반응을 보며 감정을 유추해 볼 필요가 있다. 숨이 가쁘고, 손에 땀이 나고, 숨이 가쁘고, 몸에 힘이 들어간다면 위험과 위협을 느낄 때 나타나는 반응이다. 어떤 아이는 늘 배가 아프고 두통이 있고 심장이 뛰지만, 이것이 무엇 때문인지 스스로 잘 모른다. 상담을 통해 긴긴 시간 감정을 파악한 후에야 분노, 억울함, 거절감이 신체의 통증으로 드러났

---

131) 이지영(2011), "정서조절 코칭북", 시그마프레스
132) 강현식 박지영(2018), "화를 참을 수 없어", 파란정원

음을 알기도 한다. 감정을 모르면 자신을 돌볼 수가 없다. 무엇보다 감정은 행동으로 드러나기 때문에 돌보지 않으면 문제가 생긴다.

둘째, 생각으로 감정을 알아차릴 수도 있다. '아무도 나를 이해 못해', '억울해', '미워' 등의 부정적인 생각을 한다면 화가 났다고 할 수 있다. '난 왜 이럴까?' '난 바보인가 봐' 등의 생각을 한다면 부적절감, 위축됨, 창피함의 감정이 든다고 할 수 있다.

셋째, 행동을 통해 감정을 알아차리기도 한다. 팔짱을 끼고 말을 하지 않고 있다거나, 아니면 친구를 때린다거나 괴롭힌다면 화가 났다고 할 수 있다. 어깨를 축 늘어뜨리고 바닥을 쳐다보고 다른 사람의 말에 반응도 느리게 하고 있다면 자책감, 의기소침 등의 감정을 느끼고 있다고 볼 수 있다.

감정일기를 쓰며 매일의 감정을 점검해 보는 것이 도움이 될 수 있다. 감정이 느껴질 때 1분만 그 감정에 머물러도 좋다. 아주 짧은 시간이지만 1분씩만이라도 매일 연습하면 감정 알아차리기가 좀 더 쉬워질 수 있다.

생각으로 감정조절하기

감정의 원인을 스스로 파악하고 이해하여 자신의 생각을 바꾸거나 해결 방법을 계획하는 것도 감정조절에 중요한 방법이다. 이는 생각에 접근해서 정서를 변화시키는 것이다.[133] 화가 났지만 한참 생각해 보니 내가 오해를 했을 수 있겠다고 생각하게 되면 감정은 누그러지는 것처럼 말이다. 상황을 분석하고 해결 방법을 찾다 보면 상황이 아닌 해결 방법으로 초점이 바뀌면서 감정이 전환되기도 한다. 한 가지 유의할 것은 감정을 인지적으로 다루는 것이 감정을 무시하거나 수용하지 않는 방향으로 나아가지 않아야 한다는 것이다.

말의 힘으로 감정조절하기

토론토 대학 연구진은 스스로에게 하는 혼잣말이 주의력을 높이고 자기 통제에도 도움이 된다고 했다. 자성 예언이 되는 것이다. '절대 지면 안돼' 라고 이야기하는 아이와 '질 수도 있지'라고 생각하는 아이 중 졌을 때 어느 쪽이 감정조절이 쉽겠는가? 감정조절이

---

133) 이지영(2011), "정서조절 코칭북", 시그마프레스

안되는 아이일 경우는 '그럴 수 있지'라는 말이 도움이 된다.

또한 '그냥 하자'라는 말의 경우도 이유없이 하기 싫은 감정을 다루는 데 도움이 된다. 세상 살이에 이유없이도 해야 할 일은 많다. 운동선수들은 끝없이 연습할 때마다 '그냥 하자'라는 말로 성실한 연습을 유지했다고 한다.

흥분한 마음을 다스리기 위한 자기 대화[134]

침착하자. 그만 진정하자. 기운내자. 열 받지 말자. 냉정을 찾자. 요점만 생각하자. 깊이 숨을 들이마시자. 긴장을 풀자. 마음을 가라앉히자. 서로 존중하자, 침착한 목소리로 말하자, 그냥 하자, 잘했어 잘했어.

몸을 다루어 감정조절하기

감정이 올라오면 몸이 긴장되고 호흡이 빨라지는 등의 신체적인 증상이 나타난다. 이런 몸의 상태를 바꾸는 것도 감정조절에 도움이 된다.

심호흡은 교감신경을 부교감신경으로 바꾸는 역할을 한다. 즉 싸우거나 도망가려는 각성상태를 편안한 상태로 바꾸는 것이다. 평소에 이렇게 연습을 하다가 감정이 치밀어 오르는 순간 심호흡을 60번 한 후 여전히 그 말과 행동이 하고 싶으면 그때 행동하는 것도 좋다.

평소에 긴장이완 훈련으로 몸을 편안한 상태로 만들면 감정과 생각도 편안해질 수 있다. 머리부터 발끝까지 몸 하나하나에 초점을 맞추며 어떤 상태인지 파악하고 힘을 빼는 연습을 하다 보면 자신의 몸의 힘든 부분을 돌볼 수도 있다.

감정조절이 잘 되지 않는 사람에게는 토닥여 주거나 안아주는 스킨십도 도움이 된다. 화를 분출하는 아이를 꼭 안아주면 화가 잦아드는 경우가 많다. 이는 서로 신체적 심리적 각성 상태가 다를 수 있는데 안는 행위가 각각 서로의 신경계를 조화롭게 조율하는 역할을 하기 때문이다.[135]

134) 게리D 멕케이 외(2017), "아들러의 감정수업", 시목
135) 권혜경(2016), "감정조절", 을유문화사

놀이 또한 감정조절의 가장 중요한 요소가 된다. 위니콧은 인간이 건강한가의 척도는 그 사람이 잘 놀 수 있는지로 보았다. 앤절라 핸스컴은 "아이는 놀이를 하며 창의성을 키우고 감정을 조절하는 연습을 한다"[136]고 말했다. 열심히 많이 논 아이들은 스트레스가 적고 안정감이 생긴다. 결국 사회성도 좋아진다. 잘 자는 것도 중요하다. 미국 로체스터 대학의 뇌과학자들의 연구 결과 잠을 자는 동안 뇌가 스스로를 청소한다고 한다. 스트레스 등 쌓인 독소를 없애는 역할을 하는 것이다. 감정조절이 잘 되지 않는 경우 잠을 잘 자고 있는지를 점검하는 것도 필요할 것이다.

행복 호르몬 이용해 감정조절 하기

감정조절은 좋은 상태일 때 가능해진다. 그러므로 행복 호르몬이 나오는 상태를 만들어가는 노력이 필요하다. 감정조절이라는 책에 좋은 호르몬이 나올 수 있도록 하는 방법이 제시되었는데 이를 참고하고 정리해보면 다음과 같다.[137]

첫째는 작은 목표들을 많이 세워 작은 성취감을 끊임없이 맛보는 것이 좋다. 행복을 만드는 호르몬인 도파민은 목표를 달성했을 때 나온다. 또 스스로에게 혹은 남들로부터 칭찬과 보상을 받는 기회를 주는 것이 도움이 된다.

둘째는 스스로 중요하고 특별하다고 느끼는 것이 필요하다. 이런 느낌이 들면 세로토닌이 생성된다. 이는 상상만으로도 가능하다. 뇌는 실제 일어나는 것과 상상으로 일어나는 것에 대해 구분을 잘 못한다. 안전한 장소, 보호받았던 경험, 보살핌을 받았던 경험 등을 기억하고 상상하는 것만으로도 마음의 긍정적 변화는 가능하다. 상상으로 행복 만들기는 하루 수업을 시작할 때나 종례시간에 2-3분만 투자해도 가능하다.

셋째는 신뢰하는 좋은 친구가 있을 때 가능하다. 옥시토신은 신뢰하는 마음이 생길 때와 사람들 사이에 함께 있을 때 증가된다. 종일 혼자 있기보다 산책하거나 카페에서 사람들 사이에 있는 것도 도움이 된다.

넷째는 재미있는 것들을 생각하거나 말하며 웃어보자. 뇌는 일부러 웃어도 실제 웃는 것과 같이 엔도르핀을 생성한다. 웃음치료도 그런 측면에서 만들어졌다.

---

136) 앤절라 핸스컴(2019), "놀이는 쓸데 있는 짓이다", 목수책방
137) 권혜경(2016), "감정조절", 을유문화사

감정이 격하게 태어난 아이 대하는 방법[138]

원래 타고난 예민한 성향으로 감정이 격해서 조절이 되지 않는 것처럼 보이는 아이들도 많다. 이러한 아이들을 대하는 방법이다.

첫째, 타고난 천성이므로 뜯어고치려 하지 않고, 인정하고 수용하고 이해하는 것이 필요하다. 이들에게는 다른 관점으로 바라보는 리플레이밍 기법(심리치료기법)이 효과적일 수 있다. 감정이 격한 아이를 섬세하고 표현력을 잘하는 특별한 아이로 보고 대하면 아이의 태도 뿐 아니라 자아상도 바꿀 수 있다.

둘째, 슬퍼하는 아이에게 "괜찮아, 별 일 아냐, 슬퍼하지 않아도 돼" 라는 말은 감정을 인정하지 않는 말이다. 이들에게는 "살다보면 누구나 슬플 때가 있단다" "네가 슬프니 나도 슬퍼, 잠시 함께 슬퍼할까?" "나는 네가 슬픈 이유를 알고 싶어" "좀 안아줄까?" 등의 말로 슬픔도 중요한 감정임을 알려줄 필요가 있다.

셋째, 느껴서는 안 될 감정은 없지만 해서는 안 될 행동이 있다는 말과 함께 감정을 인정하면 아이는 자신의 예민함이 이상한 것이 아니라 다름임을 인정하며 자존감을 지킬 수 있다.

넷째, 감정의 이미지를 찾아 표현해 준다면 아이는 감정을 어떻게 다루어야 하는지 더 명확히 알 수 있다. 어떤 엄마가 아이에게 "로켓을 아무 데나 마구 쏘면 대형 참사가 일어날 수 있다. 하지만 힘과 에너지를 잘 조절하면 달까지 날아갈 수 있다. 감정도 잘 조절하면 막강한 힘을 발휘할 수 있다"라고 했다. 아이는 로켓을 생각하며 감정을 조절하게 되었다고 한다.

분노 다루기

분노는 가장 다루기 어려운 감정으로 보이기 때문에 가능하면 참아야 될 것만 같다. 그러나 분노는 무시하거나 억누르거나 삼켜서는 안된다. 분노의 핵심을 이해해서 더 충분히 안전하게 표현하도록 도와야 한다. 분노는 나쁜 감정이 아니다. 오히려 꼭 필요한 것이다.

분노 수용하기

---

138) 노라 임라우(2019), "감정조절 안되는 아이와 이렇게 대화하기 시작했습니다", 김영사

분노를 수용하기 위해서는 분노를 통해 원하는 것은 무엇이며 분노의 에너지를 어떻게 쓸 수 있을까를 생각하는 것도 좋은 방법이다. 이런 생각들은 화에 대한 우리의 두려움과 불편함을 줄여줄 수 있다. 같이 화를 내지 않고 아이 속마음으로 들어가게 하는 키가 된다.

또 하나는 화를 폭발하고 있는 사람을 보며 "뭔가 위험(위협)을 느끼고 있나"를 생각할 수 있다면 대하는 태도가 완전히 달라질 수 있다. 비폭력대화의 대가 마셜B 로젠버그의 말처럼 "폭력과 위협적인 표현 뒤에는 자신의 필요를 채우려고 우리에게 호소하는 사람이 있을 뿐"[139]임을 기억하자. 분노하는 아이의 이면에 위협을 받아 긴장한 아이를 들여다보자. 그러면 전혀 새로운 대처방법이 나올 수 있는 것이다.

효과적인 분노의 조건

적절한 화는 오히려 상황을 긍정적으로 만들 수 있다. 나를 함부로 대하지 않도록 하며 자신을 지킨다. 화난 상대방을 보고 자신의 행동이 어떤 것인지 정신을 차리고 성찰하게도 한다. 그러나 표현한 감정이 감정을 쏟아내는 것 이상의 효과는 없고 오히려 관계가 깨지는 역효과를 경험하는 사례가 더 많다. 분노에 대한 긍정적인 이미지가 많지 않은 것도 이 때문일 것이다. 그래서 효과적으로 분노를 표현하는 것이 필요하다. 사회심리학자 캐럴 태브리스는 '분노 잘못 이해된 감정'이라는 책에서 효과적인 분노의 조건을 말했다.[140]

효과적인 분노란 먼저 당사자에게 화를 내는 것이다. 화가 났는데 당사자가 세 보인다거나 받아주지 않을 것 같을 때는 다른 곳에 화를 터트리게 되는 경우가 많다. 이렇게 될 경우 화풀이의 대상이 된 사람과의 관계에 어려움이 생길 수 있다. 물론 화를 낼 때는 일방적으로 매도하고 비난하기보다 예의를 지키며 사실에 근거해서 핵심을 지적할 필요가 있다. 또한 권리를 주장할 수 있어야 한다. 때로 어떤 이들은 화를 못내서 당연히 누려야 할 권리도 못 누리는 경우가 많다. 상대가 고의로 해를 끼쳤거나 부주의해서 일을 그르쳤다면 화를 내는 것은 당연하다.

나아가 상대방이 왜 그 행동을 했는지 무엇을 원하는 것인지까지 파악할 수 있어야 한다. 그래서 화를 통해 상대방의 행동까지 바꿀 수 있다면 가장 좋다. 그리고 화를 내는 많

139) 마셜B 로젠버그(2017), "비폭력대화", 한국NVC센터
140) 게리D 멕케이 외(2017), "아들러의 감정수업", 시목

은 경우 감정 풀이만 하면 끝나는 것으로 생각하는 경우가 많은데 분노의 목적을 분명히 하는 것이 필요하다. 자기 뜻만 고집하고 복수한다는 생각만 있으면 화내지 않는 편이 낫다. 긍정적인 결과를 충분히 예상할 수 있을 때만 화를 내는 것이 좋다.

원하는 것을 얻을 수 있는 방식으로 분노 표현하기

분노의 중심에는 충족되지 않은 욕구가 있다. 그래서 분노를 온전히 표현하려면 우리 욕구를 충분히 인식할 필요가 있다. 분노는 많은 경우 자신의 욕구를 충족하는 것보다 다른 사람을 비난하고 판단하며 처벌하는 데 우리 에너지를 소모시킨다. 결국 욕구가 충족될 가능성이 낮은 방식으로 분노를 표출하게 된다. 상대방에게 '자기 것만 챙기며 자기 멋대로 하려는 사람'이라고 화를 내면 내가 원하는 것을 얻기가 쉬울까? '나에게 이번 연수가 꼭 필요하기 때문에 참여 못한다는 이야기를 듣고 화가 났습니다. 연수를 통해 아이들과 갈등에서 벗어나는 길을 배우고 싶어서 오랫동안 기다리고 있었거든요'라고 말할 때 원하는 것을 얻기가 좀 더 쉬울 것이다.

우리가 상대방이 나쁘다는 이미지를 바탕으로 우리의 욕구를 표현할 때 상대방이 우리의 욕구에 관심을 두기는 어려워진다. 비난은 들으면 들을수록 방어적이 되고 공격적이 되어 상대방은 우리가 원하는 것에서 점점 더 멀어질 뿐이다. '네가 이런 행동을 했기 때문에 화가 난다'라는 표현은 원하는 것을 얻는 데 어려움을 준다. '나는 ~이 필요하기 때문에 화가 난다'로 의식적으로 바꾸는 것이 필요하다.

분노표현의 단계

분노를 잘 표현하려면 아래 다섯 단계를 거쳐보자. 분노의 목적을 잘 이루는 분노로 나아가려면 단계가 필요하다.[141]

① 멈추고 크게 숨을 쉰다. 분노가 치밀어 오를 때는 멈추고 크게 숨을 쉬어 보자. 감정 조절의 방법처럼 60을 세는 것도 좋겠다. 큰 숨 한 번에 큰 실수를 막을 수 있다.

② 자신의 비판적인 생각을 인식한다. 인식하는 것만으로도 감정은 잦아든다.

---

141) 마셜B 로젠버그(2017), "비폭력대화", 한국NVC센터

"내가 저 사람 때문에 화가 났다고 생각하고 있구나."

③ 자신의 욕구와 연결한다. 그냥 화를 내는 것이 목적이 아니다. 원하는 것과 연결이 되면 대안도 생각날 수 있다.

"나를 존중해 주길 바라는 것이구나."

④ 상대를 공감한다. 상대방이 화가 난 상태에서는 나의 느낌과 욕구를 듣기 어렵기 때문에 공감으로 마음이 연결될 필요가 있다.

⑤ 자신의 느낌과 충족되지 못한 욕구를 표현한다.

"나는 네가 다른 사람들과 내 이야기를 하고 있는 모습을 보며 속상하고 어떻게 대처해야 할지 몰라 난감했어. 나는 너와 내가 직접 소통하며 마음을 터놓을 수 있으면 좋겠다고 생각했거든."

욕구별 감정조절 방식[142]

사람마다 감정조절 방식은 다르다. 타고난 욕구로 인해 조절 방법이 다른 경우도 많다. 이를 알면 상대방을 이해할 수 있으며, 감정조절에서 잘 되지 않는 이유를 알고 보완하는 데 도움을 받을 수 있다.

생존의 욕구

먼저 생존 안정의 욕구는 감정을 인지적으로 다루는 것에 익숙하다. 감정을 이렇게 표현하면 어떻게 될 것인지를 다 미리 예측한 후에 표현한다. 그만큼 생각하는 시간이 필요하다. 그리고 안전하지 않은 사람에게는 잘 표현하지 않는 편이다. 그러기에 표현할 때는 실수하지 않는 경향이 많다. 안전하다고 생각하는 사람에게 조언을 구하는 방법도 많이 쓴다. 스스로에 대한 기준이 높기에 자기를 비난하는 경우가 많으며, 불안이 높은 경향이 있기에 부정적으로 생각하는 부분도 있을 수 있다.

142) 김현섭, 김성경(2018), "욕구코칭", 수업디자인연구소

사랑의 욕구

사랑의 욕구는 감정을 다룰 때 감정을 표현하여 공감과 위안을 얻고 싶어하는 경향이 강하다. 함께 있는 사람들에게 위안과 지지를 얻는 방법을 주로 쓰다 보니 자신의 감정을 들여다보고 필요한 행동을 취하기보다는 다른 사람에게 의존하는 경향이 있다. 또한 다른 사람에게 짜증이 났는데 괜히 가족들에게 부정적 감정 분출을 하기도 한다. 이들은 인지적 방법으로 감정을 다루는 부분에서는 약한 편이다.

힘의 욕구

힘의 욕구는 감정이 생기면 그 감정과 관련된 문제를 해결하려고 움직인다. 그리고 뒤에서 말한다거나 돌려서 얼버무리지 않고 직접 당사자에게 명확하게 표현하는 편이다. 이들은 감정의 원인을 상대방의 탓이라 여겨 비난할 가능성이 높다. 이것이 상대방이 볼 때는 부정적 감정을 분출하는 것으로 보이기도 한다.

자유의 욕구

자유의 욕구는 감정에도 어느 정도의 거리를 두고 있기에 다른 사람보다는 감정을 예민하게 느끼지 않아 둔감한 편이다. 둔감한 만큼 자신의 감정을 다룰 때 덜 고통스러워 감정을 잘 통제할 수 있다. 그래서 인지적이고 합리적인 방법으로 감정을 조절한다. 감정을 회피하고 잊으려는 방법을 많이 쓰는 편이다.

즐거움의 욕구

즐거움의 욕구는 부정적으로 여겨지는 감정에 대해서는 '괜찮을 거야. 금방 지나갈 거야' 등의 말로 스스로 위안하며 감정을 조절하는 편이다. 힘들 때는 재미있거나 즐거운 일들을 상상하거나 영화 음악 산책 등의 기분 전환될 수 있는 활동으로 감정을 잊으려 한다.

욕구별 감정조절 방법

욕구	긍정방향	부정방향
생존 안정의 욕구	조언이나 도움구하기 감정을 생각하고 정리하여 표현 해결할 수 있는 방법을 찾음	감정 수용하지 않음(이런 감정 안돼) 감정억압 자신의 행동을 후회하고 자기비난
사랑의 욕구	감정을 표현하고 공감얻기 감정수용하기(자신의 힘든 감정을 마주하며 그대로 느끼고 받아들임 조언이나 도움 구하기	자기비난 타인에게 부정적 감정 분출하기 속으로 혹은 뒤에서 상대방 비난
힘의 욕구	감정관련 문제해결을 위해 행동함 당사자에게 감정을 표현함	타인에게 부정적 감정 분출하기 상대방 비난
자유의 욕구	감정을 객관화하고 이성적 생각으로 조절 혼자 생각하고 정리	감정 회피 부인 감정, 상황을 기억하지 않으려 함
즐거움의 욕구	스스로 위안하기, 즐거운 상상하기 음악 영화 산책 스포츠 등 활동으로 풀기	감정을 부정하고 수용하지 않음 잊으려 함

감정조절하기 기술

혼잣말 도사

혼잣말은 흥분한 상태에서 자신을 다스릴 수 있는 말이다.
미리 익혀두면 위기나 화, 불안, 흥분 상황에서 감정조절에 요긴하게 사용할 수 있다.

[진행방법]

① 감정조절을 위해 할 수 있는 말을 돌아가며 한 문장당 세 번씩 말한다. 말할 때는 간단한 손동작을 함께 한다.

한 사람이 선창하면 다른 사람들이 따라서 3회를 실시한다.

(예) 침착하자. 그만 진정하자. 기운내자. 열 받지 말자. 냉정을 찾자. 요점만 생각하자.

깊이 숨을 들이마시자. 긴장을 풀자. 마음을 가라앉히자. 서로 존중하자. 침착하게 말하자

② 상황이 적힌 쪽지 접은 것을 가운데 두고 혼잣말 카드를 바닥에 깐다.

상황 쪽지 내용(예)

친구들 몇 명이서 내 욕을 하고 있는 것을 들었는데 뒤통수를 때려주고 싶다.

친구가 내 말을 오해해서 나에게 화를 버럭 내고는 가버렸다.

몸이 피곤한데 해야 할 일은 너무 많아 짜증이 난다.

친구와 싸웠는데 선생님이 교무실로 불러서 생각이 복잡하다.

③ 가위바위보 해서 이긴 사람이 선이 되어 쪽지를 하나 골라 펴서 읽는다. 다른 사람들은 쪽지의 상황에 자신이 진정될 만한 혼잣말을 하나 골라 이유를 말한다.

④ 그 이유를 다 들은 후 선은, 들은 이야기나 바닥에 깔린 것들 중에서 자신에게 진정되는 카드를 하나 골라 이유를 이야기한다.

⑤ 앞의 방법으로 모둠원이 오른쪽으로 돌아가면서 활동을 한다.

[유의사항]

비슷한 상황이어도 모든 사람은 감정조절하는 말이 다를 수 있음을 기억한다.

[개발자 / 참고도서]

· 김성경

· 게리D 멕케이 외(2017), "아들러의 감정수업", 시목

그럴 수 있지

감정조절을 기르는 자기 공감언어를 말과 행동으로 연습하기

[진행방법]

① '그럴 수 있지'라는 말을 내뱉는 것이 어떤 도움을 주는지 아이들에게 설명한다.

② '그럴 수 있지'라는 말에 높낮이를 만들어 입에 붙을 수 있게 율동을 모둠별로 만든다.

   (예) 어깨로 옆 사람을 살짝 미는 행동 후 두 손가락을 머리 쪽에 댔다가 떼내기

         손가락 엄지와 검지를 부딪혀 딱 소리를 낸 후 검지를 세운다.

⑤ 각 발표를 다 본 후 모둠원들이 가장 '그럴 수 있다는 마음이 들 것 같은' 다른 모둠을 고른다.

⑥ 교사가 하나 둘 셋하면 사랑의 화살을 보낸다. 가장 많은 모둠의 지지를 받은 것을 반의 구호로 정한다.

⑦ 경기 등에서 진 사람이나 팀이 스스로 외친다.

⑧ 그때 다른 사람들은 엄지척을하며 "오~쫌 멋진 걸"하고 화답한다.

[유의사항 및기타]

· 이기고 지는 것으로 문제가 생길만할 때 미리 놀이로 몇 번 하면 좋다.

· 재미있는 분위기 속에서 하는 것이 중요하다. 그렇게 하지 않으면 힘의 욕구는 지는 것이 싫기 때문에 반
  발하는 말을 할 수 있다.

[개발자]

김성경

분노의 쓰레기통

화가 나게 하는 말이 적힌 종이에 구겨 힘껏 쓰레기통으로 던지며 분노를 해소하기

[진행방법]

① 종이(A4나 신문지)를 준비한다.

② 종이에 화나게 하는 단어나 상황, 하고 싶은 말, 감정 등 아무 말을 모두 적는다.

③ 사인펜으로 글 주변에 하고 싶은 낙서를 마구마구 마음껏 한다.

④ 종이를 마구 구겨서 뭉친다.

⑤ 쓰레기통에 힘껏 던져서 넣는다.

⑥ 못 넣으면 다시 시도하여 골인한다.

⑦ 마무리로 활동 전과 후의 마음에 대해 나눈다.

[유의사항]

· 시험이 끝나거나 느슨할 때 긴 시간을 활용해서 진행하면 좋다.

· 신문에 분노의 말과 상황을 쓴 후 서로 잡아주며 분노가 적힌 신문을 격파하는 활동도 가능하다.

· 신문지로 종이공을 만들어 눈싸움 형태로도 진행할 수 있다.

· 쓰레기통을 몇 개 준비하면 순서를 오래 기다리지 않고 던지기를 할 수 있다.

[개발자] 오정화

**여러 가지 감정들을 구분하고 일상생활 속에서 어떤 감정을 많이 사용하는지
체크하고 스스로 감정을 조절하기**

[진행방법]

① 교사가 감정 목록표를 배분한다.

② 자신이 자주 느끼는 여러 가지 감정들을 작성한다.

③ 하루를 지내면서 해당 감정이 있으면 그때그때 표시한다.

④ 종례시간에 총 횟수를 기록한다.

⑤ 줄일 수 있는 것 늘릴 수 있는 것이 있는지 확인한다.

⑥ 다음날 같은 방법으로 체크리스트를 작성한다.

⑦ 줄어든 것이 있다면 -, 늘어난 것이 있다면 +에 표시하고 몇 개인지 작성한다.

⑧ 다음날 같은 방법으로 작성한다.

⑨ 정해진 기간이 끝난 후 자신의 감정상태와 조절 상태를 그래프로 그려보고 소감을 나눈다.

[유의사항]

· 어떤 경우 자기 감정을 알아차리고 작성하는 것이 힘들 수 있으므로 대신 짝이 나타난 감정에 체크해주는
  것으로 운영할 수도 있다.

[개발자]

오정화

감정단어 목록(학생용)				
즐거운/ 기쁜	감사한/ 믿을만한	슬픈 / 쓸쓸한	걱정되는/ 조심스러운	부담스러운/ 불쾌한
흥분되는/ 재미있는	사랑스러운/ 다정한	외로운/ 고립된	불안한/ 겁나는	놀라운/ 당황스러운
행복한/ 신나는	친밀한/ 편안한	무가치한 / 비참한	낙담되는/ 우울한	화나는/ 격분한
씩씩한/ 활기찬	보호받는/ 안정된	급한/ 조바심나는	무안한/ 주눅드는	짜증나는/ 성가신
만족스러운/ 확신하는	존경스러운/ 놀라운	불만족스러운/ 아쉬운	괴로운/ 답답한	미운/ 경멸스러운
의기양양한 / 뿌듯한	존중받는/ 배려받는	난처한/ 곤란한	절망적인/ 좌절한	열받는/ 약오른
자신있는 / 자랑스러운	감동적인/ 가슴뭉클한	서러운 / 가슴 아픈	긴장되는/ 떨리는	후회되는 / 억울한
희망적인/ 기대되는	끌리는/ 궁금한	불쌍한/ 안타까운	주저하는/ 망설이는	실망스러운 / 한심한
후련한/ 홀가분한	든든한/ 용기나는	허전한/ 고독한	무기력한/ 지친 피곤한	부러운/ 질투나는
활기찬/ 열정있는	안심되는/ 평화로운	서먹한/ 어색한	서운한 섭섭한 / 질린	미안한/ 창피한
			지겨운	

감정조절 플러스 마이너스

___학년___반___번 이름:_____

1일차

화난	짜증난						합
□□□ □□□	□□□ □□□	□□□ □□□	□□□ □□□	□□□ □□□	□□□ □□□	□□□ □□□	___개
귀찮은							
□□□ □□□	□□□ □□□	□□□ □□□	□□□ □□□	□□□ □□□	□□□ □□□	□□□ □□□	
기쁜	고마운						
□□□ □□□	□□□ □□□	□□□ □□□	□□□ □□□	□□□ □□□	□□□ □□□	□□□ □□□	

2일차

화난	짜증난						합
□□□ □□□	□□□ □□□	□□□ □□□	□□□ □□□	□□□ □□□	□□□ □□□	□□□ □□□	___개
+ - ___개	+ - ___개	+ - ___개	+ - ___개	+ - ___개	+ - ___개	+ - ___개	
귀찮은							
	□□□ □□□	□□□ □□□	□□□ □□□	□□□ □□□	□□□ □□□	□□□ □□□	□□□ □□□
+ - ___개	+ - ___개	+ - ___개	+ - ___개	+ - ___개	+ - ___개	+ - ___개	
기쁜	고마운						
	□□□ □□□	□□□ □□□	□□□ □□□	□□□ □□□	□□□ □□□	□□□ □□□	□□□ □□□
+ - ___개	+ - ___개	+ - ___개	+ - ___개	+ - ___개	+ - ___개	+ - ___개	

화를 낼지 안 낼지 미리 생각해 보고 다스리고 판단하는 연습을 한다.

[진행방법]

① 학습지에 최근에 짜증나거나 화났던 순간(1-2가지)을 적은 후 '화 낼 만한 일'이나 '화 낼 가치가 없는 일'로 옮겨 적는다.

② 화 낼 만한 일이라면 어떤 방법으로 분노를 표현할지 생각해 본다. 이때 상대에게 직접 하기, 상대에게 통하는 방식으로 하기, 원하는 것을 얻을 수 있도록 하기, 나 전달법(아이 메시지) 원칙에 따라 생각할 수 있도록 한다.

③ 화 낼 가치가 없는 일이지만 화가 날 때는 어떻게 다룰 것인지 적는다.

　(예) 감정일기, 심호흡, 놀기, 잠 자기, 자기대화, 유머, 화내지 않는 연습 등

④ 각자 쓴 내용을 모둠에서 나눈다.

⑤ 화나는 상황을 이야기할 때는 다른 모둠원들이 "화 낼 만 하지"라는 말을 함께 외쳐주고, 화낼 가치가 없었던 상황을 이야기할 때는 "화날 만한 이유가 있었겠지"라고 외친다.

[유의사항]

• 발표를 통해 사람들 있는 곳에서 화를 말로 표현하는 것이 연습이 될 수 있다.

• 친구들의 화를 다루는 법을 들으며 배울 수 있다. 좋은 방법들을 모아서 칠판에 기록해 둘 수도 있다.

[개발자 / 참고도서]

· 김성경

· 게리D 멕케이 외(2017), "아들러의 감정수업", 시목

화 낼 만 하지 !

___학년 ___반 ___번 이름 : _____

최근에 짜증나거나 화났던 순간

화 낼 만한 일	화 낼 가치가 없는 일

잘 화 내는 방법 기록하기	나의 화를 다루는 방법 선택하고 기록하기

잘 화 내는 방법 기록하기

- 크게 숨한번 쉬기
- 상대에게 직접 이야기
- 상대에게 통하는 방식
(조용히 말하기, 문자로, 논리적으로, 칭찬부터)

_____

- 나의 충족되지 못한 욕구 표현하기
(같이 놀고 싶었거든, 존중받고 싶었어 등)

_____

- 상대방의 욕구도 생각해 보고 질문하기
(네가 원하는 것은 무엇이었니?)

_____

- 아이 메시지로 말하기 (너 때문에 x)

_____

나의 화를 다루는 방법 선택하고 기록하기

- 감정일기 쓰기 ☐ • 심호흡하기 ☐
- 행복한 일 상상하기 ☐

_____

- 재미있는 유머 생각하기 ☐

_____

- 놀기 ☐

_____

- 감정조절 말하기 ☐

_____

감정조절 말하기의 (예) 침착하자. 그만 진정하자. 기운내자. 열 받지 말자. 냉정을 찾자. 요점만 생각하자. 깊이 숨을 들이마시자. 긴장을 풀자. 마음을 가라앉히자. 서로 존중하자, 침착한 목소리로 말하자, 그냥하자, 모른 척 해

진짜 마음을 찾아라

**분노나 무기력 속에 숨어 있는 진짜 마음을 카드로 찾는 연습을 통해
자신의 마음을 잘 파악할 수 있도록 돕기**

[진행방법]

① 교사가 학습지를 나눠주고 설명을 해 준다.

② 화가 나거나 아무것도 하기 싫어지는 힘든 상황을 생각해서 적어본다.

③ 힘든 상황과 감정 속에 원하는 것이 무엇인지 욕구카드를 활용해 찾아본다.

  이때 욕구카드 중 3-4개를 고른다.

④ 가장 핵심이 되고 중요한 욕구를 하나 고른다.

⑤ 내가 원하는 것을 이룰 수 있는 방법을 생각해 본다.

⑥ 자신의 것을 찾아도 되고, 친구들이 찾아주고 고르는 방법도 좋다.

[유의사항]

· 학생들은 욕구말을 잘 모르기에 욕구 카드나 욕구리스트를 가지고 활동하면 좋다.

[개발자]

김성경

233

분노와 무기력 속 진짜 마음 찾기

___학년___반___번 이름 : _____

힘든 상황	
내가 원하는 것은?	
핵심 욕구는 무엇인가?	
내가 원하는 것을 말로 표현해 보기	상황 : 감정 : 욕구 :
나의 욕구를 채우는 방법 (내가 할 수 있는 행동)	

12장.
갈등 해결하기

피스메이커로 살아가기 위한 갈등 해결

피스메이커(Peace maker)

삶은 갈등의 연속이라고 해도 과언이 아닐 것이다. 오늘도 아이들은 서로 싸우고 삐지고 선생님에게 대들고 수업을 방해한다. 교사는 늘 아이들을 가르치는 교수자인 동시에 갈등을 대처하는 피스메이커로 살아야 한다. 쉽게 해결되는 갈등도 있지만 쉽지 않은 때가 더 많다. 어떻게 해도 해결되지 않을 때도 있다. 지난 해 담임은 괜찮았다는데 나는 이 아이가 너무 어렵기도 하다. 또 비슷한 문제이지만 어떤 아이와는 쉽게 해결이 되는데 다른 아이와는 자꾸 꼬이기만 하는 경우도 있다. 그래서 교사들은 오늘 하루만이라도 별일 없이 지나가기를 바란다. 갈등은 왜 이렇게 어려운 걸까?

갈등이 어려운 이유

갈등을 반기는 사람은 잘 없다. 불편한 일이다. 때로는 위협적으로 느끼기도 한다. 왜 이렇게 갈등을 불편해 할까?[143] 첫째는 예측하기 어렵기 때문이다. 전개가 어떻게 될지 도대체 알 수가 없다. 말 한 마디에 전혀 예상 못한 상황이 되어 버리기도 한다. 사람에 따라 상

---

143) 정주진(2016), "갈등은 기회다", 개마고원

황에 따라 너무 다르다. 특히 혼자만의 문제가 아니고 두 사람 이상이 공유하는 문제이기에 더 난감하다. 둘째는 갈등이란 관계가 있는 사람들 사이에서 생겨나기 때문이다. 지속될 만남인데 앞으로의 관계에 나쁜 영향을 미칠 수도 있기 때문에 조심스럽고 불편하다. 셋째는 갈등이 생기면 문제가 있다고 여기는 인식 때문이다. 갈등이 생긴 것은 원만한 관계를 만들지 못했거나, 지혜롭게 대처하지 못했기 때문이라고 여기는 경우가 많다. 네 번째 이유는 해결이 어렵기 때문이다. 해결이 쉽다면 맘에 들지 않은 일은 바로잡고 삶에 활력을 주는 좋은 기회가 될 수도 있다. 그러나 갈등은 쉽게 해결이 되지 않는다. 선생님에게는 어떤 이유로 갈등이 어려운지 점검해 보면 좋겠다.

갈등이 생기는 이유[144]

그렇다면 갈등은 왜 생기는 걸까? 보통은 성격 차이, 문화 차이, 이익의 상충 등 여러 가지 이유가 있겠지만 몇 가지 정리를 해 보면 다음과 같다.

먼저 해석의 차이 때문이다. 다른 말로 인지 방식의 차이라고 할 수 있다. 내 경험에 의미를 부여하는 것이 인지인데 자신의 믿음과 경험에 따라 다른 해석을 한다. 대부분의 오해 또한 해석의 차이에서 기인한다. 둘째는, 내 감정의 원인을 타인에게서 찾는 태도 때문이다. "네가 경솔하게 행동해서 내 기분이 상했어" 이런 화법은 갈등을 유발한다. 한 마디 말로도 기분이 나빠져서 갈등이 시작될 수 있다. 말뿐 아니라 실제로 갈등이 생기면 상대방의 탓이라는 생각이 많다. 셋째는 상대방의 생각을 통제하고 바꾸려는 습관 때문이다. 많은 이들이 문제가 생기면 상대방의 관점을 뜯어고쳐서 해결하려고 한다. 이런 태도는 상대방의 감정과 자존심을 상하게 하여 갈등으로 점화가 된다.

내게 생긴 갈등은 무엇 때문일까를 점검해 보자. 해석과 인지방식의 차이라면 갈등은 어찌 보면 없을 수 없는 당연한 것이다. 이러한 경우 나와 다른 사람의 인지방식을 알면 갈등을 줄일 수 있다. 또 원인을 타인에게서 찾고 있지는 않은지, 상대방을 바꾸려고 하는 건 아닌지 점검해 보면 갈등을 조금은 객관적으로 볼 수 있지 않을까 싶다.

---

144) 캐리D 맥케이, 돈딩크 마이어(2017), "아들러의 감정수업", 시목

갈등을 다루는 방식

갈등을 다루는 방식은 크게 세 가지로 나눈다. 갈등해결, 갈등관리, 갈등전환이 있다.[145]

갈등해결은 신속하게 처리해야 할 문제로 해답을 찾는 문제 중심의 접근법이다. 어떻게 하면 조속히 이 상황을 끝낼 것인지 행위에 초점을 둔 접근법이다. 갈등 관리는 갈등은 필수 불가결한 현상으로 적절하게 관리되어야 한다고 여긴다. 현상을 유지하는 데 중심이 있으며 어떻게 하면 현재 상황이 더 나빠지지 않도록 어떤 태도를 취해야 할지에 초점을 둔다. 갈등전환방식은 갈등은 인간관계에서 자연스러운 현상이며 변화의 동력이라고 본다. 어떻게 하면 갈등상황을 멈추고 원하는 관계를 만들어 갈 수 있을지 모순에 초점을 둔다. 이 세 가지 방식은 상호보완적이다. 학교 상황에서는 갈등해결도 필요하고 관리도 필요하다. 적절한 상황에 사용할 수 있느냐가 문제이다.

갈등의 다양한 유형[146]

갈등을 대처하는 스타일은 모두가 다르다. 나의 대처 스타일은 어떤지, 내 주변에 있는 교사들과 또 아이들은 어떤 유형인지를 파악하면 이해하고 대처하기가 쉽다. 왜 반 아이들의 갈등이 해결이 되지 않는지, 왜 한쪽이 맨날 상대방에게 맞추기만 하는지, 왜 피하기만 하는지 등등에 대해 이해할 수 있는 좋은 도구가 된다.

회피형(보류형)

문제가 생기면 상대에게 문제 제기를 하기보다 자신의 내면을 진정시키고 혼자 화를 풀기 위해 노력하는 이들이다. 일상의 평온과 안정을 중시하며, 불만이 있고 문제가 생겨도 대립하는 것이 싫어서 참고 넘어간다. 부딪히는 상황이 오면 어떻게든 빨리 그 상황을 매듭짓거나 벗어나려고 한다. 사소한 문제에 에너지를 사용하지 않는 장점이 있다. 반면 다른 사람들이 볼 때 반응이 없어 답답해 할 수 있으며 해결을 하지 않아서 문제가 악화되거나 복잡해지고 불만이 커져서 터져 나올 수 있다.

---

145) 김훈태(2017), "교실갈등 대화로 풀다", 교육공동체벗
146) 정주진(2016), "갈등은 기회다", 개마고원
      강영진(2009), "갈등해결의 지혜", 일빛

수용형(관계중시형)

주위 사람과 좋은 관계를 유지하는 것을 가장 중요하게 생각한다. 문제가 생기면 대화로 풀고 싶어 한다. 배려심이 강하고 남에게 잘 맞추어 주는 타입이다. 자신은 손해를 보더라도 모두를 위하려 하고 상대의 이익을 최대한 수용하는 편이다. 이들은 호의적 분위기를 만들어내는 것은 매우 잘하지만 맞추어 주다 보니 대충 봉합했다가 나중에 또 문제가 생기는 경우가 많다. 때로는 관계에 초점을 맞추다가 해야 할 일을 못하는 경우가 생기기도 한다.

경쟁형(목표추구형)

갈등도 승패의 문제로 본다. 자기주장이 강하고, 자신의 방식을 절대적으로 믿고 밀고 나가는 스타일이다. 상대방이 자기 생각을 확실히 드러내지 않으면 답답해한다. 가장 적극적인 유형이며 일이나 과제가 가장 중요하고 관계는 그 다음이다. 이들의 장점은 의사결정을 하는 데 시간을 절약할 수 있고, 사소한 일에 쓸데없는 에너지를 쓰지 않아도 된다. 그러나 다른 사람에게 권한을 위임하는 것이 약하고 수용성이 약하다.

타협형(절충형)

효율성과 합리성을 추구하는 이들로 목표가 충돌할 때 협상하려는 의지가 있으며 중간에서 절충점을 찾으려는 스타일이다. 자신과 상대의 생각과 주장의 차이를 인정하고 자신도 상대도 이익이 되도록 방법을 찾는다. 자신도 양보하고 양보를 요구하기도 한다. 그러나 관계가 상하지 않은 선에서 목표를 추구하며 문제를 빨리 해결하는데 사실은 일시적 해결책으로 덮는 선택을 하기가 쉽다. 갈등 재발 가능성이 있다.

협력형(협동해결형)

상대방과 관계도 좋게 유지하면서 원하는 것도 이루려는 유형이다. 상대방과 목표가 충돌할 때 둘 다 충족할 수 있도록 궁극적 원인을 찾아 해결하려고 한다. 창의적인 방식으로 모두가 만족할 수 있는 해결책을 찾으려고 노력한다. 해결을 위해 많은 이들의 참여를 독려하는 데 강하며 솔직하고 신뢰를 보여주는 스타일이다. 반면 사소한 일에 너무 많은 에너지를 소모하며, 아무리 사소한 일이라도 모든 결정을 합의해야만 결정할 수 있다는 메시지를 줄 수 있다.

여기서 중요한 것은 5가지 방식이 장단점이 모두 존재한다는 것이다. 어느 것이 옳고 틀리다고 할 수 없다. 어떤 방식이든지 과해도, 부족해도 문제가 생긴다. 상황에 적합한 방식을 적절하게 사용할 수 있어야 한다. 자신의 대응방식과 자주 만나는 이들의 대응방식을 보면서 이해하면 어떤 것을 보완해야 하는지, 또 다른 사람의 어떤 부분을 이해해야 하는지 힌트를 얻었기를 바란다.

욕구로 보는 갈등 요인과 대처 방식[147]

생존의 욕구

생존의 욕구는 자기 틀이 강하고, 규범 규칙이 너무 중요하며, 결정하는 데 조심스럽고, 오랫동안 생각을 함으로써 생기는 갈등들이 존재한다. 이들이 불편해하는 욕구는 규범 규칙에서 벗어나려는 자유의 욕구와 즐거움의 욕구이다. 또한 겁 없이 덤벼드는 힘의 욕구도 이해하기 어려워한다. 반대로 자유와 즐거움 힘의 욕구도 생존의 방식이 이해가 어렵고 불편할 수 있다. 생존의 욕구는 갈등 상황이 오면 한참 고민하며 정리한 후 상대방에게 규범이나 법을 대면서 허점을 파고든다. 이성적이고 논리적으로 갈등을 대한다. 또한 상대방이 했던 말, 행동 하나까지 세부적으로 놓치지 않고 따지기 때문에 이들을 이기기는 쉽지 않다. 그러나 논리적으로 설득이 되면 수용이 가능하다.

사랑의 욕구

사랑의 욕구는 안전한 관계에서는 평소 사소한 갈등은 잘 표현하고 잘 풀어내며 다른 사람들의 이익을 위해 나서는 수용형의 사람들이다. 자신이 손해보는 것쯤은 상대방을 위해서라면 괜찮다. 그러나 다른 사람에게 잘 해 주는 만큼 자신도 받고 싶은 마음이 있기 때문에 그 기대가 충족되지 않을 때 서운함을 느낀다. 또 자신의 희생과 헌신을 당연하게 대

---

147) 김성경(2019), "도대체 왜 그러냐고", 수업디자인연구소

할 때도 서운함을 느낀다. 그렇다고 이런 서운함은 잘 표현하지는 않는다. 갈등이 생기는 것이 싫기 때문이다. 또한 자신의 스타일과 다른 사람을 이해하기 어려워 하는데 쌓이면 폭발하면서 관계를 끊어버릴 수도 있어서 갈등이 첨예할 때는 다루기가 쉽지 않은 유형이기도 하다. 이들이 가장 이해하기 어렵고 서운함을 잘 느끼는 사람이 자유의 욕구이다. 이들과 관계가 틀어지면 진전없이 오래 갈 수도 있다. 힘의 욕구가 수용하지 않고 자기 생각을 밀어붙일 때도 불편함을 느끼지만 그래도 그나마 힘의 욕구를 가장 잘 따르는 사람이 사랑의 욕구일 것이다. 문제가 생길 때 많은 사람의 의견을 모아서 해결하기 원하는데 많은 사람의 의견은 다양해서 결론을 내리기가 어려워 문제해결이 쉽지 않을 수도 있다.

자유의 욕구

자유의 욕구는 웬만하면 그냥 넘어가려고 하고 불편함을 잘 표현하지 않아서 먼저 갈등을 잘 만들지 않는다. 갈등상황이 닥치면 혼자 생각하며 정리하고 넘어가려고 한다. 그러나 규칙에서 벗어나는 경우가 많고, 계획 없이 즉흥적으로 처리하며, 함께 하는 곳을 벗어나는 것으로 인해 다른 사람들이 불편해하고 갈등이 야기된다. 그래서 문제해결을 위해 교사가 질문을 하면 "그냥요", "잘 모르겠어요", "괜찮아요" 라는 말을 주로 한다. 또 길어질 것 같은 상황이 되면 "알겠습니다"라고 대답하며 빨리 마무리 지으려고 한다. 회피형에 가까운 이들이다. 이들은 마음을 잘 알아주고 수용해주는 사랑의 욕구와 소통하는 것이 좋긴 하지만 속속들이 마음을 알려고 할 때는 부담스러워 하며, 세세하게 파고드는 생존의 욕구도 불편하다. 또 물불 안 가리고 문제에 즉각 반응하며 자신의 주장을 밀어붙이는 힘의 욕구를 상대하기 어려워한다. 이들에게는 평소 불만이나 문제를 편하게 이야기할 수 있는 분위기를 만들어주는 것이 필요하며, 진지하게 너무 오래 잡고 대화하는 것을 힘들어하므로 한몫에 다 해결하려 않고 단계적으로 풀어나가는 것이 좋다.

힘의 욕구

힘의 욕구는 명령하거나 지시하고 자기 생각을 강요하는 것 때문에 갈등이 야기될 수 있다. 이 부분은 자유의 욕구와 생존의 욕구가 특히 불편해한다. 공감을 잘하지 못하는 영역에 대해서는 사랑의 욕구가 불편해하기도 한다. 힘의 욕구는 불편한 상황이 되면 바로 이야기하는 스타일로 적극적이다. 갈등상황이 닥치면 무조건 이기려고 한다. 자기 주장을 강하게 하는데 경쟁형 스타일로 볼 수 있다. 갈등상황에서 똑같이 이기려고 하면 갈등은 해결이 어려워진다. 먼저 이야기하도록 하고 선택권을 주는 방식이 이들을 대처하는데 필요하다.

즐거움의 욕구

즐거움의 욕구는 긍정적이고 많은 이들을 즐겁게 하기에 갈등에 잘 휘말리지 않는 편이다. 그러나 자기가 좋으면 다 좋다고 공감해주지 못하는 점 때문에 사랑의 욕구가 서운해할 수 있다. 또 진지한 상황을 싫어하거나 오버하는 반응이나 위험한 놀이에도 뛰어들어 생존의 욕구가 불편해한다. 이들은 갈등이 닥치면 재미있는 말로 넘어가려고 하거나, 긍정적인 말로 얼버무리려 하지만 이 때문에 더 불편해지는 상황을 맞는다. 이들에게는 타협형의 면이 있다. 골치 아픈 것을 싫어해서 가능하면 빨리 해결하고 싶어 하기에 깊이 생각하고 꼼꼼하게 신중하게 대처하는 생존의 욕구와 만나면 해결이 쉽지 않다. 꼭 필요한 문제를 다루지 않으려고 할 때는 문제의 심각성을 알려줄 필요가 있다.

힘의 욕구가 낮고 사랑의 높으며 자유의 욕구가 높은 사람들은 모든 의견을 수용하고 그럴 수 있다고 생각하는 협력형으로 볼 수 있다. 이들은 다른 사람의 의도와 욕구까지 파악해서 관계회복을 시키기도 한다. 그러나 모든 의견을 다 받아들이려다 보니 사사건건 회의하고 토론하느라 많은 시간이 들며, 빠른 시간 내에 처리해야 할 일은 처리하지 못할 수도 있다.

갈등해결 대화법

희망화법

누군가 자신에게 관심과 기대를 가져주면 거기에 부응하려고 노력하게 된다는 '피그말리온 효과'라는 것이 있다. 좋게 말해주면 좋은 사람이 되어갈 수 있다는 이야기이다. 물론 나쁜 것을 좋게 말하라는 것이 아니다. '나쁘다' 대신 '좋지 않다'라고 표현할 수 있기 때문이다. 보통은 원하지 않는 것에 초점을 두는데 원하는 것에 초점을 두는 것이 필요하다. 즉 문제점을 불만스럽게 이야기하는 것이 아니라 바람직한 상태가 되기를 희망하는 표현으로 바꿔 말하는 것을 통해 거부감을 주지 않으면서 자신이 원하는 것을 전해지도록 하는 화법이다.[148]

많은 경우 나쁜 것을 좋게 이야기해 주면 더 나쁘게 행동할 것이라고 생각하는 경향이 있지만 그렇지 않다. 오히려 반대로 나쁘다고 이야기하면 더 나빠진다. 이를 '스티그마 효과'(Stigma effect)라는 것이 있는데, 한 번 나쁜 사람으로 찍히면 스스로 나쁜 행동을 하게 되는 효과를 말하며, 낙인 효과(烙印效果)라고도 한다.[149]

- 왜 이렇게 부실해? 빠진 게 많아 ⇒ 보완할게 많군
- 수업시간에 장난을 치니까 성적이 안 오르지. 장난 좀 그만 쳐라
   ⇒ 평소 공부 열심히 하는 편이니까 수업시간에 좀 더 집중하면 성적도 더 오를 수
      있을 것 같은데?
- 불만을 말해 보세요 ⇒ 개선할 점을 말해 보세요
- 더러운 곳을 알려주시면 청소해드립니다 ⇒ 청소하면 아름다워질 곳을 알려주세요
- 협력을 잘 못 해서 뽑지 않기로 했습니다. ⇒ 협력을 잘 하게 되면 뽑으려고 합니다.

긍정화법에서 하나 더 추가하고 싶은 것은 '맞아요. 하지만'이라는 말을 조심해야 한다. 긍정과 부정이 합치면 부정이 되어 버린다. '맞아요'에서 멈추고 듣는 것이 필요하다.

'비리플라카' 기법

고대 로마의 한 언덕에 있는 신전에 싸운 부부가 올라가서 말을 하되 한 사람씩 차례대로 말하는 것을 말한다. 보통 이야기 중간에 끼어서 충분히 자기 이야기를 못함으로 갈등이 심화되는데 이 규칙 때문에 다른 사람의 이야기에 끼어들지 않고 끝까지 들을 수 있어서 오해가 풀려 부부 관계가 좋아졌다고 한다. 한 사람씩 끝까지 말하도록 침묵하며 듣는

---

148) 강영진(2009), "갈등해결의 지혜", 일빛
149) [네이버 지식백과] 피그말리온 효과 [Pygmalion effect] (상식으로 보는 세상의 법칙 : 심리편, 이동귀)

242

것이 필요하다.

'왜'라고 질문하기

한밤중 남매가 부엌에서 싸우는 소리가 들린다. 언성이 높아지기 시작하더니 점점 더 험악해지고 있다. 오렌지 하나를 가지고 서로 차지하려고 다투고 있는 것이다. 이때 어떻게 접근할까? 반으로 잘라서 먹으라고 했더니 절대로 싫다고 한다면 어떻게 해야 할까? 이때 내가 먹어버린다 등의 말은 도움이 되지 않는다. 가장 간단하고 쉬운 방법 '왜?' 라고 묻는 것이 필요하다. 그랬더니 누나는 '이전에도 양보했는데 매번 양보해야하냐'며 억울해 한다. 동생에게는 '양보를 받았는데 왜 양보를 안 하냐?'고 물었더니 오렌지를 학교에 가져가서 오렌지 껍질로 미술수업을 해야 한다는 것이다. 결국 누나는 알맹이가 먹고 싶고 동생은 껍질이 필요한 상황이기에 문제는 쉽게 해결이 되었다. 이것은 갈등해결학의 선구자 매리폴레트가 갈등해결 접근법을 제시하면서 처음 사용한 예다.[150]

타협과 설득 훈계도 통하지 않는 상황에서 아주 단순한 '왜?'라는 물음으로 문제가 풀리게 되었다. 이유를 아는 것이 중요하다.

나 전달법으로 말하기

축구를 하다가 지면서 갈등이 생긴 상황에 어떻게 되었는지를 물어보면 대부분 누구 때문에 기분이 나빴다며 남 탓을 하는 경우가 많다. 이때는 '누구 때문에'라는 말은 빼고 말해보게 하자. 상황묘사, 기분, 원하는 것 등의 내용을 자세하게 이야기하는 것이 좋다. 그 후에 축구시간을 즐겁게 하는 방법 이야기 나누면 좋다.

노력했던 점 봐주기[151]

방송반에서 기사를 작성해야 하는데 안 한 아이에게 혼내고 해결책을 제시하기보다 조금이라도 노력했던 점이 있다면 그것을 봐 주는 것이 필요하다. "기사를 작성해야 한다는 사실은 알고 있었구나, 친구들이 미리 궁금해 할 거라는 것도 생각하고 있었고.." 이렇게

150) 강영진(2009), "갈등해결의 지혜", 일빛
151) 이해중 외(2018), "격려하는 선생님", 학지사

노력했던 점을 봐주지 않으면 자신의 상황에 대해 변명이 앞서게 되고 친구들 사이의 회복도 어려울 수 있다. 해야할 일을 하지 않는 사람으로 찍힐 수도 있기 때문이다.

현재형의 행동언어 사용하기

지금 이 순간에 필요한 것을 표현하는 것이 필요하다. "다음에는 나한테 그런 말 하지 마"가 아니라 "다음에는 하지 않겠다고 지금 약속해 줄 수 있어?" 등으로 현재 할 수 있는 것을 표현하도록 돕는 것이 좋다. 또한 "내 말 좀 잘 들어줘"라는 말은 무엇을 어떻게 잘 듣는다는 것인지 알기 어렵다. 이럴 때는 "내가 '하지마' 하면 바로 멈췄으면 좋겠어"라고 표현하는 것이 구체적이고 훨씬 더 실행에 가까워질 수 있는 말이다.

갈등 해결방안 모색하기

갈등 해결 기법[152]

여러 가지 갈등 기법 중에서 학교에서 아이들과 쓸만한 기법 몇 가지를 응용해서 소개한다.

1. 지우개 연필 기법

갈등은 원하는 것의 충돌이므로 서로가 원하는 것을 함께 이루도록 해야 갈등이 풀린다. 그러기 위해서는 각자가 원하는 것을 담아낼 수 있는 새로운 그릇이 필요하다. 지우개와 연필 두 가지 다른 필요를 합해서 낸 지우개 연필처럼 이것을 통합적 해결책이라고 한다.

2. 자르고 선택하기 기법

서로 좋은 것을 먼저 하겠다고 하는 상황이라면 한 사람이 자르고 나머지 사람이 먼저 고르는 방법이다. 이렇게 하면 자르는 사람은 자를 수 있는 기회를 가졌다는 것으로 뿌듯함과 더불어 균등하게 자르려고 노력할 것이다. 나머지 사람은 본인이 보기에 좋은 것을 선택할 수 있다는 점에서 유리하다고 느낀다.

3. 꾸러미 만들기 기법

여러 개의 물품이나 역할을 공평하게 나눌 때 사용할 수 있는 기법이다. 서로 다른 물품을 공평하게 나누기 위해 한 사람이 세 개의 꾸러미로 먼저 나눈다. 그 후 두 번째 사람이

---

152) 강영진(2009), "갈등해결의 지혜", 일빛

변동할 수 있고 세 번째 사람이 한 번 더 수정 변경 후 순번제에 따라 자기가 고르고 싶은 물품을 먼저 고른다.

욕구로 접근하는 갈등 해결 단계

갈등을 해결을 위해 접근하는 방법이 여러 방식이 있지만 여기서는 욕구로 접근하는 것에 초점을 두려고 한다. 비폭력대화에서는 갈등 해결에 있어서 '타협'이라는 말 대신 '만족'이라는 말을 쓴다.[153] 타협은 양쪽 모두가 양보를 통해 합의를 보는 것인데 조금씩 포기하면서 차선을 선택하는 것이기에 충분한 만족은 못 얻을 수 있다고 본 것이다. 그렇다면 갈등 해결 과정에서 과연 만족이 가능할까? 초점을 어디에다 두느냐에 따라 전개는 달라질 수 있다고 본다. 욕구로 접근을 하면 너도 만족하고 나도 만족하는 것에 초점을 둘 수 있다. 실제로 부딪히는 것은 욕구의 다름으로 인한 '방법'이 부딪히기 때문이다. 서로의 욕구가 충분히 존중되는 방향에 초점을 두면 존중하는 마음을 바탕으로 해결책을 모색해 나갈 수 있다.

첫째. 자신이 행동한 이유를 욕구로 표현하기

갈등이 일어나면 많은 경우 상대방의 문제점을 이야기하게 된다. 이를 통해 갈등은 더 심해진다. 그러나 자신이 행동한 이유를 욕구로 표현하면 분위기가 달라질 수 있다. "내가 원하는 건 사이좋게 지내고 싶은 거였어", "나도 참여하고 싶었어"라는 말을 들으면 일단 갈등이 첨예화되는 것을 막을 뿐 아니라 상대방도 자신의 내면을 보게 된다. 자신의 욕구를 표현할 때는 나 전달법으로 말하는 것이 중요하다. 상황에 대해 판단없이 거울을 보듯 묘사한 후 감정과 내가 원하는 것을 표현하는 것이다.

(예) "축구 시간에 네가 패스를 했으면 됐는데 혼자 하다가 졌잖아!"

⇒ "내 쪽이 비어 있어서 패스라고 외쳤는데 그냥 몰고가면서 공을 빼앗기니까 속상하더라. 나는 너와 협력해서 축구에서 이기고 싶었거든"

둘째. 상대방의 욕구에 이름 붙이기

153) 마셜B 로젠버그(2017), "비폭력대화", 한국NVC 센터

욕구에 이름을 붙이려면 상대방의 감정이나 말이 어떤 것이든 그 속에 어떤 욕구가 있을지 찾고 싶어 하는 마음이 중요하다. 욕구를 궁금해하는 것만으로도 부드러워지고 마음이 열릴 수도 있다. 상대의 말이 거칠어도 계속 욕구를 찾으려고 노력하는 것이 필요하다.

마음이 상하거나 뒤집어졌을 때는 다른 사람의 말이 들리지 않는 법이다. 이는 내면의 고통 때문이다. 상대의 말을 듣지 못하게 하는 그 고통을 덜어주지 않으면 대화는 거기에서 멈출 수밖에 없다. 이때는 그 고통을 이해하려고 하는 자세가 중요하다. 그 후에야 상대방의 욕구도 들을 수 있다. 마셜은 "욕구 파악만 되면 갈등 해결은 20분 안에 해결될 수 있다"라고 말했다. 그만큼 욕구 파악이 중요하다.[154]

욕구에 이름을 붙이는 방법은 욕구를 탐색하는 질문도 좋고 욕구를 추측해서 물어봐도 좋다. "화가 많이 난 것 같은데 너의 감정을 존중해 주길 바랐니?", "억울하다고 했는데 네가 잘못하지 않았다는 걸 알아줬으면 좋겠다는 거니?" 등등 욕구에 대해 질문하는 것이다. 이렇게 해서 욕구를 알게 되면 이름이 붙여지는 것이다. 욕구에 이름 붙이기는 잠금키의 비밀번호를 누르는 것과 같다. 욕구가 파악이 되는 순간 마음의 문도 열린다. 그러나 욕구에 이름을 붙이는 것은 쉬운 일이 아니다. 조금 쉽게 5가지 욕구로 구분을 하고 그 안에서 추측하는 연습을 해 보기를 권한다. 아니면 욕구카드에서 상대방의 욕구라고 생각되는 것을 골라 추측하며 물어보아도 좋다.

- 감정의 원인인 욕구에 이름 붙이기[155]
- 거친 행동과 말 속의 욕구에 이름 붙이기

154) 마셜B 로젠버그(2017) "비폭력대화, 한국NVC 센터
155) 김현섭, 김성경(2018), "욕구코칭", 수업디자인연구소

욕구별 이름붙이기

욕구	이름붙이기 예시	
생존의 욕구	안전했으면 좋겠니? 싸우지 않고 편안했으면 좋겠니? 미리 알려주면 좋겠어?(예측가능) 정해진 대로, 하던 대로 하고 싶니? 시간을 정확히 안내받고 싶니?	시간이 정확히 지켜졌으면 좋겠니? 질서가 있었으면 좋겠니? 계획대로 진행되면 좋겠니? 아껴 썼으면 좋겠니?
사랑의 욕구	친구들의 관심을 원하는 거니? 함께 시간을 보내고 싶어? 네 마음을 알아주면 좋겠니? 위로받고 싶었던 거야?	네 편이 되어주면 좋겠어? 도움을 받고 싶었니? 같이 놀고 싶은 거야? 나눠주고 싶은 거니?
힘의 욕구	네가 하고 싶을 때 행동하고 싶니?" 네가 원하는 것을 하고 싶은 거야?" 이기고 싶어? 리더가 되고 싶어?	애들이 너를 따라주면 좋겠니? 잘하고 싶어? 믿고 맡겨줬으면 좋겠니? 네가 이룬 것을 알아줬으면 좋겠니?
자유의 욕구	시키는 대로 하는 게 아니라 네가 결정하고 싶은 거야? 네가 선택해서 행동하고 싶은 거니? 혼자 있고 싶은 거야?	벗어나고 싶니? 새롭게 해 보고 싶니? 자유롭게 있고 싶니?
즐거움의 욕구	재미를 누리고 싶니? 스릴을 즐기고 싶어? 모험을 즐기고 싶어? 새로운 것을 배우고 싶니?	새로운 방법으로 하고 싶었니? 더 놀고 싶었니? 너만의 독특함을 표현하고 싶니?

셋째. 핵심적인 욕구에 이름 붙이기

여러 가지 욕구가 거론되겠지만 그중에서 핵심적인 욕구를 찾는 것이 중요하다. 이를 통해 진짜 문제를 확인할 수 있다.[156] 두 사람 모두 상대를 이기고 통제하겠다는 생각에 사로잡혀 있다면 문제의 핵심이 흐려지고 갈등상황에 아무런 변화도 일으킬 수 없다. 자신의 목적과 믿음이 문제해결에 방해가 되지는 않는지 점검해야 하는 것이다. 실제로 말투, 어투, 예의 등을 따지며 이기려고 하다보면 문제가 비화되거나 어긋나서 핵심이 아닌 것으로 싸우다가 마음만 더 상하고 결국 해결 방향을 못 찾는 것을 보게 된다. 욕구 중에 가

---

156) 캐리D 맥케이, 돈딩크 마이어(2017), "아들러의 감정수업", 시목

장 중요한 것에 초점을 두면 핵심적인 문제를 다룰 수 있게 된다. 욕구카드를 사용한다면 여러 가지 욕구를 찾고, 그 중에서 한 가지 핵심적인 것을 골라도 좋다.

넷째. 서로의 욕구에 머무르기

욕구에 머무른다는 것은 공감을 충분히 하라는 의미이다. 감정뿐 아니라 욕구도 공감의 대상이 된다. 오히려 욕구로 공감하면 더 깊은 연결이 가능해진다. 욕구를 추측한 후 그에 관련된 심화 질문이 도움이 된다. 다른 이야기로 넘어가지 말고 그 욕구와 관련된 이야기에 대해 충분히 질문하는 것이 필요하다. "그 욕구가 얼마나 중요하니?", "그 욕구가 채워지지 않으면 어떻게 될 것 같니?"등의 질문도 좋다. 도움을 받고 싶었다고 한다면 "구체적으로 어떤 도움이 필요했어?"라고 질문할 수 있다. 자기의 마음을 알아주기를 바랐다고 한다면 "어떤 마음을 알아주길 바라니?"라고 구체적으로 질문할 수 있다.

다섯째. 행동을 욕구로 평가하기

우리는 많은 경우 도덕과 규칙 규범으로 평가를 한다. 필요한 일이지만 사람이 도덕과 규칙 규범을 들이대서 변하는 경우가 많지 않다. 규칙을 모르고 행동하는 것이 아닌 경우가 더 많기 때문이다. 소통을 통해 진정한 변화를 원한다면 욕구로 평가해 보길 권한다. 행동이 욕구를 채우기에 적절한 행동이었는지를 물어볼 수 있다. 대부분의 문제행동은 욕구를 채울 수 있을 것 같았지만, 아닌 경우가 더 많다. 욕구로 보면 사랑받고 싶었지만 사랑받기 보다 혼날만한 일을 하고 있는 자신을 보게 된다.

또 하나 욕구를 채우려는 방법이 문제해결에 방해가 되지 않는지 점검하는 것도 필요하다. 이기고 싶다는 욕구가 있는데 서로가 이기겠다고만 한다면 갈등 상황에 변화는 불가능하기 때문이다. 문제를 해결할 마음이 있다면 다른 방법으로 욕구를 채우는 방법을 찾을 필요도 있다.

여섯째. 해결방안과 합의점 찾기

욕구가 분명해지면 그에 맞추어 서로의 욕구를 채울 수 있는 방법을 찾는 것이 필요하다. 각자 해결방안에 대한 아이디어를 제시한다. 이때 아이디어에 대한 평가는 유보하고 아이디어를 모두 수용하는 것이 필요하다. 평가하면서 갈등이 재점화될 수 있기 때문이다. 그 후 해결방안을 검토하면서 양쪽 모두 만족할 만한 방안을 찾으면 된다. 해결방안에 대한 이야기를 할 때는 "~하지 않기"보다는 "~하기"처럼 긍정적인 행동언어로 제시하면 좋다. 상대방에게 단순한 행동의 변화를 요구할 때는 구체적인 행동언어로 부탁하는 것이 필요하다.

피스메이커로서 교사의 역할

교사가 갈등해결을 중재하는 경우 피스메이커로 역할을 하게 되는 경우 유의할 점은 먼저 교사가 원하는 것을 그들이 하도록 하는 것이 목표가 아님을 기억하는 것이 필요하다. 각자의 욕구를 표현하게 하며, 서로 상대의 욕구를 이해하고 충족할 방법에 도달하도록 환경을 만들어 주는 것이 교사가 하면 좋은 역할이다. 그리고 중간 중간 감정이 격해지는 것을 보면 교사는 응급처치 공감법을 사용하는 것도 필요하다.

맥락을 벗어날 때는 화이트보드에 말의 요지를 기록해도 좋다. 지금에 초점을 두고 포기하지 않고 계속 진행하는 것이 중요하다. 가끔은 표현을 못하는 이들을 위해 역할극으로 그들의 욕구를 표현해 주어 깨닫도록 하는 것도 좋다. 잘못된 행동에 대해 깨닫게 하고 싶다면 상황을 다 들은 후 "그럼 네가 한 행동의 결과가 어떻게 되었는지 생각해 볼까?"라고 자신의 행동의 결과를 물어볼 수 있다.[157]

갈등상황에서 어떻게 해결하고 대화해야 하는지 알아보았다. 제일 중요한 것은 갈등에서 승자가 되겠다는 마음이 아니라 연결되고 싶고 나의 욕구와 상대방의 욕구를 보려고 하는 마음이다. 그 마음은 갈등상황에 따스한 온기를 불어넣을 수 있다.

---

157)   김현섭, 김성경(2018), "욕구코칭", 수업디자인연구소

갈등 해결하기 기술

갈등 풀이

갈등 해결법에 근거해서 욕구로 갈등을 해결하는 연습을 카드로 해보기

[진행방법]

① 상황을 하나 예로 제시한다.

　갈등상황 (예)

즐겁고 재미있고 싶고 뭐든 새롭게 하고 싶은 진국이는 선생님이 하자는 것에 대해 그냥 예 하는 적이 많지 않다. "그거말고 이거 하면 안 돼요? 저거 해 보면 안 돼요?" 물어본다. 그러면 선생님과 한참 이야기를 하게 되고 수업 진도가 느려진다.

이를 답답하게 여기는 수영이는 화가 나서 진국이를 윽박지르며 "너는 왜 하지 말라는 것만 골라서 하려고 해? 너 자꾸 그러면 쉬는 시간도 없고 못 놀아"라고 한다. 진국이는 "왜 자꾸 무섭게 이야기해? 너한테 그러는 거 아니잖아"하며 의자를 발로 차며 엉뚱한 데 화풀이를 한다. 사실 진국이는 그냥 다르게 하고 싶은 마음에 물어본 것이다.

수영이는 해야 할 건 하고 잘 마친 후 편하게 놀면 좋겠다. 수업 시간 내에 빨리 마치고 놀고 싶은데 진국이랑 이야기하느라 선생님이 우리에게 집중하지 못하는 것도 싫다.

② 욕구카드를 펼쳐 놓는다. 네 사람 모둠원 중 한 사람은 진국, 한 사람은 수영, 한 사람은 중재자, 한 사람은 서기 역할을 한다.

③ 한 사람이 먼저 이야기 주인공이 되어 자신이 고른 욕구카드와 이유를 이야기한다.

④ 다른 사람은 이야기 주인공이 고른 카드 외에 주인공의 다른 욕구를 몇 가지 골라서 그 이유를 추측하여 설명하면서 전해준다.

⑤ 이야기 주인공은 다 들은 다음에 자신이 원하는 것이 무엇이었는지 설명한다.

⑥ 이야기 주인공은 핵심이 되는 욕구를 하나 찾아서 이유를 설명한다.

⑦ 그 후 다른 사람들은 "그 욕구는 얼마나 중요한 거야?" "채워지면 어떨 것 같아?" "어떤 마음을 알아주기 바라니? 라고 질문하며 욕구에 함께 머무른다.

⑧ 반대로 다른 사람이 이야기 주인공이 되어 3-7번까지 진행한다.

⑨ 두 사람의 핵심이 되는 욕구가 나왔으면 각자 자신의 행동이 욕구를 채우기에 적절했는지, 욕구를 채우는 다른 방법은 없는지 점검한다. 또한 자신의 욕구를 채우려는 행동이 문제해결에 방해가 되지는 않는지 성찰해 보는 시간을 가진다.

⑩ 두 사람의 욕구를 파악했으므로 서로 함께 만족할 수 있는 방법을 제안한다.

이때는 서로의 욕구를 존중하는 방향에 초점을 두며, 어떤 의견이든 평가하지 않고 아이디어를 모두 수용하여 기록한다.

⑪ 기록된 방법을 검토하면서 양쪽 모두 만족할 만한 방안을 찾는다.

⑫ 서로 동의하고 합의점을 찾는다.

[유의사항 및 기타]

· 욕구를 추측할 때는 제안하거나 강요하는 느낌이 들지 않게 조심해야 한다. 욕구는 본인만이 가장 잘 알수 있기 때문이다.

[개발자] 김성경

갈등 풀이 카드

___학년___반___번 이름 : _____

진행과정	예
각자 욕구 찾기 (카드 하나)	_____한 행동을 하게 되었는데 사실 내가 원하는 건 _____였어.
상대방의 욕구 추측하기	네가 원하는 것은 혹시 _____, _____, _____니? 고른 이유는
핵심욕구 하나 고르기	나의 핵심욕구는 _____야. 왜냐하면
욕구에 머무르기	네가 원하는 것은 _____였구나. 그건 너에게 얼마나 중요하니? 그게 채워지면 어떨 것 같아?
욕구로 나의 행동 평가 스스로에게 질문해 보기	나의 행동은 욕구를 채우기에 적절했나? 욕구를 채우는 다른 방법은 없나? 나의 욕구를 채우려는 행동이 문제해결에 방해가 되지는 않나?
서로의 욕구를 채울 수 있는 방법 찾아보기 (긍정적인 행동언어 비판없이 모두 수용)	1. 2. 3.	1. 2. 3.
합의한 방법	

꼬여있는 줄처럼 얽히고 설킨 관계도 풀어갈 수 있다는 것을 온몸으로 느껴보기

[진행방법]

① 반 친구들이 두 팀으로 나누어 10여 명씩 모여 동그랗게 손을 잡고 선다.

② 각자 오른쪽과 왼쪽 손을 잡은 사람이 누구인지 확인하고 기억한다.

③ 손을 놓고 노래를 부르며 서로 섞인다. 너무 멀리가지 않고 원 크기 안에서 섞인다.

④ 교사가 '스톱'하면 선다. 그 자리에 선 채로 발을 움직이지 않고 아까 오른쪽 왼쪽 손으로 잡았던 사람의 손을 다시 잡는다. 그러면 서로 엉키게 된다.

⑤ 손을 놓지 않고 서로 엉킨 것을 푼다. 엎드려야 할 수도 있고, 넘어가야 할 수도 있다.

⑥ 엉킨 것을 다 풀면 처음처럼 똑같이 동그랗게 서게 된다. 두 팀 중 먼저 푼 쪽이 승리한다.

⑦ 두세 번 정도 해 볼 수 있다. 그 후에는 반 전체가 함께 한 원으로 시도를 해도 좋다.

⑧ 다 풀고 나면 "우리의 갈등이 꼬여있어도 이렇게 풀 수 있습니다."라는 말로 갈등해결의 희망을 말해 준다.

[유의사항 및 기타]

· 기억을 잘 못할 수 있는 친구들이 있다면 그 사이에 똘망똘망한 친구들을 배치한다.

· 서로 협력해서 풀 수 있도록 독려할 필요가 있다.

· 꼬인 것이 풀리지 않는다고 손을 놓았다가 다시 잡는 경우가 있을 수 있는데 손을 끝까지 놓쳐서는 안 된다고 미리 공지한다. 불편하게 잡은 손을 바로잡는 것은 가능하다.

[개발자 / 참고문헌] 전국제, 우영숙(2009), "놀이로 하는 집단상담" 시그마프레스

갈등 당사자에게 직접 하지 못한 이야기를 나 전달법으로 연습하기

[진행방법]

① 나 전달법에 대해 너 전달법과 비교해서 설명한다.

너 전달법	판단	어떻게 나 혼자만 빼 놓고 니네들끼리 만날 수가 있어?
	비난	그거 배신이잖아.
	탓하기	니네들 때문에 내가 열 받아서 죽겠다.
나 전달법	상황	주말에 나 없이 모여 놀았다는 이야기를 들으니까
	느낌과 영향	너무 서운하고 소외된 느낌이 들어서 어딘가에 숨고 싶어지네
	원하는 것	나는 서로 소외되지 않게 사이좋게 지내고 싶거든

② 상황에 대해 거울을 보듯 묘사해서 기록하고(상황을 평가하지 않고), 그 상황 속에서 느낀 감정과 영향을 표현하며, 자신이 원했던 욕구를 말한다.

③ 기록한 것을 서로 나눔하며 적절하게 했는지 모둠 간에 서로 피드백을 한다.

[유의사항 및 기타]

· 예를 잘 설명해주지 않으면 어려워 할 수 있으므로 두세 가지 사례를 들어 미리 설명해주기

· 마지막에 부탁하기를 넣을 수도 있지만 마음만 표현하는 것이 적절할 때가 많다.

[개발자 / 참고문헌]

마셜B 로젠버그(2017), "비폭력대화", 한국NVC 센터

나 전달법

___학년___반___번 이름 : _____

상황1	월요일 아침, 친한 친구들이 주말에 만나서 놀았던 이야기를 한다. 나한테는 만난다는 연락이 없었는데 기분이 나빠지고 배신감이 든다.
말하기 연습	주말에 모여서 놀았다는 이야기를 들으니까 (상황) 정말 섭섭해서 이 자리에 있는 것이 불편하다. (느낌) 나도 같이 놀고 싶었거든(욕구)
상황2	오후에 남아서 선생님과 같이 졸업준비 선물을 만들고 있는데 선생님은 한 친구에게만 수고한다고 이야기하신다. 좀 서운했다. 나도 열심히 하고 있는데.. 선생님이 다른 친구만 열심히 한다고 인정하는 것 같아서 기분이 나쁘다. 우리도 열심히 하는 것을 알아주셨으면 좋겠다.
말하기 연습	상황 : _____ 느낌과 영향 : _____ 욕구 : _____
나의 상황	
말하기 연습	상황 : _____ 느낌과 영향 : _____ 욕구 : _____

- **상황2 말하기 연습 사례 정답 예시**

오후에 남아서 선생님과 같이 졸업준비 선물을 만들고 있는데 선생님은 한 친구에게만 수고한다고 이야기 하신다. 좀 서운했다. 나도 열심히 하고 있는데.. 선생님이 다른 친구만 열심히 한다고 인정하는 것 같아서 기분이 나쁘다. 우리도 열심히 하는 것을 알아주셨으면 좋겠다.

· 졸업 준비할 때 한 친구에게만 수고한다고 하셔서 (상황)
· 다른 친구만 열심히 하는 걸로 보시나 해서 기분이 나빴어요(느낌 영향)
· 우리도 열심히 하는 것을 알아주시면 좋겠거든요.(욕구)

**문제점을 불만스럽게 말하지 않고
바람직한 상태가 되기를 희망하는 말로 표현하는 연습하기**

[진행방법]

① 기대하고 말하는 대로 된다는 '희망화법'에 대해 설명을 한다.

피그말리온 효과

· 정신을 집중해 어떠한 것을 간절히 소망하면 불가능한 일도 실현된다는 심리적 효과

· 조각가 피그말리온은 여인을 조각했는데 너무 아름다워서 진심으로 사랑하게 되었고 진짜 사람이었으면 좋겠다고 간절히 바랐다. 그러자 감동한 여신 아프로디테는 조각상을 진짜 여인으로 만들어주었다. 간절히 원하고 기대하면 원하는 바를 이룰 수 있다는 것을 보여주는 그리스 신화에서 유래한 말.

② 주변 사람들 중 보기 불편해서 잔소리하고 싶은 말을 써 본다.(이름 없이 내용만) 이때, 자신이 자주 듣는 싫은 말을 써도 좋다.

③ 그 내용을 희망화법으로 바꾸어 쓴다.

④ 모둠별로 바꾸어 쓴 말을 서로 나누어 읽고 가장 괜찮은 말을 모두에게 소개한다.

[유의사항 및 기타]

· 잔소리하고 싶은 말이 누구를 향한 것인지 밝히지 않고 비밀로 하는 것이 좋다.

[개발자 / 참고문헌]

· 김성경

· 강영진(2009), "갈등해결의 지혜", 일빛

희망화법 연습하기

___학년 ___반 ___번 이름 : _____

싫은 소리(잔소리)	희망화법으로 바꾸기
1. 장난 좀 그만해라	집중하면 성적이 더 오를 수 있을 거야
2. 협력을 잘 못 해서 안 뽑을 거야	협력을 잘하게 되면 뽑으려고 한다
3. 너 자꾸 그러면 안 놀거야	놀이 규칙을 잘 지키는 사람과 놀고 싶어
4. 에이 지저분해	깨끗하게 얼굴을 닦으면 좋겠다
5.	
6.	
7.	

자신과 다른 친구들의 갈등대처 유형의 장단점을 파악하여 자기 이해와 타인이해를 돕기

[진행방법]

① 교사가 5가지 갈등 대처유형에 대해 설명한다.

② 자신이 주로 쓰는 갈등 대처방법이 무엇인지 체크리스트를 통해 점검해 보고 모둠원과 나눈다. 사례를 나누는 것도 좋다.

③ 학습지에 나온 5가지 사례에 대해 가장 적절한 대처방법이 무엇인지 모둠별로 의논을 해 보고 줄긋기를 한다.

갈등 대응 유형 자기 체크리스트

유형	내용	나의 유형
회피형	문제가 생기면 혼자 생각하고 스스로 화를 푼다	
	문제를 빨리 해결하고 넘어가고 싶다.	
	꼬치꼬치 묻는 것이 싫다.	
수용형	좋은 관계를 유지하는 것이 더 중요하다.	
	내가 손해를 보더라도 좋은 관계가 좋다.	
	다른 사람에게 맞춰주려고 하는 편이다.	
경쟁형	갈등 상황이 되면 이기고 싶다.	
	내가 제안한 것이 이루어지면 좋겠다.	
	생각을 확실하게 드러내지 않는 사람은 답답하다.	
타협형	누구든 손해를 보지 않는 것이 좋다.	
	나도 양보하고 너도 양보하는 방식을 선호한다.	
	관계가 상하지 않는 선에서 문제를 해결하는 것이 좋다.	
협력형	관계도 유지하고 원하는 것도 이루려고 한다.	
	모두가 만족할 수 있는 해결책을 찾는다.	
	상대방이 원하는 것을 알고 싶다.	
나의 유형	회피( ) 수용( ) 경쟁( ) 타협( ) 협력( )	

사례별 적절한 갈등대처방법 찾기

___학년___반___번 이름 : _____

사례에 적절한 갈등 해결 방법에 줄을 그어 보세요

1. 모임 날짜를 잡기 위해 모두의 의견을 모아서 결정하려는 순간 한 사람이 안되서 결정을 못했다. 이런 과정을 세 번이나 거치고 났더니 모두 지치는 상황이다.

•   • 타협형 (절충형)

2. 조용한 수업시간. 늘 조용히 수업에 임하는 한 친구가 실수로 필통을 떨어뜨렸는데 큰 소리가 났다.

•   • 경쟁형 (목표추구형)

3. 놀러가기로 했는데 어디로 가야 할지 결정하는데 팽팽하게 의견이 갈린다.

•   • 협력형 (협동해결형)

4. 모두가 함께 마음을 모아서 결정해야 할 일이 있는데 다들 관심이 없어 보여서 답답하다.

•   • 수용형 (관계중시형

5. 한 친구가 새로운 놀이의 규칙을 잘 몰라서 엉뚱하게 하는 바람에 우리 팀이 졌다.

•   • 회피형 (보류형)

정답 : 1 - 경쟁형, 2-회피형, 3-타협형, 4-협력형, 5-수용형

구체적인 갈등 사례를 모둠별로 해결 방안을 모색하기

[진행방법]

① 교사가 기본 개념을 설명하고 학습 주제에 대한 동기 부여를 한다.

② 교사가 PBL 문제를 제시한다.

③ 학생 개인별로 PBL 문제에 대한 해결 방안을 찾아본다.

④ 모둠별로 PBL 문제에 대한 해결 방안에 대하여 발표하고 모둠 차원에서의 해결 방안을 마련한다.

⑤ 학급 전체 학생들 앞에서 모둠별 해결 방안을 발표한다.

⑥ 교사가 모둠별 해결 방안에 대하여 피드백한다.

[유의사항 및 기타]

· PBL수업의 핵심은 학습 주제와 관련한 PBL 문제이다. PBL 문제를 구성할 때 가급적 현실적이고 갈등 해결하기 쉽지 않은 형태로 만들면 좋다.

· PBL 활동의 핵심은 하나의 정답을 도출하는 것이 아니라 다양한 해결 방안을 모색하는 것이다. 그러므로 결과 자체보다는 결과에 대한 근거나 이유, 과정이 더 중요하다.

[개발자 / 참고문헌]

강인애 외(2007), "PBL 수업의 실천적 이해", 문음사

내가 만약 의사라면?

___학년___반___번 이름: _____

코로나 전염병이 확산되면서 갑자기 입원 환자가 늘었다. 이미 병원에 입원한 환자들이 많아 추가로 입원할 수 있는 환자 자리는 4자리뿐이다. 그렇다면 내가 만약 책임 의사라면 다음 중 누구를 우선적으로 입원시킬 것인가?

> 임신한 30대 여자, 초등학교 5학년 남자아이, 환자를 치료하다가 감염된 남자간호사 한창 인기가 있는 아이돌 10대 여자 가수, 50대 국회의원, 고혈압 70대 할아버지 치료제를 개발하던 의료 벤쳐기업 연구원, 60대 퇴직자 해외 여행객 부부 60대 환경미화원, 불법 체류 30대 여자 외국인 노동자, 50대 남자 기업인 다른 병원에서 거절당한 40대 중증 환자(회사원), 20대 여자 아르바이트 대학생

1. 내가 만약 의사라면 누구를 먼저 입원시킬 것이고 그 이유는 무엇인가?

· (   ) :

· (   ) :

· (   ) :

· (   ) :

2. 이 문제에 대한 우리 모둠의 의견은 무엇인가?

13장.
감사하기

감사는 쉽고 자연스러운 것

미국의 유명한 토크쇼의 진행자이자 성공한 사업가인 오프라 윈프리는 일상에는 감사한 일들이 지천에 널려있고 그 모든 것은 기적이라며 자신이 성공할 수 있었던 비결을 매일 감사하는 습관이라고 말한다.[158] 오프라 윈프리는 10년 동안 감사일기를 매일 다섯 개씩 쓴 것이 자신의 인생을 바꾸었다고 확신한다. 오프라 윈프리를 미국인이 가장 존경받는 여성이자 세계에서 가장 영향력 있는 인물로 만든 원동력인 감사는 무엇일까?

감사는 감사하는 마음이고 소중하게 여기는 마음이다.[159] 감사를 뜻하는 영어 단어 그래티튜드(gratitude)는 은총과 은혜(친절함, 관용, 주고받음의 아름다움을 아는 것)를 뜻하는 라틴어 그래티아(gratia)에서 비롯되었다.[160] 느낄 감(感), 사례할 사(謝), "고맙게 여김. 또는 그런 마음"이라고 풀이한 감사의 사전적 의미에서 알 수 있듯 감사는 평범한 사람이면 누구나 할 수 있다. 사람은 누구나 이해하고 가치를 발견하고 고마워할 줄 아는 성품을 타고나기 때문이다.[161]

---

158) 오프라 윈프리, 송연수역(2014), "내가 확실히 아는 것들", 북하우스.
　　이 책에서 오프라윈프리는 매일 감사일기를 쓰고 있다고 말한다.
159) 뇔르 넬슨, 칼라바, 이상춘 역(2004), "소망을 이루어주는 감사의 힘", 한문화
160) 앤서니 그랜트, 앨리슨 리, 정지현 역(2013), "행복은 어디에서 오는가", 비즈니스북스
161) 뇔르 넬슨 외, 위의 책

감사는 정교한 이론이나 절차를 만들어 하는 것이 아니라 쉽고 자연스러운 것이다. 감사할 사항이나 일에서 예외는 없다. 숨을 쉴 수 있다는 것에 감사, 오늘 아침을 먹었다는 것에 감사, 책을 볼 수 있다는 것에 감사, 새로운 하루에 감사, 볼 수 있는 눈에 감사, 볼펜이 있음에 감사, 앉을 수 있는 의자에 감사, 물을 마실 수 있어서 감사 등 우리의 모든 것이 감사거리가 된다.[162]

감사가 어려운 이유

성경에는 '범사에 감사하라'는 말이 있다. 모든 것에 감사하라는 것이다. 하지만 이는 쉽지 않다. 왜냐하면 우리는 감사한 이유를 잘 모르기 때문이다. 왜 그럴까?

당연하다는 생각

감사한 이유, 감사거리를 못 찾는 이유는 우리의 일상을 '당연'하게 생각해서이다. 감사함의 반대말은 '당연하다'이다. 일상생활 속 모든 것을 당연하게 여기면 감사할 것이 없다. 감사는 이미 자신에게 주어진 현실과 자신이 가지고 있는 것들을 알아차리고 확인하는 것이다. 즉 나를 둘러싼 것들과 내게 있는 것들에 대한 가치를 찾고 그 가치를 그 자체로 인정하는 것이다. 우리의 일상은 당연한 것이 없다. 마시는 공기도 새롭게 뜨는 태양과 달도, 들과 산에 자라는 나무와 풀, 꽃들의 존재는 물론 내가 먹고 입고 자고 있는 것, 내가 책을 볼 수 있고 걸을 수 있는 것, 연필을 들고 글을 쓸 수 있는 것들도 당연한 것은 없다. 이 모든 것들을 그냥 원래 당연히 그런 것이라고 여기지 않고 나에게 주어진 그 자체로 감사한 소재로 바라보고 대해야 감사가 가능해진다. 늘 그런 마음으로 살 수는 없겠지만 '감사'를 위해서는 나에게 주어진 일상의 사소한 것들조차도 당연한 것에서 감사한 것으로 생각하는 인식의 전환이 필요하다.

---

162) 노희연(2012), "감사수업", 학이사

비교하는 생각

감사가 어려운 또 다른 이유는 '비교'이다. 타인과 나를 비교하는 습관은 감사하기 어렵다. 내게 있는 것에 대한 감사, 나아가 나에게 주어질 것에 대한 감사가 필요한 이유이기도 하다.

1992년 올림픽 중계 자료를 조사하면서 올림픽에서 은메달과 동메달 중 어떤 메달을 받은 선수들이 더 행복한지에 대한 연구를 미국 코넬대학교 심리학교팀이 진행하였다. 메달이 확정되는 경기 종료 순간에 지은 표정을 분석한 결과 동메달을 받은 선수들이 은메달을 받은 선수들보다 훨씬 행복한 표정을 많이 짓는다는 것으로 확인되었다. 은메달을 딴 선수들은 금메달을 딴 선수와 비교를 하게 되고 금메달을 따지 못했다는 실망감과 아쉬움으로 인해 은메달을 땄다는 기쁨을 제대로 느끼지 못하는 것이다. 반면 동메달을 받은 선수들은 메달을 따지 못할 수도 있었던 상황과 현재를 비교하기 때문에 오히려 다행이라 여기고 감사하며 만족감을 느끼는 것이다.

나보다 잘났다고 생각되는 사람과 비교를 하든지 나보다 못하다고 생각되는 사람과 비교를 하든지 비교는 중요하지 않다. 그저 비교 횟수에 따라 행복감이 낮아질 뿐이다. 자신보다 뛰어난 사람과의 비교는 열등감을 불러오고 자신보다 못한 사람과의 비교는 교만을 불러온다. 즉 어떤 방향으로 비교를 하든 비교는 하면 할수록 행복에 방해가 된다.[163]

이익이 될 때만 감사한다는 생각

감사는 감정의 지배를 받는다. 누군가가 선물을 주거나 도움을 주거나 친절을 베풀 때 기분이 좋아지고 감사하다고 느끼고 말을 하게 된다. 삶속에서 좋은 일이 생길 때 감사한 마음이 생기는 것이다. 그러다보니 나에게 이익이 되지 않는다고 느낄 때에는 감사가 생기지 않는다. 그러나 감사는 어떤 사람이나 물건의 가치에 의해서 혹은 그것들로 인해 얻은 이익에 의해서, 좋아진 기분에 의해서 감사가 아니라 의식적으로 소중하게 여기고 어떤 사람이나 물건이 자신의 삶에 유익함을 주기 전에 가치있게 여기며 그것에 대한 감사를 할 수 있어야 한다.[164]

---

163) 서울대학교 행복연구센터(2013), "행복교과서", 주니어김영사
164) 뷜르 넬슨 외, 위의 책

왜 감사를 해야할까?

감사하면 행복해진다.

교황 요한 바오로 2세는 천국이 무엇이냐는 질문에 감사라고 대답했다. 우리는 누구나 인생을 행복하게 살고 싶어한다. 브라이언 앳킨슨 박사는 무슨 일이든 두뇌를 자주 쓰게 되면 그 일에 능통해진다고 했다. 우리가 평소 생활 속에서 감사해하는 생활을 하다보면 긍정적인 기분이 형성되고 자주 감사해하면 할수록 그때마다 뇌 경로가 강화되어 더 긍정적인 기분이 생겨나게 되는 것과 같다.[165] 즉 감사하기는 우리에게 긍정적인 기분을 느끼게 함으로써 우리가 행복하다고 느끼게 하는 것이다.

감사하지 않아도 아무렇지 않을 것이라고 생각할 수 있다. 그러나 감사하지 않으면 아무런 일이 일어나지 않는 것이 아니다. 우리는 부정적인 것에 더 잘 반응하기 때문에 감사하지 않으면 마음에 불편과 짜증이 자리 잡고 삶이 나쁜 방향으로 흘러갈 가능성이 크다. 감사할 줄 모르는 삶 자체가 일종의 '벌'일 수 있다. 감사는 해도 되고 하지 않아도 되는 선택의 문제가 아니라 어떤 상황에서도 꼭 실천해야 하는 필수 덕목인 것이다.[166]

감사하면 삶이 변한다.

감사는 실제로 삶을 변화시키는 강력한 힘이다. 캘리포니아 대학교 심리학 교수인 로버트 에몬스(Robert Emmons)의 실험이 이를 증명한다. 에몬스 교수는 12살부터 80살까지 사람들을 둘로 나눠 한쪽은 꾸준히 감사 일기를 쓰게 하고, 다른 한쪽은 보통의 일기처럼 아무 내용이나 쓰게 했다. 그 결과, 감사 일기를 쓴 그룹의 4분의 3은 행복지수가 높아졌고, 숙면을 취하는 것은 물론, 운동과 일에 있어서도 성과가 좋아졌다.[167] 에몬스 교수는 "감사가 많은 사람들은 감사가 부족한 사람들에 비해 긍정적인 감정이나 삶에 대한 만족도가 높고, 우울증이나, 근심, 질투심 같은 부정적인 감정이 적다는 것이 증명되었다. 그들은 또 이해심이 많고, 용서를 잘하고, 협조적이고 도움을 베푸는 사회지향적인 성향을

---

165) 제니스 캐플런, 김은경 역(2016), "감사하면 달라지는 것들", 위너스북,
166) 임재성, 태도의 힘(2018), "탈무드 학교에서 배우다 태도의 힘", 특별한 서재
167) 박미진(2019), "엄마가 말투를 바꾸면 아이는 행복해집니다", 메이트북스

지니고 있다"고 말했다.[168] 고맙다고 말할수록 더 행복해지는 것이다.

감사하면 유연해진다.

캘리포니아 심장센터 맥크래티 교수는 사람들에게 의식적으로 감사하는 마음을 갖게한 결과 부교감신경계가 활성화되고 스트레스와 긴장 정도가 감소됨을 확인했다. 감사를 느끼는 사람들은 더 낙관적이고 사고가 유연해서 문제해결 능력도 더 뛰어나다. 다른 사람들로부터 협조를 구하고 건강하고 행복하게 살기 위해서는 주위에 대해 고마움을 느끼고 감사하는 마음을 갖는 것이 무엇보다 중요하다.[169]

감사하면 나타나는 변화[170]

물 결정체의 변화

마사루 에모토는 물을 얼려 튜브에 담은 뒤 앞에 놓고 '사랑'과 '감사'라는 단어를 말했다. 그런 다음 동일한 조건에서 아무 말도 건네지 않은 물의 결정체를 비교해 보았다. 그결과는 많은 곳에서 소개된 바와 같이 '사랑'과 '감사'라는 단어를 말했을 때 나타나는 물의 결정체는 규칙적이고 선명하며, 정교하고, 아름다운 레이스 모양을 보인다. 에모토 박사는 다시 물에게 "너는 내게 깊은 상처를 줬어. 너를 죽여버리거야"라는 말을 건넨 후 반응을 관찰했다. 이 결정체는 '뒤틀리고, 파괴되고, 분열된 상태'로 결정체가 거의 형성되지 않아 '사랑'과 '감사'의 결정체의 순수한 아름다움과 크게 대조되는 모습이다.

신체적 변화

만일 부정적인 감정을 느낄 경우 바로 심장 박동이 불규칙해지고 혈관이 수축되면서 고혈압을 초래한다. 나쁜 경우 심장 발작이나 뇌졸중의 가능성도 발생한다. 반면 감사하는 마음을 가진 경우 심장 박동은 규칙적이고 주기적이며 균형잡힌 파장을 나타낸다. 평온하고 일정한 심장 박동은 심장 혈관의 건강에 도움이 되며 면역기능을 향상시키고 신경계의

---

168) 뇔르 넬슨 외, 위의 책
169) 이민규(2009), "끌리는 사람은 1%가 다르다", 더난출판사,
170) 뇔르 넬슨, 위의 책

기능을 원활하게 만들며, 호르몬의 균형을 가져온다.

또한 감사한 생각을 가질 때 의욕이 넘치며 신체 기관이 활발하게 상호협력하고 집중력이 높아져서 한 생각에서 다른 생각으로 쉽게 전환하며 기억력도 증대된다. 소뇌 활동도 활발해져서 몸에 에너지가 넘치고 신체 모든 부위의 기능도 조화를 이룬다는 것이다. 좌뇌엽의 활동이 왕성해져 분노나 과격한 행동, 우울한 생각이 찾아들지 않는다. 그리고 감사하기는 감사해야 할 것들을 생각해내다 보면 자기 삶의 긍정적인 측면에 초점을 맞출 수밖에 없기 때문에 행복 호르몬인 세로토닌을 증진시키고, 수면의 질을 높이기도 한다.[171]

에너지 파동의 변화

우리의 모든 삶은 에너지로 이루어져 있다. 의자, 강아지, 우리의 감정 등 모든 것은 형태만 다를 뿐 에너지라는 공통점을 가지고 있다. 모든 에너지는 파동으로 나타나는데, 감사 역시 그 에너지는 파동으로 전달된다. 이 파동은 동조현상을 불러온다. 동조현상이란 하나의 진동이 다른 진동과 일치하거나 조화를 이루는 반응을 말한다. 진심으로 감사하는 마음을 갖게 되면 뇌파와 심장 박동 수가 일치하게 된다. 우울한 사람이 있는 방에 들어가면 우울해지고 행복한 사람들과 어울리면 행복해지는 것도 동조현상 때문이다. 우리가 어떤 에너지를 발산하느냐에 따라 동일한 에너지가 되돌아온다. 주는 대로 받는 것이다. 우리가 사람이나 환경에 감사하는 마음으로 반응하면 긍정적인 동조현상을 끌어들여 삶이 더욱 행복해질 수 있다. 마음이 행복해지면 감사가 한결 쉬워진다.

감사하기의 법칙

감사가 자신의 삶에서 강력한 힘을 발휘하려면, 조건에 따라 감사하던 태도에서 벗어나 삶의 근본적인 자세가 '감사'로 바뀌어야 한다. 그러기 위해서는 일상을 바라보는 마음을 바꾸고, 삶 자체에 감사하고, 매일 감사하며 미리 감사하고 시련에도 감사하는 자세를 가

---

171) 알렉스 코브, 정지인역(2018), "우울할 땐 뇌과학", 심심.
이 책에서는 감사일기 쓰는 법을 간단하게 소개한다. 매일 몇 분간 시간을 내서 감사하다고 느끼는 일을 세가지 써보자. 좀 더 좋은 습관으로 만들려면 매일 같은 시간에 일기를 쓰도록 노력하자. 세 가지가 생각나지 않으면 한 가지라도 써라. 하나도 생각나지 않는다면 그냥 "오늘 먹은 음식에 감사한다" 또는 "오늘 입은 옷에 감사한다"라고 써라. 현재 상황의 90%가 마음에 안 들더라도 여전히 감사할 10%가 남아있다.

져야 한다.

마음 바꾸기

감사를 하기 위해 가장 먼저 일상을 바라보는 내 마음이 바뀌어야 한다. 당연하게 바라보는 것을 감사의 소재로 삼고 연습해야 한다. 그리고 평소에 갖고 있는 우리의 생각을 바꿔야 한다. 사람들은 대부분 부정적인 생각이 끊임없이 떠오른다. 그만큼 부정적인 말을 하게 된다. 부정적인 말을 하기 때문에 또 부정적인 생각이 떠오른다. 쉽게 생각이 들고 쉽게 말로 나온다. 반복되는 이 사이클은 의식적인 노력 없이는 바꿀 수 없다. 매일 24시간 눈을 뜬 순간부터 잠자리에 드는 그 순간까지 감사를 실천하겠다는 다짐을 하고 이를 위해 노력한다고 결심하지 않으면 자연스럽게 스며드는 부정적인 생각과 그 파동을 끊을 수 없을 것이다. 감사보다는 비난하고, 부정하고, 원망하고, 회피하는 것이 훨씬 쉽기 때문이다.[172]

삶 자체에 감사하기

오늘을 살 기회를 얻은 것은 우리에게 감사한 일이다. 우리에게 주어진 이 삶은 선물이다. 사실 우리가 감사에 직면하게 되는 순간은 바로 죽음이라는 먼 미래의 일이 지금 곧 당장 나에게 닥칠 현실이라고 느낄 때일 것이다. 스티브 잡스는 2005년 스탠퍼드대학교 졸업축사에서 "삶에서 큰 변화를 주도하게 된 가장 중요한 계기는 내가 곧 죽는다는 것을 기억하는 것이었다. 내가 언젠가 죽는다는 것을 기억하는 것은, 내가 아는 한 잃을 게 있다는 생각의 함정을 피하는 최고의 방법이다."고 말했다.[173] 삶에서 중요하게 생각하며 달려온 가치들 가령, 외부의 기대, 여러 가지 일에 대한 자부심과 자만심, 돈, 명예, 성공이 모두 내가 소유해야 하는 것이고, 없어서는 안되는 것이라고 생각한다면 감사는 나올 수가 없다. 실패에 대한 불안과 걱정, 가지고 있는 것들을 잃는 것에 대한 두려움이 '죽음'과 직면하게 되었을 때, 아무것도 아니게 된다. 그 수많은 불안과 걱정, 두려움으로 인해 생각지도 못했던 감사가 '죽음'앞에서 떠오르게 되고 지금 이 순간, 이 삶 자체에 대한 감사가 나오며 내 주변을 감사로 채우게 될 것이다.

---

172) 뇔르 넬슨 외, 위의 책
173) 강현순(2018), "미라클 라이팅", SISO

고대 페르시아 속담에 "발이 없는 사람을 보기 전까지는 내게 신발이 없다는 사실을 슬퍼했다"는 말이 있다. 다른 사람이 갖고 있지 못한 것에 눈을 돌리면 내가 갖고 있는 것이 얼마나 많은지를 생각하게 된다. 그리고 그것들을 당연시 여기지 않고 감사하는 마음을 갖게 된다. 더 나아가 우리가 갖고 있는 것에 감사한 마음을 갖게 된다.[174] 장례식장의 조문이나 중환자실에 입원한 환자를 방문해 본 사람은 지금 내가 숨을 쉬고 걷고 먹고 잘 수 있는 이 모든 것들이 얼마나 감사한 것인지 한번쯤 생각해 보았을 것이다. 우리에게 주어진 삶은 감사의 연속이 된다.

매일 감사하기

시간이 없다는 것은 핑계이고 감사 없이 하루를 그냥 보내 버린다면 하루의 삶이 어떻게 흘러가는지, 어떤 방향으로 되어 가는지 모르고 그냥 잠이 들고 다음날이 되고 또 그렇게 반복될 것이다. 시간이 없다고 느낀다면, 혹은 어떻게 해야 할지 모르겠다고 생각이 든다면 우선 작은 탁상달력을 준비해서 눈에 잘 보이는 곳에 두고 날짜마다 감사메모를 적는 방법을 시도해보는 것이 좋다. 한 달이 지나면 감사한 것이 얼마나 많은지 알게 할 것이다.

미리 감사하기

하루가 시작되는 시점에서 감사하기를 한다면 그날 하루 동안 일어날 일들에 대해 미리 감사하는 시간을 가질 수 있다. 친구와의 약속, 사랑하는 사람과의 나들이, 오랜만의 휴가 여행 등 즐거운 일정이 있다면 그 장면을 상상하면서 미리 감사할 수 있다. 혹은 시험, 면접, 이별 등의 실패나 어려움, 고난이 예상되는 경우 그 일을 잘 극복한 자신의 모습을 상상하며 감사를 느껴볼 수도 있다. 미리 감사하는 습관은 다가올 일을 미리 생각해 본다는 점에서 기대감을 갖게 하며 자신이 원하는 방향으로 상황을 변화시키기도 할 것이다.

시련에도 감사하기

지금 너무 고통스럽고 힘든 상황이라 감사가 나오지 않는데 감사가 가능할까? 형편없

---

174) 이민규(2003), "Positive Thinking : 자기긍정의 힘", 원앤원북스

다는 생각, 무능하다는 생각, 부족하다는 생각으로 억울함과 비참함, 열등감을 느끼고 자존감이 떨어지고 자신이 원망스러운 순간은 어떻게 감사가 가능할까?

감사라는 것은 자신이 느끼는 감정을 그것이 진짜 감정이든 가짜 감정이든, 나쁜 감정이든 좋은 감정이든 다 받아들이게 한다. 고통과 슬픔, 화와 분노는 잘못된 감정이 아니다. 감정은 그 자체로 틀리거나 잘못된 것은 없다. 우리는 그런 순간에 그 감정을 그대로 인정하면 된다. 우리는 그 상황에서 할 수 있는 감사가 무엇인지 찾아볼 수 있다. 어떤 상황에서도 감사한 것은 있기 때문이다. 그 상황이 바뀌길 기다리는 건 어쩌면 평생이 걸려도 불가능한 것일 수 있다. 하지만 지금 느껴지는 감정을 다스리는 건 지금 바로 '내'가 할 수 있는 일이다. 어렵고 힘든 일이지만 아주 작은 것에라도 감사를 찾아낸다면 자신이 겪고 있는 고통스러운 상황을 충분히 변화시킬 수 있다.[175]

자신이 존경하는 사람이 어떻게 살아왔는지 살펴보고 고통의 순간을 어떻게, 무엇으로 이겨냈는지 살펴보는 것도 도움이 된다. 인류 역사에는 반 고흐, 베토벤, 예수, 소크라테스, 헬렌켈러 등 감사함이 도저히 나올 수 없는 고통의 상황을 극심하게 겪었던 위대한 예술가, 작가, 위인, 지도자가 많다. 헬렌켈러는 "이 세상은 고통으로 가득하지만 그것을 극복하는 사람들로도 가득하다"라고 말했다. 고통과 시련을 극복하는 과정은 곧 한 개인의 발전 역사이면서 인류 전체의 발전이기도 하다. 그들이 고통을 극복함으로써 얼마나 더 훌륭한 존재가 되었는지에 대해 우리는 알 수 있다. 자신이 이전에 겪었던 어려움과 고통의 순간을 어떻게 극복했는지에 대해서 생각해 보는 것도 좋다. 모든 것은 생각하기 나름이다. 고통은 고통에 저항함으로써 생기기 때문에 때로는 고통이 멈출 때까지 그냥 내버려 두는 것도 좋다. 그러다 보면 고통 속에서도 그것을 극복할 기회를 찾아낼 것이고 이 어려움을 이겨낸 후에 어떤 선물이 있을지 고통이 가져다주는 변화에 대해 기대할 수도 있을 것이다. 현재 어려움을 겪고 있다면 혹은 고통이 예상된다면 '여기서 기회는 무엇인가?'라는 질문을 끊임없이 할 때 인생이 어떻게 달라질지 상상해보자.[176]

175) 뷜르 넬슨 외, 위의 책
176) 윌 파이, 최은아역(2019), "인생이 바뀌는 하루 3줄의 감사의 기적", 포레스트북스

감사하기 방법-감사 세기 습관

감사한 것을 세어 보는 습관을 갖도록 노력하면 행복해진다는 심리학 연구들이 있다. 한 실험에 참가한 학생들을 세 집단으로 나누고 한 집단의 학생들에게는 일주일 동안 감사하다고 느끼는 일을 다섯 가지씩 적도록 하고 다른 한 집단은 5가지 불만스러운 일을, 나머지 한 집단에게는 자신에게 일어났던 중요한 일들 중 5가지를 적게 했다. 그 결과 감사한 것을 적은 학생은 불만스러운 일과 중요한 일을 쓴 학생들보다 훨씬 더 행복하고 즐거운 생활을 했다. 또한 두통이나 기침, 메슥거림과 같은 아픈 증상도 별로 나타나지 않았고 운동을 더 많이 했으며 심지어 친구들을 더 많이 도와주는 것으로 나타났다.[177]

감사를 세어보는 것은 생각보다 간단하게 실천할 수 있다. 하루 중 감사한 것에 대해 떠올리고 손가락으로 세면서 나지막이 말해본다거나, 친구 동료 혹은 가족들 등 가까운 사람과 오늘 하루 있었던 감사한 것을 나누는 것이다. 이것에서 만족하지 않고 감사하는 것이 일회성이 아닌 습관이 될 수 있도록 좀 더 적극적으로 감사를 셀 수 있는 방법은 감사한 것들에 대해 일기를 써 본다거나, 감사한 사람에게 감사편지를 쓰는 것이다.

감사일기를 쓰는 법

버클리 대학교 행복학생센터의 연구결과에 따르면 아침 또는 저녁에 감사한 일을 3가지만 적어도 다양한 경로로 긍정적 결과가 만들어진다고 한다.[178] 감사일기를 쓸 때에는 나만을 위한 시간을 정해두고 쓰는 것이 좋다. 하루 최소 5분만이라도 나의 하루를 돌아보며 나를 생각하고 감사한 것들을 떠올리며 그것을 적어보자.

---

177) 서울대학교 행복연구센터(2013), "행복교과서", 주니어김영사
178) 윌 파이, 최은아역(2019), "인생이 바뀌는 하루 3줄의 감사의 기적", 포레스트북스

1. 긍정표현으로 감사하기 '~하지 않아서 감사하다'가 아니라 '~해서 감사하다'

더운 날인데 밖이 아니라서 감사하다.
→ 더운 날인데 시원한 실내에서 있을 수 있어 감사하다.

발을 다쳤는데 손은 다치지 않아서 감사하다.
→ 발은 다쳤지만 손으로는 일을 할 수 있어서 감사하다.

2. '때문에'가 아니라 '덕분에'라는 단어로 감사하기

친구들이 응원해 준 덕분에 용기를 낼 수 있었어.

당신이 기다려준 덕분에 오늘도 일을 잘 마무리할 수 있었어.

엄마가 해 주신 미역국 덕분에 오늘 하루가 든든해요.

자전거를 잃어버린 덕분에 오랜만에 집까지 걸어서 왔어. 걷다 보니 기분 전환
도 되고 운동도 되는 것 같아.

3. 구체적인 상황을 표현하기

눈 덮힌 설악산에 올라 이렇게 멋진 풍경을 볼 수 있음에 감사합니다.

헐레벌떡 뛰어와 목이 너무 말랐는데 물 한 잔을 내어주셔서 감사합니다.

오늘 경연대회 결승날이라 너무 떨렸는데 너희들이 응원을 해 준 덕분에 더 용
기를 낼 수 있었어. 고마워.

4. 모든 문장은 '감사합니다'로 끝맺기

오늘 또 새로운 하루를 허락해 주셔서 감사합니다.

재치있는 말로 나를 도와주셔서 감사합니다.

생명이 움트며 자라기 시작하는 4월, 태어나서 감사합니다.

꾸준히 감사일기를 써보자. 기록은 기억을 지배한다는 말처럼 감사일기는 말로는 사라져
버릴 일상에 대한 우리의 기억을 감사함으로 만들어주고 그것은 삶의 원동력이 될 것이다.

감사편지를 쓰는 법

감사편지는 특별히 정해진 형식은 없으며 마음 내키는 대로 쓰면 된다.[179] 가능하면 상대방의 얼굴을 보고 직접 읽어주거나, 직접 찾아가서 편지를 전하고 당신이 있는 잘리에서 읽어보게 하면 좋다. 직접 전달하기 어렵다면 우편이나 팩스, 이메일로 보낸 다음 전화로 확인한다. 이런 방법이 여의치 않다면 상대방에게 읽어주듯 혼자 소리내서 읽는다. 당신만의 특별한 추억이 깃든 장소에서 해도 된다. 이 방법은 특히 부모나 배우자, 친구 등 세상을 떠난 사람들에게 감사의 인사를 하고 싶을 때 하면 좋다.

1. 편지를 쓰는 이유를 적는다.
2. 감사한 부분을 되도록 구체적으로 쓴다.
3. 감사한 일에 대해 구체적인 예를 들어 설명한다.
4. 상대방의 행동이 자신에게 어떤 영향을 끼쳤는지 쓴다. 당신이 배운 것과 도움이 된 것도 함께 적는다.
5. 편지 내용을 두 번 읽어보고 당신의 생각과 감정이 잘 표현되었는지 확인한다.

직접 만나서 전달하고 말하지 않아도 좋다. 일주일에 한 번 15분씩 8주간 감사편지를 쓰기만 하고 전달은 안한 사람들도 더 행복해졌고, 9개월이 지난 뒤에도 여전히 행복한 것으로 밝혀졌다. 이는 감사편지 자체가 자신을 돌아보게 하고 감사하게 하는 도구이기 때문이다.[180]

감사를 세는 습관은 나의 일상을 감사로 이끌고 나아가 감사의 삶으로 들어가게 할 것이다. 그러니 우선 한번, 지금 당장 감사를 세어보자. 오늘 어떤 일이 있었는지, 누구와 만났는지, 무엇을 먹고, 무엇을 했는지 떠올려 보고 그것과 관련된 감사를 세어보자. 아침에 일어나서, 일과 중, 잠들기 전, 우리는 언제든 마음만 먹으면 어떤 방법으로든 감사세기를 할 수 있다. 혹 감사세기를 잊었더라도, 못했더라도 감사한 것은 내일 우리는 다시 또 시작

179) 앤서니 그랜트, 앤리슨 리, 정지현 역(2013), "행복은 어디에서 오는가", 비즈니스북스
180) 서울대학교 행복연구센터, 위의 책

할 수 있다는 것이다.

욕구별 감사하기 방식

생존의 욕구

감사는 자기 만족이 되어야 나오는데 생존의 욕구가 높은 사람들은 자기 기준이 높고 기대수준이 높아 주어진 것들에 대해 당연하다는 생각이 많아 감사하기가 쉽지 않다. 자기 기준에 의해 사람이나 상황을 판단해서 불평 불만을 내뱉기도 한다. 하지만 감사가 자신의 삶에 당위로 다가오는 순간이 되면 일상의 세세한 부분에 대해 하나하나 언급하며 감사하게 된다.

사랑의 욕구

사랑의 욕구가 높은 사람들은 태생적으로 고마움을 잘 느낀다. 이들은 관계속에서 주고받는 것들에 대한 감사를 많이 하는 편인데 나를 사랑해주고 아껴주는 사람에 대한 감사를 가장 잘한다. 이들은 상대가 자신에게 조금만 관심을 기울이고 마음을 써줘도 크게 감동받고 좋아하며 그 사람에게 어떤 식으로든 감사한 마음을 표현한다. 감사한 마음을 하트 표시를 넣어 표현하기를 좋아하고 문자든 SNS든 소통이 되는 어떤 곳에서든 자신의 마음을 표현한다. 그리고 크고 작은 선물로 감사의 마음을 전달하기도 한다.

힘의 욕구

힘의 욕구가 높은 사람들은 자신이 이룬 것에 대한 감사, 성취한 것에 대한 감사가 많다. 또 자신이 존경하는 사람, 도움받은 사람, 멘토에게 감사를 잘 표현한다.

자유의 욕구

자유의 욕구가 높은 사람들은 구체적이거나 세밀하지는 않지만 전체적인 감사가 주를 이룬다. 무엇 무엇이 감사하다 보다 오늘 하루가 참 감사하다는 두루뭉술한 감사 표현이 많다. 누군가 자신에게 도움을 주려고 하면 그런 것을 하지 않아도 된다는 표현을 쓰기도 한다.

즐거움의 욕구

　즐거움의 욕구가 높은 사람들은 감사를 할 때 감탄사를 사용하며 감사를 표현한다. 이들에게는 즐거운 감정으로 모든 것을 바라보기 때문에 상황과 대상에 대해 특별한 무엇 때문이 아니라 그냥 그 자체로 감사해 하는 경향이 있다.

다양한 감사하기 기술

고마워, 나의 몸

내 몸에서 찾을 수 있는 특징을 머리에서부터 발끝까지 찾아 적어보고
그에 따른 감사함을 생각하기

[진행방법]

① 활동지를 배부한다.

② 머리부터 발끝까지 신체 각각의 부위에서 감사한 것을 생각해본다. 감사한 것은 자신의 성격이나 외모, 장점, 잘하는 것, 열심히 하는 것, 노력하고 있는 것, 잘 먹는 것, 키가 큰 것 등 자신을 나타내는 어떤 것이든 가능하다.

③ 그와 관련하여 그림을 간단하게 그리고 감사한 내용을 적는다.

　(예) 귀 -나는 노래를 좋아한다. 노래를 좋아하는 나는 음악을 들으면 기분이 좋다. 노래를 들으며 기분 좋아지는 것에 감사한다.

　머리 : 나는 논리적이다. 논리적인 나는 말을 잘한다. 논리적으로 말할 수 있는 것에 감사한다.

　위 : 나는 대식가다. 먹는 것을 정말 좋아한다. 위장이 잘 소화시켜주니 감사하다.

　다리 : 나는 청바지를 즐겨 입는다. 잘 어울리기도 하고 편해서이다. 나를 패셔니스타로 만들어주는 청바지가 감사하다

　손 : 나는 손을 잘 씻는다. 손을 잘 씻어서 그런지 감기에 쉽게 걸리지 않는다. 면역력이 강한 내 몸에 감사하다.

④ 모둠 안에서 모둠원들과 이야기한다.

[유의사항 및 기타]

· 진지하게 자신의 특징을 생각하고 그에 맞게 감사의 내용을 작성할 수 있도록 안내한다. 자신의 특징은 잘하는 것, 못하는 것에 대한 구분 없이 어떤 것이든 작성해도 좋다.

· 시간이 부족할 경우 손, 발, 눈, 코, 입 등 신체 부위가 그려져 있는 활동지를 나눠주고 감사의 말만 작성하게 해도 된다. 학생들은 같은 신체 부위를 보면서도 저마다 느낀 감사의 제목들이 다 다름을 알 수 있게 된다.

[개발자]

오정화

고마워 . 나의 몸 (비주얼싱킹)

___학년___반___번 이름 : _____

머리부터 발끝까지 나의 몸과 관련하여 감사한 것을 그리고 설명해보자.

1	2	3
4	5	6
7	8	9

다양한 종류로 구성되어 있는 사물단어카드를 펼치고 숫자 5 조합이 되면 감사를 말한다.

[진행방법]

① 카드를 받고 4명이 동일하게 나눈다. (4인 기준 8장씩 총 32장) 이때

② 카드는 단어가 보이지 않게 뒤집어 둔다.(카드에는 단어와 숫자가 쓰여져 있다.)

③ 종(탁상벨, 할리갈리 종 등)을 가운데 배치하고 4명이 동시에 단어가 보이도록 카드를 펼친다.

④ 어떤 조합으로든 펼쳐진 카드의 숫자 합이 5가 만들어지면 누구나 종을 칠 수 있다. (예: 0.1.2.3 => 2와 3이 있으므로 가능/1.3.3.3 => 합이 숫자 5가 되는 것이 없으므로 불가능/ 1.1.3.3 => 1과 1 그리고 3으로 숫자 5가 만들어지므로 가능/ 0.0.2.3, 0.1.1.3, 0.1.2.2 => 이 조합은 4개의 합이 5가 모두 되므로 가능/ 2.3.2.3 => 숫자 합 5가 나오므로 가능) 숫자 합 5는 최대 2개까지 만들어진다. (2.3.2.3만 가능함)

⑤ 종을 가장 먼저 친 사람은 숫자 합 5를 만든 카드 조합이 무엇인지 손가락으로 짚어서 친구들에게 알려준다.

⑥ 해당 카드에 있는 단어와 관련된 감사를 1개씩 말하고 해당 카드를 동시에 가져와 자기 카드 밑에 넣는다. (예 : 펼쳐진 카드가 1.1.2.3일 경우 1.1.3 조합으로 감사를 말했다면 1.1.3 카드만 가져올 수 있고. 2.3 조합으로 감사를 말했다면 2.3 카드만 가져올 수 있다. 0.0.2.3일 경우, 0 카드도 감사를 말하면 가져올 수 있다. 즉 감사를 말한 카드만 가져올 수 있다. 감사를 말하지 못하면 카드는 가져갈 수 없다.)

⑦ 가져간 카드로 인해 그 카드 밑에 있는 카드가 오픈되었을 때 숫자 조합이 5가 나온다면 다시 종을 칠 수 있다. 숫자 조합 5가 없을 경우, 다시 모둠원 모두 동시에 카드를 펼치면 게임을 반복 진행한다.

⑧ 게임을 진행하다가 자기 차례에 더이상 펼칠 카드가 없는 사람이 1명이라도 발생하면 게임은 종료되고 카드 개수가 많은 사람이 승자가 된다.

[유의사항 및 기타]

· 종을 칠 상황이 아닌데 실수로 종을 잘못 친 경우에는 다른 플레이어 모두에게 자기 카드 더미에 있는 카드를 1장씩 나눠줘야 한다.

· 한 번에 가져올 수 있는 카드 수는 최소 2장에서 최대 4장이다. 3.3.2.3 조합일 경우 해당 사물의 감사를 말하면 2와 3에 해당하는 카드 2장을 가져올 수 있고, 2.3.2.3 조합일 경우 감사를 말하면 카드 4장을 모두 가져 올 수 있다. 숫자 5를 만들 수 있는 조합은 모두 가능하다.

· 이 게임을 하기 전 단어카드를 하나씩 내놓으며 사물 감사를 진행해도 좋다.

방법1.

단어카드를 하나씩 내놓으며 해당 단어에 대한 감사 1개씩만 말한다.

① 사물카드를 동일하게 나눈다.

② 자신의 카드를 보이지 않게 뒤집어 둔 후 4장을 골라 손에 들고 부채모양으로 펼친다.

③ 선인 사람이 오른쪽 사람의 손에 든 카드 중 하나를 골라 가운데 내려놓으며 해당사물의 감사를 1개 말한다.

④ 계속 반복한다.

방법2.

숫자에 쓰여진 만큼 감사를 말한다. 이때 0의 경우 펼쳐져있는 카드 모두 1개씩 감사를 말한다.

① 사물카드를 동일하게 나눈다.

② 자신의 카드를 한 장 골라 내려 놓으며 단어와 숫자를 말하고 해당사물의 감사를 숫자만큼 말한다.

③ 반복 진행한다.

[개발자 / 참고문헌] 오정화

[할리갈리 감사 사물카드 예시]

앞 사람이 말한 감사한 내용을 다음 사람이 이어받아 새로운 감사내용을 말한다.

[진행방법]

① 한 사람이 일어나 지금 생각나는 감사한 것을 한 문장 말한다.

   (예) '오늘 많이 더웠는데, 시원한 에어컨과 선풍기가 있어서 감사합니다.'

② 다음 사람이 일어나 앞 사람의 감사한 내용과 연결된 감사의 내용을 찾아 말한다.

   (예) '에어컨과 선풍기를 달아주신 분께 감사합니다. 더워지기 전 선풍기를 깨끗하게 씻은 우리 모두에게
      감사합니다. 더운 날에도 친구들과 함께 생활할 수 있어 감사합니다' 등

③ 중복되지 않는 내용으로 다음 사람이 이어 말한다.

④ 첫 번째 사람이 전체 나온 감사의 내용을 생각나는 대로 다시 한번 말한다.

⑤ 모두 말하고 난 후 이렇게 감사할 것들을 찾을 수 있음에 '감사합니다'라고 말한다.

[유의사항 및 기타]

· 모든 것은 다 연결되어 있고 감사의 거리를 많은 것에서 찾을 수 있음을 알게 하는 활동이다. 어떤 것이든
  감사의 대상이 될 수 있음을 확인하고 감사하는 것이 어렵지 않음을 깨닫는다.

· 시시콜콜한 것도 감사할 수 있도록 유도하는 것이 좋다. 교사가 먼저 시범 보이기를 해도 좋다.

· 학기말 학급 친구들에 대한 감사 이어달리기를 하면 친구에게 고마웠던 것들을 공개적으로 이야기하는
  시간을 통해 팀워크를 단단하게 하는 계기가 될 수 있다.

[개발자 / 참고문헌]

오정화

링 메모지에 하루 1번씩 감사한 일을 한 문장으로 쓰고
100개의 감사를 완성한 후 공개 인증하기

[진행방법]

① 교사가 링 메모지를 개인당 1개씩 준비한다.

② 앞표지에는 "감사"글자로 자유롭게 타이포그래피를 만들고 뒤표지에는 자신의 이름을 자유롭게 표현한다.

③ 오늘 하루 감사한 일을 떠올리며 한 문장으로 작성한다. 메모지 한 면당 1개의 감사내용을 적는다. 감사는 나 자신에 대한 감사와 타인, 사물에 대한 감사 등 모든 감사를 포함한다. 즐겁거나 도움 받았던 일, 나의 장점이나, 나에게 주어진 기회나, 오늘 배운 것, 깨달은 것, 함께 한 것, 먹은 것 등 어떤 것에 대한 감사이든 상관없다.

④ 한 개의 감사를 적을 때마다 스스로 카운팅을 하여 표시한다.(예) 감사1, 감사2 …

⑤ 작성 후 약속된 장소에 걸어둔다. 이 때 뒷면이 보이도록 걸어둔다. 뒷면에는 이름이 표시되어 있다.

⑥ 다음날 아침이 되면 모두의 링메모지를 앞표지로 뒤집어 걸어둔다. 이 활동은 1명이 꾸준히 할 수 있도록 담당자를 정하는 것이 좋다.

⑦ 하루 중 아무 때라도 자유롭게 링 메모지를 가져와 감사내용을 작성하고 바로 걸어둔다.

⑧ 100개의 감사가 완성되면 해당 감사 프로젝트 링 메모지 주변에 하트가 표시된다.

⑨ 하트가 표시된 프로젝트의 감사내용은 모두가 볼 수 있으며 한 번씩 볼 때마다 칭찬스티커를 붙여준다.

[유의사항]

· 학급 한 켠의 공간을 만들어 학급원 모두(참여자 전원)가 자신의 링 메모지를 걸어놓을 수 있도록 준비하고 프로젝트를 시작한다.

· 링 메모지는 100개의 감사 내용이 적힐 수 있는 분량의 것으로 준비한다. 링 메모지의 사이즈는 보통 단어장 정도의 사이즈로 준비하는 것이 좋다. 시중에 판매하고 있는 제품의 경우 12*7 정도이고 약 60여 장으로 구성되어 있다.

· 100일 동안 매일 1개의 감사를 적게 하는 것으로 진행할 수도 있다.

· ⑨단계에서 다른 사람의 감사메모를 볼 때의 규칙을 미리 정하는 것이 좋다.

[개발자 / 참고문헌] 오정화

사례 속 감사한 내용을 돋보기로 확대하듯 찾아내기

[진행방법]

① 동화책 1권을 모둠별로 선택한다.

② 가위 바위 보로 돋보기 역할을 할 사람을 선정한다.

③ 다같이 책을 읽는다.

④ 책을 읽다가 감사돋보기가 "돋보기!"라고 외치면 책읽기를 멈춘다.

⑤ 감사돋보기를 제외한 모든 사람은 현재 펼쳐진 책의 페이지에서 감사의 내용을 찾는다.

⑥ 찾은 사람은 감사돋보기에게 신호를 준다. 이때 신호는 간단하게 손을 들어 표시하거나 엄지손가락을 치켜 올리거나 등의 방법을 사용할 수 있다.

⑦ 모두 찾은 후 감사돋보기가 다시 "돋보기!"라고 외치면 한명 씩 돌아가며 자신이 찾은 감사의 내용을 말한다.

⑧ 정해진 시간 동안 진행하고 끝난 후 감사돋보기들은 모둠에서 가장 인상 깊은 감사돋보기 내용을 발표한다.

[유의사항 및 기타]

· 동화책 대신 신문이나 잡지 등 어느 것이든 활용할 수 있다.

· ⑥단계에서 감사내용을 찾는 시간을 "돋보기!"라고 외친 순간부터 1분 등 시간을 정해두고 진행할 수도 있다.

[개발자 / 참고문헌]

오정화

무지개를 그린 후 무지개 각 색깔마다 가족, 친구, 이웃, 학교, 나라, 세계, 환경 등
나를 둘러싼 모든 것들에 대한 감사를 생각하며 색깔펜으로 적기

[진행방법]

① 무지개가 그려진 활동지를 배부한다.

② 첫 번째 무지개 칸에 가족에게 감사한 것을 생각나는 대로 다 적는다. 이때 무지개 색깔을 정해 같은 색
으로만 적도록 한다.

③ 두 번째 무지개 칸에는 친구, 세 번째 칸에는 이웃에 대해 감사한 것을 적는다.

④ 네 번째는 학교(선생님), 다섯 번째는 나라(대통령), 여섯 번째는 세계, 일곱 번째는 환경(동식물, 생태계
등) 순으로 감사한 것들을 적는다.

⑤ 완성 한 후 모둠원들과 함께 나눈다. 이야기를 듣고 난후 "감사이야기를 들려줘서 고맙습니다"라고 말한다.

[유의사항 및 기타]

· 같이 사는 반려동물에 대한 감사가 들어갈 수도 있다. 감사의 대상은 예를 들어주고 학생들이 자유롭게
각 칸마다 자신이 원하는 대상을 선택해 작성하도록 안내한다.

[개발자 / 참고문헌]

오정화

무지개감사

___학년___반___번 이름 : _____

무지개 색깔마다 가족·친구·이웃·학교·나라·세계·환경 등 나를 둘러싼 모든 것들에 대한
감사를 생각하며 적어보자.

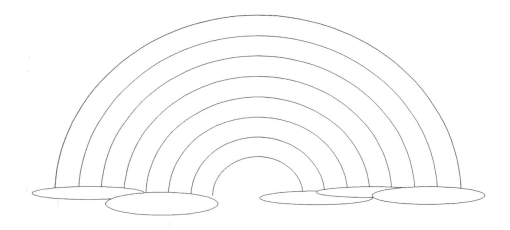

14장.
성찰하기

왜 성찰인가?

성찰의 의미

성찰(省察)의 사전적인 의미는 '마음속으로 깊이 반성하여 살피는 것'이다. 대개 문제가 발생하면 외부에서 그 원인을 찾으려고만 하고 내부에 대하여 제대로 살피지 못하는 경우가 많다. 그러므로 문제 해결에 있어서 먼저 내부의 생각이나 행동 등을 돌아보는 것이 중요하다.

성찰의 주체는 자기 자신이나 자기가 몸담고 있는 공동체(가정, 학교, 직장, 사회)이다. 특히 자기 자신에 대한 성찰이 전제되어야 자기가 속한 공동체 차원에서의 성찰도 가능하다. 그러므로 자기 성찰이 성찰의 기본적인 출발점이 된다. 그래서 유가에서는 '수신제가치국평천하(修身齊家治國平天下)'를 강조하였다.

자기 성찰은 반성(反省)에 머물지 않고, 돌이켜 봄으로써 과거로부터 벗어나 새로운 나로 거듭나는 것을 의미한다. 자기 부족함을 바라보는 것으로 그치는 것이 아니라 자기 부족함을 채워가기 위해 노력해야 한다.

전통 사상에서 바라본 성찰의 중요성

동서고금을 막론하고 전통적으로 성찰은 자기 인격을 완성하는 기본자세라고 여겼다.

유가에서는 자기 인격을 수양하는 자세로서 성찰을 강조하였다. 공자는 자기 성찰을 중시하여 내면을 돌이켜보아 근심과 두려움이 없다는 내성불구(內省不疚)를 이야기하였다. 증자는 매일 3번 성찰하는 시간을 가졌고[181], 퇴계 이황은 마음에서부터 자기성찰을 통해 세계 인식과 참여의 출발점으로 생각하여 마음을 올바르게 가지려고 하였다. 불교에서는 자기 내면에 집중하여 먼저 자기를 돌아보는 성찰을 중요시하게 여겼다. 법구경 화향품(法句經 花香品)에서는 불무관피 작여부작(不務觀彼 作與不作) 상자성신 지정부정(常自省身 知正不正)이라 하여 '남의 잘못을 보고 이렇다 저렇다 하지 말라. 언제나 스스로를 먼저 살펴 옳고 그름을 알라'고 강조한다. 도가에서도 도(道)를 깨닫기 위한 자세로서 성찰을 강조했다. 노자는 '남을 아는 것이 지혜라면, 자기를 아는 것이 밝음이다. 남을 이기는 것이 힘 있음이라면 자기를 이기는 것은 정말로 강한 것'이라고 말했다.[182]

서양의 소크라테스는 무지(無知)의 지(知)를 이야기하면서 '너 자신을 알라'고 강조하였다. 데카르트는 '나는 생각한다. 고로 존재한다'고 하면서 '성찰하는 나'를 철학적 사고의 가장 확실한 근거로 보았다. 성경에서도 '다른 사람의 눈 속에 있는 티를 보지 말고 먼저 자기 눈 속에 있는 들보를 뺄 것'을 경고한다.[183]

자기성찰지능(Intrapersonal Intelligence)

하워드 가드너는 전통적인 지능을 비판하면서 대안으로서 8가지 다중 지능을 제시한다. 그중에서 자기성찰지능과 대인지능은 인성 지능이라고 볼 수 있다. 대인 지능(Interpersonal Intelligence)이란 '다른 사람의 욕구와 동기, 의도를 이해하고, 다른 사람과 효과적으로 일할 수 있는 능력'이다.

자기성찰지능(Intrapersonal Intelligence)이란 '자신을 이해하고, 자신의 욕구, 욕망,

---

181) 논어 학이편, 曾子曰 吾日三省吾身 爲人謀而不忠乎 與朋友交而不信乎 傳不習乎
   ① 남을 위해 도모함에 충성스럽지 않았는가? ② 벗들과 사귐에 신뢰를 어겼는가? ③ 스승에게 전해 받은 학문을 익히지 않았는가?

182) 노자의 도덕경, 知人知者, 自知者明, 勝人者有力, 自乘者强

183) 마 7:3

두려움, 재능 등을 잘 다루어 효율적인 삶을 살아갈 수 있는 잠재력'이다.[184] 자기성찰지능이 높은 사람은 자신에 대한 이해가 뛰어나고, 자기 자신에 대한 관심이 많다. 자기에 대하여 예민하며 정확하게 바라보기 때문에 자신의 감정, 능력을 잘 파악하고 있으며, 자신의 미래 모습에 대한 고민이 많고 준비를 한다. 자기성찰지능이 낮은 대표적인 사례가 자폐증 환자들인데, 대개 나에 대한 인식이 결여되어 있다. 가드너는 그가 제시하는 8가지 다중지능 중에서 자기성찰지능을 가장 핵심적인 능력으로 강조한다. 유명한 위인들에 대한 연구를 통해서 그들의 공통점의 하나는 자기성찰지능이 뛰어나다는 것이다. EBS 아이 사생활 편에서는 이를 실험으로 증명하였다.[185] 자기 분야에서 두각을 드러난 패션 디자이너 이상봉, 가수 윤하, 발레리나 박세은, 외과의사 송명근 등 4인을 다중지능 관점에서 분석했더니 놀랍게도 공통된 다중지능이 바로 자기성찰지능이었다. 이를 통해서 알 수 있는 것은 자기 자신을 잘 알아야 자기의 잠재 능력을 발휘할 수 있다는 것이다.

성찰의 방법

자기 내면에 대한 알아차림

성찰에 대한 심리학적 접근이 체계적으로 이루어지고 있는 이론이 게슈탈트 심리학이다. 게슈탈트 심리학에서는 성찰을 '알아차림'의 개념으로 설명한다. 알아차림이란 사람이 자신의 삶에서 현재 일어나고 있는 중요한 현상을 방어하거나 피하지 않고 있는 그대로 지각하고 체험하는 행위를 말한다. 현재 순간에 중요한 자신의 욕구나 감각, 감정, 생각, 행동, 환경과 자신이 처한 상황 등을 지각하는 것이다.[186]

자기 내면에 대한 알아차림을 위해서는 신체 감각, 욕구, 감정, 내적인 힘, 사고 방식, 행동에 대한 알아차림이 필요하다.

• 신체 감각에 대한 알아차림

자신의 욕구와 감정은 신체와 밀접하게 연결되어 있다. 그러기에 신체감각을 알아차리

---

184) 하워드 가드너, 문용린 역 (2001), "다중지능, 인간지능의 새로운 이해", 김영사
185) EBS 다큐프라임, 2011. 6. 3 방영
186) 김정규(1995), "게슈탈트심리치료", 학지사

면 욕구와 감정을 파악할 수 있다. 종종 일부 학생들은 배가 아프다고 말하는 경우가 있는데, 신체적인 문제나 질병이 없음에도 불구하고 신체적인 통증을 느낄 수 있다. 단순한 꾀병이 아니라 정신적인 문제가 신체적 통증으로 연결되어 실제로 통증을 느낄 수 있다. 사람은 항상 신체적 상태가 좋은 것이 아니기 때문에 자기 신체적 상태를 파악하고 이를 주변에 알림으로서 배려와 도움을 받거나 갈등을 예방할 수 있다.

(예) 배가 부르다, 몸이 피곤하다, 머리가 아프다, 몸이 가볍고 움직임이 편하다 등

· 욕구에 대한 알아차림

욕구는 인간 내면 속에 있는 근본적인 원하는 그 무엇이다. 이러한 욕구를 이해해야 감정을 이해할 수 있고, 감정을 이해해야 행동을 이해할 수 있다. 감정과 행동과 달리 욕구는 어른들도 쉽게 파악하기 힘든 경우가 많다. 특히 학생들은 자기 욕구가 무엇이고, 그 욕구가 채워지거나 채워지지 않음으로서 어떠한 감정과 행동을 하게 되는지 잘 모르는 경우가 많다. 그러므로 교실에서 학생들에게 욕구에 대하여 가르치고 자기 욕구를 알아차리고 표현하는 방법을 가르치는 것은 매우 의미가 있다.

(예) 사랑하고 싶다, 인정받고 싶다, 안정적 상태에 있고 싶다, 즐겁고 재미있게 놀고 싶다 등

· 감정에 대한 알아차림

감정이란 자신의 욕구와 관련하여 주관적으로 체험하는 느낌이다. 사회적으로 긍정적인 감정은 표현하기 쉬우나 부정적인 감정을 표현할 수 있는 기회가 적다보니 감정을 억압하는 경우가 많다. 부정적인 감정도 표현할 수 있어야 상대방으로부터 이해받을 수 있고, 다른 사람과의 의사소통이 가능해질 수 있다. 특히 학생들의 경우는 감정을 느껴도 그 감정이 무엇이고, 그 감정을 어떻게 긍정적으로 표현해야 할지 모르는 경우가 많다. 그러므로 감정 자체에 대한 교육이 필요하고 자기 감정을 잘 표현하는 것도 가르칠 필요가 있다.

(예) 즐겁다, 슬프다, 괴롭다, 무덤덤하다, 슬프다, 화가 난다, 짜증이 난다 등

· 내적인 힘에 대한 알아차림

내적인 힘에 대한 알아차림이란 자신이 가지고 있는 힘을 스스로 자각하여 활용할 수

있도록 하는 것이다. 인생은 문제의 연속체이다. 다양한 실생활 문제를 해결하는 것이 인생인데, 사람이면 누구나 자기 삶을 풀어갈 수 있는 내적인 힘을 가지고 있다. 그런데 자기가 문제를 해결할 수 있는 힘이 없다고 생각하거나 반대로 허세에 빠져서 문제를 해결할 수 없는 것도 다 해결할 수 있다고 생각할 수 있다. 특히 문제 학생의 경우, 자기 학습 능력이 부족하다고 생각해서 학습 자체를 포기하거나 무기력한 상태에 빠져 있는 경우가 많다. 반대로 친구들 앞에서 자기 힘을 부풀려서 말해서 친구들에게 인정받고자 잘못된 행동을 하는 경우도 있다.

(예) 나는 과학 실험을 잘할 수 있다. 나는 숙제를 기한에 맞추어 할 수 있다. 나는 친구들과의 오해를 풀 수 있다. 나는 현재 수영을 잘하지 못한다. 등

• 사고 방식에 대한 알아차림

사고 방식은 자기 신념이나 자기가 속해 있는 문화 등에 영향을 받는다. 사람마다 가치관과 신념이 다르다. 가치란 원하는 것, 추구하는 것, 바라는 것, 좋아하는 것 등을 말하는데, 가치들의 우선순위가 체계화된 것이 가치관이다. 사람마다 가치관이 다르다보면 같은 상황에서도 다른 행동을 할 수 있다. 신념은 대개 개인적 생활과 체험을 통해 자연스럽게 형성되는 경우가 많다. 합리적인 신념도 있지만, 비합리적인 신념도 존재한다. 비합리적 신념을 가지고 있는 학생들은 문제 행동을 해도 그것을 도덕적으로 문제가 된다고 생각하지 않는다.

(예) 목표를 달성하기 위해 놀지 않고 열심히 공부한다. 특정 친구에 대한 편견을 가지고 차별을 한다. 등

• 행동에 대한 알아차림

대개 의도적으로 행동을 하기도 하지만 때때로 자기 행동을 인식하지 못하는 경우도 있다. 습관적인 행동이나 무의식적으로 하는 행동이 여기에 해당한다. 예컨대, 학생들이 자기도 모르게 욕을 넣어서 일상 대화를 하는 경우가 있다. 욕이 좋은 것이 아니라는 것을 알고 있어도 습관적으로 욕이나 비속어를 사용하다 보면 자연스럽게 자기의 언어적 표현 속에 욕이 자연스럽게 들어갈 수 있는 것이다. 특히 부정 행동에 대한 알아차림이 있어야 학

생이 스스로 행동 수정을 할 수 있게 된다.

(예) 짝꿍과 이야기를 한다. 친구들과 운동을 한다. 친구를 왕따시킨다. 점심시간마다 흡연을 한다. 등

관계에 대한 알아차림

교실에서 학생들은 다양한 관계를 맺고 살아간다. 학생과 학생, 학생과 교사의 관계를 맺고 있다. 좀 더 나아가 가족이나 다양한 사람들과도 관계를 유지한다. 학생 자신이 친구들과 어느 정도 관계를 맺고 있는지 성찰하는 시간을 가지게 하는 것은 의미가 있다. 개인주의적 성향의 아이 경우, 사회성이 낮고, 친구들과의 관계성을 그리 중요하게 생각하지 않을 수 있다. 하지만 자신의 현재 교우 관계성 정도를 파악하면 사회적 관계를 맺는 것이 얼마나 중요한지 깨달을 수 있는 기회가 될 수 있다.

교실에서 학생이 자기와 관계를 맺고 있는 친구들을 사회적 상호작용의 횟수에 따라 단계별로 기록해보면 좋다. 심리적인 친밀함의 정도에 따라 단계별로 기록하는 것도 좋다. 그리고 학생이 신뢰하는 대상이 누구인지를 기록하고 그 이유가 무엇인지를 써보게 하면 자신의 관계 상태를 파악하는데 좋다. 교사도 학급 학생들을 대상으로 학생 설문조사를 통해 교우 관계도를 그려보면 생활 지도하는 데 있어 큰 도움이 된다.

배움에 대한 알아차림

교실에서 중요한 알아차림 중의 하나가 학생이 자기 배움에 대한 알아차림을 인식하는 것이다. 학습코칭에서는 이를 '메타 인지(metacognition, 超認知)'로 부른다. 학생들의 학습 효과를 올리기 위해서는 학생 자신이 무엇을 알고, 무엇을 잘 알지 못하는지 깨닫게 해주는 것이 매우 중요하다. 배움에 대한 알아차림을 확인할 수 있는 좋은 방법 중의 하나가 배움일지를 쓰는 것이다. 별도의 배움 노트를 만들어 사용할 수 있고, 기존 학습플래너와 겸하여 쓸 수도 있다. 일반 노트 필기 시 학습 내용만 기록하는 것이 아니라 해당 수업을 통해 배운 것, 느낀 점을 간단하게 1-2줄을 쓸 수 있어도 좋다. 배움 일지 기록 시 분량보다 꾸준하게 기록하는 것이 더 중요하다. K-W-L학습지(알고 있는 것-배우기를 원하는 것-배운 것)를 기록하는 것도 메타 인지 능력을 기르는 데 도움이 된다.

삶에 대한 성찰 = 죽음에 대한 성찰

자기 삶에 대한 성찰은 살아있는 것 자체에 대한 인식을 해야 한다. 그런데 삶에 대한 성찰은 삶의 반대편에 있는 죽음을 고민하면서 더 깊어져 간다. 그러기에 죽음에 대한 성찰은 삶에 대한 성찰로 이어진다. 그러므로 삶에 대한 성찰을 위해 죽음 교육도 학교 현장에서 이루어져야 한다.

대개 사람들은 죽음 자체에 대하여 이야기하는 것을 회피하려고 한다. 그래서 죽음과 관련한 언어적 표현들은 직설적인 표현보다는 완곡한 어법을 사용하는 경우가 많다. 죽음에 대한 회피는 죽음과 관련한 왜곡된 생각과 경험을 가지게 할 수 있다. 죽음을 통한 상실의 아픔과 슬픔을 경험하고 이를 극복할 수 있는 능력을 기르지 못할 수 있다. 가까운 사람이 죽거나 대형 사고로 많은 사람들이 죽은 경우, 죽은 이를 위한 애도와 추모를 잘하지 못할 수 있다. 자살이나 생명 경시 문제 등 삶과 죽음과 관련한 문제들을 소홀히 여길 수 있다.

특히 청소년의 경우, 자신들이 언젠가 죽는다는 것을 의식하지 않고 살고 있고, 자신과 관련이 없는 것으로 여긴다.[187] 하지만 자살의 충동을 가장 많이 느끼고 실행하기도 한다. 죽음의 원인은 크게 노쇠화, 질병, 외상, 자살, 안락사 등이 있는데 그중에서 10대, 20대, 30대의 죽음 원인 1위가 자살이라는 것을 주목할 필요가 있다. 우리나라 사망 4대 원인은 암, 심장 질환, 뇌혈관 질환, 폐렴이지만 10대에서 30대의 경우, 이러한 원인들보다 높다. 2018년 현재 우리나라의 자살률은 경제협력개발기구(OECD) 회원국 36개 가운데 1위로서 하루 평균 37.5명이 스스로 목숨을 끊었다.[188]

죽음에 대한 준비를 통해 삶의 의미와 가치를 깨달을 수 있고, 죽음에 대한 공포와 불안을 감소시킬 수 있다. 죽음 준비 교육을 통해 인생의 가치관을 재정립할 수 있고, 내세에 대한 희망을 가지게 할 수 있다. 죽음 과정을 이해하고 죽음을 성숙하게 맞이할 수 있는 자세를 가지게 할 수 있다. 죽음과 관련한 생명 윤리, 의학적, 심리적, 법적 의미를 이해하고 관련 문제를 대처할 수 있다.

죽음 교육을 통해 죽음은 자연적 순환의 한 부분이라는 것을 인식시킬 수 있다. 아동이

---

187) 임병식 외(2018), "삶의 성찰, 죽음에게 묻다", 가리온
188) 동아일보, 2019.9.24

나 청소년들에게 죽음과 죽음으로 인한 슬픔 등 인생 전 과정을 알게 할 수 있다. 임종 환자들을 어떻게 이해하고 대처해나가는지를 알 수 있고, 죽음 이후 유가족의 고통과 슬픔을 공감하고 이를 치유할 수 있도록 해나가야 한다.[189]

죽음 교육에서는 죽음의 의미, 죽음맞이에 대한 심리적 수용, 슬픔 치유, 죽음 가치 습득, 생명 존중 사상, 자살 예방 교육 등을 다룬다. 죽음과 관련한 다양한 주제(동식물의 죽음, 낙태 문제, 자살 문제, 제례 문화, 장례 문화 등)를 다양한 방법으로 접근할 수 있을 것이다.

욕구별 성찰 방식

생존의 욕구

생존의 욕구가 높은 사람들은 다른 욕구가 높은 사람들에 비해 성찰 능력이 뛰어나다. 성찰 능력을 기르기 위한 학습플래너, 일기 쓰기, 일지 쓰기 등의 활동을 꾸준하게 유지할 수 있다. 성찰의 기준이 구체적이고 그 기준에 따라 점검하는 것을 잘할 수 있다. 하지만 다른 사람들에 비해 성찰의 기준이 많거나 기대 수준이 높을 수 있고, 그 기준에 미달 시 스스로 힘들어할 수 있다. 때로는 완벽주의에 빠져서 성과를 내기도 하지만 동시에 자기가 만든 기준에 따라 자기를 스스로 옭아매게 할 수 있다. 그리고 규칙에 대한 기준을 성찰의 도구가 아니라 다른 사람을 평가하는 기준으로 사용하여 관계가 힘들어지거나 다른 사람들에게 투덜투덜하는 모습으로 나타날 수 있다.

사랑의 욕구

사랑의 욕구가 높은 사람들은 다른 사람에 대한 관심은 높아도 자기 자신에 대한 성찰은 상대적으로 잘 이루어지지 않을 수 있다. 자기 성찰을 할 때 부정적인 감정이 생겨서 성찰을 가장한 자책으로 흐를 가능성이 높다. 성찰과 자책은 얼핏 비슷한 것 같지만 다르다. 성찰을 하고나면 긍정의 힘이 생기지만 자책은 자기를 자기가 상처를 주는 방식으로 진행되어 부정적인 감정이 마음을 덮을 수 있다. 또한 자기가 한 사소한 행동이 다른 사람들에게 피해를 줄까봐 걱정을 많이 할 수 있다. 학생의 경우, 성찰의 기준이 있어도 상대적으로

---

189) 임병식 외(2018), "삶의 성찰, 죽음에게 묻다", 가리온

낮거나 상황에 따라 기준이 바뀔 수도 있다. 그러므로 성찰 활동을 꾸준하게 할 수 있는 의도적인 장치와 노력이 필요하다.

힘의 욕구

힘의 욕구가 높은 사람들은 자기 자신보다는 일 자체에 관심이 높은 경우가 많다. 그러다 보면 목표 달성 여부에 따른 성찰이나 다른 사람이나 조직에 대한 평가는 잘할 수 있지만 자기 자신과 존재 자체에 대한 성찰은 소홀히 할 수 있다. 다른 사람이 자신에게 부정적인 평가를 해도 잘 흔들리지 않고, 자기 뜻대로 추진할 수 있다. 그러므로 업무나 조직에 대한 성찰뿐 아니라 자기 자신이나 존재 자체를 성찰할 수 있는 기회가 필요하다.

자유의 욕구

자유의 욕구가 높은 사람들은 자기 자신에 대한 관심이 높지만 다른 사람에 대한 관심은 상대적으로 낮고, 부담스럽게 여길 수 있다. 자기 성찰보다는 자기가 하고 싶은 것에 더 관심이 있다. 다른 욕구가 높은 사람들에 비해 자기 성찰이 부족할 수 있으므로 성찰 활동에 대한 동기 유발을 잘 할 수 있어야 한다. 또한 지속적이고 체계적인 성찰을 할 수 있도록 환경과 피드백 체제를 구축할 필요가 있다. 특히 일기 쓰기 등 성찰 관련 활동이 작심삼일로 그칠 수 있기에 지속적인 성찰 활동을 위해 꾸준하게 점검하고 피드백할 수 있어야 한다.

즐거움의 욕구

즐거움의 욕구가 높은 사람들은 외부의 새로운 일이나 도전에는 호기심이 많지만 상대적으로 자기 자신에 대한 성찰이 잘 이루어지지 않는 편이다. 대개 진지한 것보다는 가벼운 것을 선호하기에 성찰 활동의 깊이가 상대적으로 부족할 수 있다. 관심사가 다양하고 재미와 즐거움을 추구하기에 자기 성찰을 소홀히 할 수 있다. 그러므로 자기에 대한 관심을 가질 수 있도록 동기 부여하는 것이 중요하고 체계적인 성찰 활동을 할 수 있도록 노력해야 한다. 일기 쓰기 등 전통적인 성찰 활동보다는 새로운 방식의 성찰 활동을 시도해 보는 것이 좋다. 자기 성찰 활동을 다른 사람들에게 공개하는 것을 좋아할 수 있다.

다양한 성찰 기술

나는 누구인가? (Who am I?)

**교사가 학생이 자신에 대한 글을 대신 읽어주면 다른 학생들이
해당 학생이 누구인지를 알아맞히기**

[진행방법]

① 교사가 학생들에게 각자 자기 자신에 대한 글을 노트에 쓰게 하거나 자기에 대한 질문을 던지고 학생이 그 질문에 대한 답변을 카드에 기록한다.

　(예) 질문 : 나를 표현할 수 있는 형용사 3가지(씩씩하다, 급하다, 열정적이다 등), 내가 태어난 동네, 내가 소중히 여기는 보물, 나의 희망 직업, 내가 좋아하는 음식 등

② 교사가 학생들이 작성한 노트나 카드를 수거하여 무작위로 내용을 읽는다.

③ 나머지 학생들이 글의 주인공을 알아맞힌다. 정답을 맞히는 경우, 간단한 보상을 실시할 수 있다.

[유의사항 및 기타]

· 자기가 쓴 글의 주인공은 정답을 맞힐 수 없음

· 모둠 단위로 활동하는 경우, 자기 모둠원들은 정답을 맞힐 수 없도록 함

· 퀴즈 활동 시 순차적 방식으로 정답을 아는 학생 중 먼저 손드는 학생에게 맞힐 수 있는 기회를 줄 수도 있지만 이 경우, 과열될 수 있으므로 동시다발적 방식으로 칠판나누기 활동을 활용하면 좋다.

[개발자 / 참고문헌] 김현섭(2000), "아이들과 함께 하는 협동학습", 협동학습연구회

어떤 사건을 다양한 입장에서 바라보고 생각해보기

[진행방법]

① 교사가 어떤 상황이나 사건을 제시한다.

② 학생들은 이번 상황이나 사건과 관련한 사람들의 입장에서 문제점을 찾아본다.

③ 각 입장의 문제점을 발표한다.

[유의사항 및 기타]

· 이번 활동의 기본 취지는 잘못을 따지는 것이 아니라 관련된 모든 사람들의 입장에서 문제를 바라보는 것임.

· 무거운 사건보다는 가벼운 사건을 다루는 것이 좋음.

[개발자 / 참고문헌]

오정화

[개그콘서트 TV 프로그램]

누가 죄인인가?

수빈이는 밤늦게까지 게임을 하다가 결국 아침에 늦게 일어났다. 자명종에 시간을 맞추었으나 소용이 없었다. 아침에 엄마가 수빈이를 뒤늦게 깨우긴 했지만 지각은 피할 수 없었다. 학교로 가는 길에 버스가 예전보다 늦게 왔을 뿐 아니라 교통 체증으로 인하여 다른 때보다 늦게 학교에 도착했다.

· 수빈의 잘못 :

· 엄마의 잘못 :

· 자명종의 잘못 :

· 버스 기사의 잘못 :

· (   )의 잘못 :

⇒ 이중에서 가장 잘못한 것은 (   )이다. 왜냐하면 (   )이기 때문이다.

자기 자신과 주변 사람들의 관계를 도식화하여 이야기하기

[진행방법]

① 교사가 학생들에게 관계도 만드는 방법을 설명한다.

② 학생들이 자신의 주변 관계도를 마인드맵이나 함수 그림처럼 도식화하여 그릴 수 있도록 한다.

③ 학생들이 자신이 그린 관계도를 모둠이나 학급 전체 학생들 앞에서 발표하고 그 이유에 대하여 이야기할 수 있도록 한다.

[유의사항 및 기타]

· 관계도 작성 전에 사전 설문지 활동을 하면 좋다.

· 긍정적인 관계뿐 아니라 부정적인 관계도 함께 그리면 좋다. 다만 부정적인 관계를 기록할 때는 비공개로 활용할 수 있어야 한다.

· 관계도 활용 목적에 따라 적절하게 작성할 수 있도록 하면 좋다. 예컨대, 생활 지도 차원이라면 우리 반에서 친한 친구들을 중심으로 관계도를 그릴 수 있고, 개인 성찰 차원이라면 부정적인 관계도 포함시킬 수 있다. 나중에 이를 토대로 교사가 별도의 교우관계도를 만들 수 있다.

내 주변의 사람들

이름	관계	정도	그 이유
		1-2-3-4-5	
		1-2-3-4-5	
		1-2-3-4-5	
		1-2-3-4-5	
		1-2-3-4-5	
		1-2-3-4-5	
		1-2-3-4-5	
		1-2-3-4-5	
		1-2-3-4-5	
		1-2-3-4-5	

※ 1 : 무관심·부담감 / 2 : 거리가 멂 / 3 : 그저 그러함 / 4 : 친함 / 5 : 매우 친함

[개발자 / 참고문헌] · 김현섭   · 라인업(Line-up) 활동

나의 관계도 그리기

___학년___반___번 이름:_____

1. 점수별 사람 숫자

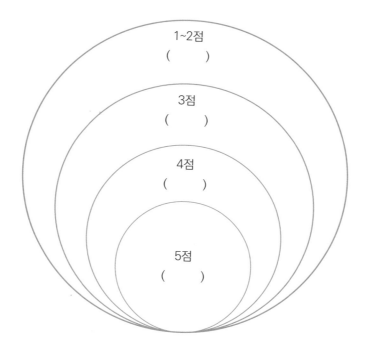

1~2점
(   )

3점
(   )

4점
(   )

5점
(   )

2. 나와 관계도 그리기(예시)

소현

석빈

아빠

엄마

민희

나

동생

수업 시간에 배운 것을 배움일기나 배움알림판에 기록하기

[진행방법]

① 교사가 수업을 한다.

② 수업 이후 학생들이 수업 시간에 배운 내용을 간단하게 노트나 배움알림판에 기록한다.

③ 교사가 배움일기나 배움알림판 내용에 대하여 피드백을 한다.

[유의사항 및 기타]

· 배움일기는 짧게 쓰더라도 꾸준하게 쓸 수 있도록 지도하는 것이 좋다.

· 수업시간에 배운 것을 접착식 메모지(포스트 잇)에 기록하여 배움알림판에 붙인다.

· 수업 시간에 배운 것을 토대로 교사가 질문을 쓰고 학생들이 그 답변을 접착식 메모지에 기록하여 배움알림판에 붙일 수 있다.

[개발자 / 참고문헌]

김현섭(2015), "질문이 살아있는 수업", 수업디자인연구소

죽기 전에 해보고 싶은 행동을 목록화하여 일정 기간 동안 전시하기

[진행방법]

① 교사가 버킷리스트에 대하여 설명한다.

② 학생들이 버킷리스트를 각자 기록한다.

③ 모둠이나 전체 학생들 앞에서 자신의 버킷 리스트에 대하여 발표한다.

④ 학생들이 작성한 버킷리스트를 학급 게시판에 붙여서 일정 기간 동안 전시한다.

[유의사항 및 기타]

· 교사가 먼저 자신의 버킷리스트를 작성하여 본보기 예시로 제시하면 좋다.

· 버킷 리스트 전시회 기간 동안 훼손되지 않도록 관리를 잘 할 수 있도록 해야 한다.

[내가 죽기 전에 꼭 해보고 싶은 버킷 리스트 10]

작성자 :

	버킷 리스트	그 이유
1		
2		
3		
4		
5		
...		

[개발자 / 참고문헌]

임병식 외(2018), "사람의 성찰, 죽음에게 묻다", 가리온

**자살 예방 상담 전화인 1393번 상담 요원 입장에서
실제 자살로 고민하는 문제를 문제 해결 수업 모형으로 상담하기**

[진행방법]

① 교사가 자살 예방 교육과 상담전화 1393번 안내를 한다.

② 자살로 고민하는 가상의 고민을 학생들에게 제시하고 학생이 상담요원 입장에서 상담할 수 있는 글을 쓸 수 있도록 한다. 이때 과제분담학습 모형에 따라 모둠원에게 각자 다른 상담 요구 내용을 제시하도록 한다.

③ 모둠원들이 각자가 자기가 쓴 상담 내용을 모둠 안에서 발표한다.

④ 모둠 안에서 가장 좋은 상담 내용을 선정하여 모둠 대표로 정하고 학급 전체에서 발표한다.

[유의사항 및 기타]

· 초등학생보다는 중고등학생 대상으로 실시하면 좋다.

· 교사가 자살 예방 교육 시 자살 실태와 자살의 문제점과 원인 등을 잘 설명하면 좋다.

· 청소년 자살의 주된 원인은 우울증 등의 정신 병리, 학업 성적 비관, 집단 따돌림이나 학교 폭력, 모방 자살 등이므로 이에 맞는 사례를 학습지로 제시하면 좋다.

· 가장 좋은 상담 내용을 기록한 학생에게 간단한 보상을 실시할 수 있다.

[개발자 / 참고문헌]

· 김현섭

· 임병식 외(2018), "사람의 성찰, 죽음에게 묻다", 가리온

· 김현섭(2001), "함께 하는 도덕수업1", 협동학습연구회

나는 1393 상담요원

[사례1]

"안녕하세요. 저는 중학교 3학년 학생입니다. 1학년 때까지만 해도 반에서 10등 안에 드는 꽤 좋은 성적이었는데 2학년 때에는 조금 떨어져서 15등 정도 하다가 노는 친구들을 만나서 방황을 하였습니다. 이제 노는 친구들과 과감하게 인연을 끊고 공부에만 전념하려 하는데 지금 성적은 20등 정도입니다. 저희 집에서는 저에 대한 기대가 엄청납니다. 친오빠나 제 주변 사촌 형제들은 5등 안에 들어요. 그러다보니 자꾸 비교하게 되고, 저도 열등감에 빠져서 때로는 죽고 싶다는 생각이 들 정도입니다. 어떻게 하면 좋을까요?"

[사례2]

"초등학교 때는 여러 친구들과 친하게 지내는 편이었는데, 중학교에 올라가서부터는 이상하게 친구들과 잘 어울리지 못하는 것 같아요. 특히 우리 반 미진이는 친구들 사이에서도 영향력이 있는 친구인데, 최근 그 친구와 사소한 오해로 인하여 갈등이 있었어요. 이 사건 이후 미진이 뿐 아니라 다른 친구들과도 친해지기 더욱 어려워졌어요. 친구들이 뒤에서 저에 대하여 수군대는 경우도 있어요. 학급에서 친한 친구가 없다보니 더욱 외롭다는 생각이 들고 하지 말아야 하는 생각까지 들어요."

[사례3]

"요즘 따라 이유는 모르겠지만 만사가 귀찮아져요. 예전에는 pc게임도 좋아했는데, 더 이상 게임도 즐겁지 않아요. 특히 게임이 끝마치면 허전한 마음이 들어요. 밤에도 쉽게 잠이 들지 못하고, 아침에도 피곤하기만 해요. 혼자 있는 시간이 점차 많아지는데, 그때는 잡념만 많아져요. 특별히 하고 싶은 것도 없고 삶도 무의미하게 느껴져요. 제가 우울증에 걸렸나요?"

[사례4]

"초등학교 4학년 때 좋아하던 연예인 오빠가 최근 자살했다는 소식에 큰 충격을 받았어요. 그동안 너무 좋아해서 팬클럽에서 활동도 열심히 했고, 굿즈도 많이 가지고 있어요. 지금도 오빠의 죽음은 도무지 믿겨지지 않아요. 게다가 최근에 할머니도 돌아가셔서 다시 한번 죽음에 대하여 생각이 많아지네요. 너무 힘들어요."

⇒ 사례 (   )번 상담 내용 :

제3부.
관계기술을 통한 평화 교실 만들기

15장.
평화 교실을 위한
목표 세우기

평화 교실을 위한 학급 운영 및 수업 목표 세우기

평화적인 교실 공동체

어떤 학급의 급훈은 '더불어 사는 우리'이다. 그런데 실제로 학기 초 학급 구성원들끼리 친하게 지낼 수 있도록 서로 소개하고 만날 수 있는 기회가 별로 없었고, 누군가 결석을 해도 짝꿍조차 결석한 이유에 대하여 무관심하다면 이를 어떻게 평가할 수 있을까?

학급 운영의 목표가 급훈으로 표현되고 실제 학급 활동으로 이어져야 한다. 급훈, 학급 운영의 목표와 활동 내용이 일관성있게 연결되어야 한다. 그러므로 학생들에게 관계기술을 제대로 가르치려면 학급 운영이나 수업에 있어서 관계기술 자체를 중요한 가치와 목표로 삼아야 한다.

관계기술 자체가 학급 운영과 수업의 목적은 아니다. 그렇다면 교실에서 관계기술을 강조할 이유는 무엇인가? 우리 교실을 평화적인 교실 공동체로 만들기 위함이다.

학생들 간의 상호 작용 측면에서 교실 문화는 개별 교실, 경쟁 교실, 협동 교실로 나눌 수 있다.[190] 개별 교실은 개인주의 문화가 지배하는 교실로서 각자가 피해를 주지도 않고

---

190) 사회심리학자인 도이취는 과제 수행에 있어서 개별, 경쟁, 협동 방식으로 구분하여 목표 달성의 효율성을 연구하였다. 미네소타 대학의 존슨 앤 존슨은 학생 상호 작용 방식을 기준으로 개별 학습, 경쟁 학습, 협동 학습으로 구분하였다. 정문성(2002), "협동학습의 이해와 실천", 교육과학사

어느 정도 '사회적 거리 두기'를 둔다. 서로에게 별로 관심을 가지지 않는 상태이다. 경쟁 교실은 상호 비교와 경쟁 문화가 지배하는 교실로서 상호 관계를 승자와 패자로 구분한다. 때로는 남에게 피해를 입지 않기 위해 자신이 먼저 공격적인 행동을 하기도 한다. 왕따나 심한 장난이 묵인되는 폭력적인 교실 문화를 가지고 있거나 학생을 학업 성적에 따라 판단하고 학생 서로가 내신의 경쟁 상대로 여기는 성적 지상주의 문화가 교실에 영향을 미치고 있는 상태이다. 협동 교실은 긍정적인 협력적인 문화가 지배하는 교실로서 상호 간의 이익을 존중하고 공동체 가치를 소중히 여긴다. 공동의 목표를 공유하고, 서로 돕고 도와주는 것을 중시여기고, 관계기술을 강조한다. 협동 교실이 바로 평화적인 교실 공동체이다.

교실 문화

개별 교실	경쟁 교실	협동 교실
·나는 나대로, 너는 너대로 ·개인주의 문화 / 사회적 거리 두기	·나의 성공의 너의 실패, 너의 성공이 나의 실패 ·승(Win)-패(Lose) 게임	·나의 성공이 너의 성공, 너의 성공이 나의 성공 ·승(Win)-승(Win) 게임
·상호 간에 이익도 피해도 주지 않음 ·개인적인 책임이 분명함	·경쟁에서 살아남기 위해 노력하기	·긍정적이고 협력적인 문화 ·상부상조
·학생 개인차를 줄이기 힘듦 ·소외 현상, 군중 속의 고독	·승패 결과에만 초점을 둠 ·소수의 승자와 다수의 패자 ·폭력적인 문화	·개인주의적 성향을 가진 학생들은 힘들어할 수 있음 ·문제 학생이 다른 학생들에게 악영향을 미칠 수 있음

평화 교실을 위한 교실 목표를 함께 만들기

· 학급 운영

학급 운영의 목표를 만드는 방법은 학생들과 함께 만들어 가는 것과 교사가 정하여 학생들에게 제시할 수 있는 것이 있다. 그 중에서 학생들과 함께 만들어 가는 방법은 귀납적으로 학급 운영 목표를 도출하는 것이다.[191] 이는 학생들의 자발적인 참여를 통해 학급 공동체에 대한 소속감과 주인 의식을 심어줄 수 있는 좋은 방법이다. 학생들과 함께 학급 운영의 목표를 정할 때는 교사가 학생들에게 학급 운영의 목표에 대하여 먼저 질문을 하는 것이다.

---

191) 김현섭 외(2018), "두근두근 설레는 행복교실 여행", 교육부·한국교육개발원·서울시교육청

"내가 꿈꾸는 우리 교실의 모습은?"

"만약 내가 전학을 간다면 어떤 교실로 전학가고 싶은가?"

학생들의 다양한 의견들을 모아서 범주화하고 이를 학급 운영의 목표로 삼는 것이다. 예컨대, 축구하기, 야외에서 놀기, 보드게임하기 등이 나왔다면 건강한 반, 잘 노는 반 등으로 범주화하여 표현할 수 있을 것이다. 또한 부정적인 표현보다는 긍정적인 표현으로 정리하면 좋다. 예컨대, '욕하지 않는 반'보다는 '바른 말을 사용하는 반', '지각하지 않는 반'보다는 '시간을 잘 지키는 반'이 좋다.

평화 교실을 위한 학급 공동체의 목표를 선정할 때는 평화의 의미와 가치를 먼저 말하고 학급 운영의 목표를 정하면 좋다. 학생들이 평화 교실에 대하여 막연하게 생각한다면 비폭력 대화에서 말하는 욕구 목록표를 참고해도 좋다.[192]

욕구	세부 내용
자율성	자신의 꿈, 목표, 가치관을 선택할 수 있는 자유, 그것을 충족하는 방법을 선택할 수 있는 자유 등
축하/애도	생명의 탄생이나 꿈의 실현을 축하하기, 죽음이나 꿈의 상실, 실패를 애도하기 등
상호의존	감사, 공감, 공동체, 배려, 사랑, 수용, 신뢰, 안도, 따뜻함, 이해, 정서적인 안정, 솔직함 등
온전함	진정성, 개별성 존중, 창조성, 의미와 보람, 자기신뢰 등
놀이	웃음, 재미 등
영적 교감	아름다움, 영감, 조화, 질서, 평화 등
신체적 돌봄	음식, 주거, 휴식, 공기, 물, 안전한 환경 등

도형욕구카드에서 제시한 다음의 욕구 목록들도 좋은 기초 자료가 될 것이다.[193]

---

192) 마셜 B. 로젠버그, 캐서린 한 역(2017), "비폭력 대화", 한국NVC센터
193) 김현섭, 김성경(2016), '도형욕구카드', 수업디자인연구소

욕구 목록

목표를 이루고 싶어요 (성취) / 사랑받고 싶어요 (애정) / 이해받고 싶어요 (이해)

사이좋게 지내고 싶어요 (친밀) / 관심가져 주길 바래요 (관심)

공감받고 싶어요 (공감) / 존중받고 싶어요 (존중) / 믿어주길 바래요 (신뢰)

꼭 안아주면 좋겠어요 (스킨쉽) / 인정받고 싶어요 (인정)

위로받고 싶어요 (격려) / 의지하고 싶어요 (의존) / 나를 표현하고 싶어요 (표현)

기다려주길 바래요 (수용) / 함께 시간을 보내고 싶어요 (공유)

참여하고 싶어요 (참여) / 보호받고 싶어요 (보호)

평등하게 대우해 주길 바래요 (평등) / 마음과 마음이 연결되고 싶어요 (소통)

아름다워지고 싶어요 (미) / 자유롭고 싶어요 (자유) / 쉬고 싶어요 (쉼, 여유)

나만의 독특함을 인정받고 싶어요 (개성) / 내 꿈을 이루고 싶어요 (자아 실현)

도전하고 싶어요 (개척) / 잘하고 싶어요 (능력) / 성장하고 싶어요 (성장)

확신을 가지고 싶어요 (확신) / 건강하고 싶어요 (건강 관리)

재미를 누리고 싶어요 (즐거움) / 안전하고 싶어요 (안전)

어딘가에 소속되고 싶어요 (소속) / 좋은 영향을 끼치고 싶어요 (힘)

내가 선택하고 싶어요 (자기 결정) / 도움되는 일을 하고 싶어요 (기여, 봉사)

꿈과 희망을 가지고 싶어요 (꿈) / 배우고 싶어요 (배움) / 새롭게 하고 싶어요 (창의)

영적으로 성장하고 싶어요 (영성) / 진리를 깨닫고 싶어요 (구도)

알고 싶어요 (진실, 호기심) / 일관성이 있으면 좋겠어요 (일관성)

질서가 있으면 좋겠어요 (질서) / 의미있는 일을 하고 싶어요 (가치)

열정을 가지고 싶어요 (열정) / 끝까지 하고 싶어요 (인내, 성실)

예측 가능하면 좋겠어요 (안정감) / 혼자있고 싶어요 (자기 보호)

자연과 함께 하고 싶어요 (자연) / 벗어나고 싶어요 (해방)

교사가 학급 운영의 목표를 정해서 제시하는 경우는 학생들이 그 목표에 대하여 충분히 동의할 수 있는 기회를 가지고 확정하는 것이 좋다. 그리고 스토리텔링 등의 방법을 활용하여 충분히 동기 유발을 할 수 있어야 한다. 그리고 학급 운영의 목표를 제시할 때는 경험적으로 볼 때, 3-5개 정도가 적절하다. 왜냐하면 학급 운영의 목표가 너무 많으면 그에 따른 학급 규칙도 많아지고, 해야 할 일도 많아져서 결국 목표 달성이 힘들어지게 될 것이기 때문이다.

학급 운영 목표가 결정되면 이를 바탕으로 학급 사명 선언서를 만들면 좋다. 사명 선언서를 작성할 때는 '추구하는 공동의 가치 + 이를 달성하기 위한 구체적인 목표'로 서술하면 좋다.

학급 사명선언서 사례

우리 학급은
'즐겁고 함께 배려하는 반'이 되기 위해서

1. 교실 안에서 안전하게 놀 수 있도록 실내 보드게임을 비치하고,
2. 매월 1가지 이상의 관계기술을 실천하며,
3. 자기가 맡은 학급 내 1인 1역할을 성실히 수행하겠습니다.

202x년 3월 25일
_____학년 _____반 일동

평화 교실을 위한 학급 운영의 목표에 따라 학급 급훈이 결정될 수 있고, 관계기술센터 운영도 가능해질 것이다.

· 수업

학급 담임과 교과 담임이 일치하는 초등학교와는 달리 중고등학교에서는 교과 수업만 진행하는 경우가 많다. 수업 운영의 목표는 교사가 주도에서 제시하는 것이 좋다. 그리고 초등의 교과 전담 교사나 중등의 교과 담임 교사로서 수업 시간에 수업 운영 목표를 정할 때는 1가지 목표로 집중하는 것이 좋다. 왜냐하면 여러 가지 목표를 선정한다 하더라도 현실적으로 이러한 목표들을 모두 달성하기는 쉽지 않기 때문이다. 예컨대, '긍정적으로 말하는 국어 수업', '배려하는 체육 수업', '경청하는 수학과 수업', '함께 하는 도덕과 수업', '질문하는 과학 수업' 등이 가능할 것이다.

관계기술에 대한 지도도 3가지 이하이면 좋다. 해당 관계기술이 이루어지지 않으면 수

업 운영 자체가 힘든 경우를 생각하여 최소 기준으로 관계기술을 정하여 선택과 집중의 원리에 따라 운영하는 것이 필요하다. 예컨대, 수행 평가 비중이 크다면 '정직하기'나 '협력하기' 등을 강조할 수 있고, 실험 실습의 비중이 크다면 '안전하게 행동하기', '배려하기' 등을, 토론 수업의 비중이 크다면 '경청하기'나 '갈등 해결하기' 등을 강조할 수 있을 것이다.

관계기술로서 목표 세우기

목표 세우기 자체가 관계기술로서 매우 의미가 있는 활동이다. 특히 학습코칭에서는 이를 매우 강조한다. 학생 개인의 목표 세우기 능력을 기르기 위해 여러 가지 노력을 기울이면 좋다.

목표 세우기

대개 사람들은 자기가 의식적으로 설정한 목표에 따라 동기 부여가 되어서 행동을 하게 된다.[194] 목표는 개인이 의식적으로 얻고자 하는 사물이나 혹은 상태를 말하며, 장래 어떤 시점에 달성하려고 시도하는 것이다. 목표가 없으면 결과나 성취도 없다. 그러므로 일이 성취되고 구체적인 결과물을 얻기 위해서는 목표 설정이 중요하다. 구체적인 목표를 설정하는 것이 추상적인 목표를 설정하는 경우나 목표를 전혀 설정하지 않은 경우보다 목표를 더 많이 성취한다. 예컨대, 어떤 학생이 이번 영어 시험에서 80점 이상을 받아야겠다고 구체적인 목표를 설정하고 공부하는 것과 영어를 막연하게 잘하고 싶다는 추상적인 목표를 정하거나 아예 영어 공부에 대한 목표 자체가 없는 것을 비교하면 공부하는 자세가 많이 달라질 것이다.

---

194) Edwin A. Locke은 목표 설정 이론(goal setting theory)에서 이를 체계적으로 설명하고 있다.

목표 자체는 좋지만 현실적으로 성취할 수 없는 것이라면 행동할 이유가 사라지게 된다. 예컨대, 하버드 대학을 가고 싶다고 구체적인 목표는 세웠으나 현실적으로 영어 알파벳도 잘 모르고 관련 기초 지식이 부족한 상태라면 실패를 경험하기 쉽고 그 결과 좌절과 무기력으로 인하여 더 이상의 노력을 기울이지 않게 될 것이다. 큰 목표(상위 목표)는 있으나 이를 뒷받침할 만한 작은 목표(하위 목표)가 없으면 목표를 달성하기 힘들 것이다. 예컨대, 현재 영어 시험 성적이 40점이라면 80점 이상의 큰 목표를 세우되, 점진적으로 단계별 목표 점수를 선정하고, 영어 공부 시간을 확보하고 효과적인 학습 방법을 찾아서 실천해야만 그 목표를 달성할 수 있을 것이다.

자아 탐색을 통한 인생 목표 세우기

진정한 목표란 '해야 할 일'들을 잘 처리하기 위해서가 아니라 '되고 싶은 나'를 만들어가기 세우는 것이다. 주어진 일들을 처리하는 것보다 자신이 되고 싶은 나, 참된 자아를 찾고 그에 따라 목표를 만드는 것이다. 내가 좋아하는 것과 잘하는 것을 찾고, 이 둘의 공통점을 찾아보는 것이 필요하다. 이 과정에서 다른 사람이 바라보는 나의 모습도 반영하면 좋다.

내가 좋아하는 것	내가 잘하는 것
· 맛있는 음식 먹기 · 영화나 음악 감상 · 만화 보기 · 친구와 수다 떨기 · ….	· 국어과 역사 성적이 좋음 · 만화 그리기 · 새로운 일에 도전하기 · 모둠 과제 수행 능력 · ….

그리고 나서 내가 가치있는 것을 찾는다. 자신이 이루고 싶은 희망 목록인 꿈의 목록을 만들면 좋다.

가치 목록표

공감, 겸손, 균형, 기쁨, 명예, 배려, 배움, 인내, 인정, 정직, 존중, 생명, 예의, 아름다움, 진리,
열정, 지도력, 평화, 안정, 책임감, 협동, 희망, 자연, 신뢰, 용서, 우정, 헌신, 명예, 공정, 정의,
성찰, 집중, 긍정, 관용, 노동, 건강, 공존, 매력, 지혜, 겸손, 매력, 나눔, 포용, 통합, 존중, 지혜,
질서, 창의, 자유, 자기 결정, 자율, 도전, 모험, 예술, 건강, 화목, 회복, 착한 마음, 우정, 사랑,
극기, 개성, 재미, 젊음, 청결, 존중, 지도력, 쉼, 성숙, 상생, 이성, 행복, 여유, 기술, 상생, 신중,
양심, 친절, 유머, 이해심, 경청 등

비전(Vision)과 미션(Mission)을 만들어야 한다. 여기에서 말하는 비전이란 인생의 철학과 가치가 담긴 커다란 목표를 말한다.[195] 위대한 인물들의 공통점 중의 하나는 자신의 인생 비전이 분명하다는 것이다. 채플린은 사회 비판 의식의 바탕 아래 다른 사람들에게 즐거움을 주는 것이었고, 이순신은 외침으로부터 민족을 구하는 것이었다. 미션이란 '임무', '사명'이란 뜻인데, 원래 초월적 존재가 각자에게 부여한 목적을 말한다. 미션이란 내가 이루고 싶은 것이 아니라 이 세상을 위해 해야 할 어떤 것을 말한다. 비전의 중심은 '개인'이라면 미션의 중심은 '다른 사람'과 '세상'이다. 예컨대, 의사의 미션이라면 아픈 병자를 위해 고통을 함께 하면서 치료하는 것이다. 물론 개인적으로 많은 돈을 벌기 위해 의사를 할 수도 있겠지만 이를 미션이라고 보기는 힘든 것이다. 미션을 구체적인 언어로 표현한 것이 사명선언서이다.

사명선언서는 추구하는 가치와 활동하고 싶은 영역, 그리고 이를 달성하기 위한 구체적인 목표를 서술하면 좋다.

---

195) 고봉익 외(2014), "공부 계획의 힘", TMD 북스

_____ 의 개인 사명서

나(   )는

좋은 세상과 다른 사람들을 위해 (   )가치를 향해

(   )영역에서 다음과 같이 살아가고자 합니다.

   1. (   ).

   2. (   ).

   3. (   ).

202__년 ___월 ___일

이름 : _____ (인)

개인 사명선언서 작성 사례

나의 사명은 교사의 수업 성장과 학교 혁신을 위해 교육을 행복하게 만드는 것이다. 이를 위해 다양한 수업 및 학교 혁신 콘텐츠를 개발하여 1년에 책 1권 이상 저술하고, 매년 수업 코칭 활동과 연수를 통해 교사들을 돕고, 연구소 조직 활동을 통해 교사학습공동체와 학교, 교육청을 지원하고 다양한 단체들과 협력할 것이다.

사명선언서를 정리한 다음 중장기 로드맵을 작성하면 좋다. 자신의 10년 뒤, 20년 뒤, 30년 뒤 등 10년 단위로 중장기 목표를 설정하는 것이다.

중장기 로드맵 사례

10대	20대	30대	40대	50대	60대 이후
열심히 공부하여 ○○대학 환경학과 진학하기	환경 관련 기업에서 일하기	환경 관련 사업체 운영하기	환경 관련 시민 운동가로 활동하기	환경 교육 센터를 운영하기	시골에서 마을공동체 구성원으로 살기

목표 세우기 방법

목표를 설정하는 좋은 방법 중의 하나가 조지 도란의 SMART 목표 세우기 방법이다.[196]

1. 구체적인 목표 (Specific)

명확하고 구체적인 목표는 막연한 목표보다 실현될 가능성이 훨씬 커진다. 구체적인 목표를 설정하기 위해서는 다음과 같은 6가지의 W에 대한 답을 할 수 있어야 한다.

· Who: 누구의 목표이며, 누가 하는 것인가?
· What: 무엇을 달성하고 싶은 것인가?
· Where: 어디서 달성하려는 것인가?
· When: 목표달성에 필요한 시간은?
· Which: 목표달성에 필요한 조건이나 제약은?
· Why: 목표 달성의 이유와 목적 나에게 주어진 보상은?

2. 측정가능한 목표 (Measurable)

목표 달성에 대한 진척도를 판단하기 위해서는 숫자로 구체적인 판단기준들을 정해서 측정할 수 있도록 해야 한다. 목표에 대한 진척도를 측정함으로써 계획에서 벗어나지 않게 한다. 목표한 일정 안에 목표 달성의 기쁨을 느낄 수 있고, 목표 달성을 위한 지속적인 노력을 할 수 있게 된다.

· 얼마나 많이? (How much? How many?)
· 목표가 달성되었다는 것을 어떻게 하면 알 수 있을까?(How will I know when it is accomplished?)

---

196) https://brunch.co.kr/@michellelalala/121, 동아출판 공식블로그

3. 달성할 수 있는 목표 (Achievable, Attainable)

스스로에게 있어서 가장 중요한 목표를 설정했다면, 그것을 실현시킬 수 있는 방법을 생각해 내야 한다. 목표를 달성하기 위해서 필요한 자세, 능력, 기술 그리고 금전적인 부분까지도 함께 노력해야 한다. 목표 달성의 단계를 현명하게 계획해서 각 단계별로 기간을 둔다면 어떠한 목표라도 대부분 목표를 달성할 수 있을 것이다.

4. 연관성이 있는 목표 (Relevant, Realistic)

달성하려는 목표가 자신이 원하는 것과 어느 정도 관련이 있는지 살펴보아야 한다. 예컨대, 내가 가수가 꿈인데, 하루에 1시간씩 태권도하기를 목표로 정한다면 다시 한번 목표를 정하는 것이 필요할 것이다.

5. 시간 제한이 있는 목표(Time-bounded)

목표는 반드시 기간을 정해야 한다. 기간이 정해져 있지 않는 목표는 동기 유발과 실천에 영향을 미치기 힘들다. 예컨대, 언젠가 영어 시험에서 90점을 받고 싶다가 아니라 이번 기말 고사 영어 시험에서 80점 이상을 받기 위해 이번 주에는 영어 단어 100개를 암송하겠다고 정하는 것이다.

목표를 세우는 방법 중 또 하나는 만다라트(Mandal-art) 계획표이다. 만다라트는 목표를 달성하는 기술이란 뜻[197]으로 메이저리그에서 활약한 일본인 야구 선수 오타니 쇼헤이가 사용해서 유명해진 방법이다.

---

197) 만다(Manda)는 진수, 본질이라는 뜻이고, 라(La)는 소유하다는 뜻이고, 아트(art)는 예술이다. 일본 디자이너가 불교 용어에 착안하여 합성어로 만든 표현이다.

	세부 목표			세부 목표			세부 목표	
			세부 목표	세부 목표	세부 목표			
	세부 목표		세부 목표	핵심 목표	세부 목표		세부 목표	
			세부 목표	세부 목표	세부 목표			
	세부 목표			세부 목표			세부 목표	

오타니 쇼헤이가 하나마키가시고교 1학년때 세운 목표 달성표

몸 관리	영양제 먹기	FSQ 90kg	인스텝 개선	몸통강화	축을 흔들리지 않기	각도를 만든다	공을 위에서 던진다	손목강화
유연성	**몸 만들기**	RSQ 130kg	릴리즈 포인트 안정	**체구**	몸안정함을 없애기	힘 모으기	**구위**	하체 주도로
스태미너	가동역	식사 저녁 7수저(가득) 아침 3수저	하체강화	몸을 열지않기	멘탈 컨트롤 하기	볼을 앞에서 릴리즈	회전수업	가동역
뚜렷한 목표,목적을 가진다	일희일비 하지않기	머리는 차갑게 심장은 뜨겁게	**몸 만들기**	**체구**	**구위**	축을 돌리기	하체강화	체중증가
핀치에 강하게	**멘탈**	분위기에 휩쓸리지 않기	**멘탈**	**8구단 드래프트 1순위**	스피드 160km/h	몸통강화	**스피드 160km/h**	어깨주위 강화
마음의 파도를 만들지말기	승리에 대한 집념	동료를 배려하는 마음	**인간성**	운	**변화구**	가동역	라이너 캐치볼	피칭을 늘리기
감성	사랑받는 사람	계획성	인사하기	쓰레기 줍기	부실 청소	카운트볼 늘리기	포크볼 완성	슬라이더의 구의
배려	**인간성**	감사	물건을 소중히 쓰자	**운**	심판분을 대하는 태도	늦게 낙차가 있는 커브	**변화구**	좌타자 결정구
예의	신뢰받는 사람	지속력	플러스 사고	응원받는 사람이 되자	책읽기	직구와 같은 몸으로 던지기	스트라이크에서 볼을 던지는 사구	거리를 이미지한다

(주) FSQ, RSQ는 근육 트레이닝용 머신 (출처) 스포츠닛폰

욕구 유형별 목표 세우기 문제

목표 세우기 문제에 대한 욕구 유형별 태도가 각기 다르다. 생존과 안정의 욕구가 높은 사람은 구체적이고, 현실적이고, 달성한 목표를 잘 세우고 플래너를 잘 작성하여 활용할 수 있다. 작은 목표를 잘 세울 수 있지만 큰 목표를 세우는 것이나 모험이 필요한 목표는 회피할 가능성이 높다.

사랑의 욕구가 높은 사람들은 상대적으로 목표 세우기가 익숙하지 않고, 목표를 세웠어도 작심삼일로 그칠 가능성이 높다. 하지만 사람과의 좋은 관계를 목표로 세우면 잘 실행할 수 있다.

힘의 욕구가 높은 사람들은 목표를 세우고 그 목표를 위해 열심히 노력하는 자세를 가지고 있다. 도전 의식과 추진력이 뛰어나기에 목표 달성을 자주 경험할 수 있다. 다만 일 중심의 목표 세우기는 잘하지만 관계 중심은 약할 수 있고, 큰 목표는 있으나 작은 목표 세우기를 잘하지 못할 수 있다.

자유의 욕구는 목표를 잘 정하지 못하고, 목표를 정해도 잘 기억하지 못할 수 있다. 그래서 주변에서 목표 세우기에 대한 도움과 피드백을 받으면 좋다. 특히 남이 정한 목표를 강요받는 것을 싫어하지만 스스로 자기 목표를 세우면 동기 부여가 잘 되고 창의적으로 목표를 달성할 수 있다.

즐거움의 욕구가 높은 사람은 다양한 관심사를 가지고 있어서 여러 가지 목표를 세우고 동시다발적으로 추구하는 경향을 가진다. 그런데 해당 목표 달성이 쉽지 않고, 그 과정이 힘들면 쉽게 포기할 수도 있다. 그러나 선택과 집중의 원리에 따라 목표를 줄이고 좋아하는 것과 해야 하는 것이 일치하도록 하면 놀라운 에너지를 발휘할 수 있다.

목표 세우기 지도 기술

아이들과 함께 학급 운영 목표 만들기

교사가 아이들과 함께 학급 운영 목표를 만들어가기

[진행방법]

① 교사가 학급 운영 목표와 관련한 질문을 던진다.

  (예) 올해 우리 학급에서 꼭 해보고 싶은 것은? 내가 바라는 학급 모습은? 등

② 학생들이 질문에 대하여 각자의 생각을 플래시보드나 접착식 메모지에 기록한다.

③ 학생들이 기록한 플래시보드나 메모지를 교실 칠판에 붙인다.

④ 교사가 학생들의 의견들을 범주화하여 몇 가지로 분류한다.

⑤ 이를 통해 학급 운영의 목표를 귀납적으로 도출하여 명료화한다.

[유의사항 및 기타]

· 부정적인 표현보다는 긍정적인 표현을 사용한다.

· 추상적인 목표보다는 구체적인 목표로 서술한다.

· 교사가 직접 학급 운영의 목표를 제시하는 방법도 있지만 이 경우, 학생들의 동의 과정을 거쳐야 한다.

[개발자 / 참고문헌]

김현섭 외(2018), "두근두근 설레는 인성교실 여행", 교육부 외

아이들에게 자기가 소중히 여기는 가치들을 피라미드 형태로 정리하여 발표하기

[진행방법]

① 교사가 가치관의 의미와 중요성을 이야기한다.

② 교사가 학생들에게 자기가 소중히 여기거나 좋아하는 것을 자유롭게 기록하게 한다.

③ 학생들이 자기가 기록한 내용을 가치 피라미드 안에 기록한다.

④ 자신이 기록한 가치 피라미드 내용을 모둠 안에서 발표한다.

[유의사항 및 기타]

· 가치 피라미드 활동 이후 가치 경매 활동과 연결하여 활동하면 좋다.

· 미리 교사가 가치 피라미드 학습지를 준비하면 좋다.

[개발자 / 참고문헌]

김현섭(1993), "함께 하는 도덕 수업", 전국도덕교사모임

가치 피라미드

___학년___반___번 이름: _____

1. 가치 목록 만들기(좋아하는 것, 소중한 것, 중요한 것, 추구하는 것 등) 20개 이상

2. 가치 피라미드 만들기

( )
1가지

( ), ( ), ( )
3가지

( ), ( ), ( ), ( ), ( )
5가지

나머지

( )

아이들에게 개인 사명선언서 작성 요령을 알려주고 실제로 작성하여 전시하는 것이다.

[진행방법]

① 교사가 비전과 사명의 의미를 설명하고 동기 부여한다. 그리고 사명선언서에 대하여 설명한다.

② 교사가 학생들에게 사명선언서 양식을 배부한다.

③ 학생들이 각자 사명선언서를 작성한다.

④ 모둠 안에서 각자 작성한 사명선언서에 대하여 이야기한다.

⑤ 교실 뒷면에 개인별 사명선언서를 게시한다.

[유의사항]

· 교사가 자신의 개인 사명선언서를 만들어 시범 보이기하면 좋다.

· 졸업식 이벤트로 작성하여 전체 학부모들 앞에서 자신이 직접 발표하도록 하면 좋다.

[개발자 / 참고문헌]

고봉익 외(2014), "공부 계획의 힘", TMD 북스

_____ 의 개인 사명서

나는 (   )가치를 위해 (   )분야에서
다음과 같이 노력하겠습니다.

1. (   )을 하고
2. (   )을 하고
3. (   )을 하겠습니다.

202__년 ___월 ___일
이름 : _____ (인)

※ 1, 2, 3을 기록할 때는 구체적인 내용과 기간을 기록할 것

학생들이 자신의 목표를 SMART 원칙에 따라 작성하여 발표한다.

[진행방법]

① 교사가 목표 세우기에 대한 중요성과 SMART 원칙에 대하여 이야기한다.

② 학생들이 목표 세우기 SMART 원칙 학습지에 따라 자신의 목표를 기록한다.

③ 학생들이 자신이 작성한 SMART 목표를 학급 전체 구성원들 앞에서 발표한다.

[유의사항 및 기타]

· 중장기 로드맵과 SMART 원칙이 드러난 학습지를 작성하여 활용한다.

· 발표 시 좋은 목표는 구체적으로 칭찬해주고 부족한 부분은 질문을 통해 학생 스스로 보완할 수 있도록 하면 좋다.

· 저학년이나 다양한 지식과 경험이 부족한 상태에서는 효과가 떨어질 것이다. 학생들의 발단 특성을 고려하여 실행하면 좋다.

[개발자 / 참고문헌]

· 고봉익 외(2014), "공부 계획의 힘", TMD 북스

· 김현섭(2017), "철학이 살아있는 수업기술", 수업디자인연구소

내 인생의 목표 세우기

___학년___반___번 이름:_____

1. 중장기 로드맵

10대	20대	30대	40대	50대	60대 이후

2. SMART 목표 세우기

· 내가 이루고 싶은 목표 :

구체적인 목표 (Specific)	
측정가능한 목표 (Measurable)	
달성할 수 있는 목표 (Achievable, Attainable)	
연관성이 있는 목표 (Relevant, Realistic)	
시간 제한이 있는 목표 (Time-bounded)	

학생들이 자신의 목표를 만다라트 계획표 방식으로 기록하고 발표하기

[진행방법]

① 교사가 만다라트 계획표 작성법에 대하여 설명한다.

② 학생들이 만다라트 계획표 양식대로 자기의 목표를 기록한다.

③ 학생들이 기록한 만다라트 계획표를 모둠 안에서 발표한다.

④ 학생들이 기록한 만다라트 계획표를 학급 전체에서 발표한다.

⑤ 교사가 학생들이 만든 만다라트 계획표에 대하여 피드백한다.

[유의사항 및 기타]

· 교사가 자신의 목표를 만다라트 계획표 양식대로 기록하여 시범 보이기를 하면 좋다.

· 진지한 분위기에서 활동을 할 수 있도록 한다.

· 학급 게시판에 일정 기간 동안 전시해도 좋다.

[개발자 / 참고문헌]

· 사사키, 오타니 오헤니

· 네이버 블로그 드림코칭

초능력 카드를 보석 카드로 구입하고 그 초능력 카드를 구입한 이유에 대하여 이야기한다.

[진행방법]

① 책상 위에 초능력 카드 더미를 쌓아 놓는다. 모둠원(4인)이 각자 보석 카드를 가진다. (4종류, 7장의 보석 카드)

② 한 사람이 초능력 카드 더미에서 초능력 카드를 1장 꺼내 소리 내어 읽고 펼친다.

③ 모든 사람이 자기 보석 카드를 이용하여 동시에 보석 카드를 보이지 않게 내민다.

④ 동시에 보석 카드를 펼치고 가장 높은 보석 개수를 제시한 학생이 해당 초능력 카드를 구입한다. 동수인 경우, 가위바위보 게임을 통해 구입자를 최종적으로 결정한다.

⑤ 위와 같은 방식으로 돌아가며 활동을 한다.

⑥ 활동이 마무리되면 자기가 구입한 초능력 카드를 현실에서 활용하고 싶다면 어떻게 활용할 것인지 돌아가며 이야기한다.

[유의사항 및 기타]

· 이 활동은 4인을 기준으로 개발된 활동이다. 하지만 더 많은 사람이 참여하려고 한다면 추가로 보석 카드를 제작하거나 플래시보드에 기록하여 사용할 수 있도록 하면 가능하다.

· 초능력 카드를 구입하지 못한 경우, 사용했던 보석 카드는 버리지 않고 그대로 회수하여 재사용할 수 있다.

· 활동 중간에 자기가 구입한 초능력 카드의 구입 이유를 말할 필요는 없다. 활동이 다 마무리된 후에 이야기하는 것이 좋다.

· 보석 카드를 다 사용한 경우, 더 이상 활동에 참여할 수 없다.

· 시간 제한으로 마무리할 수도 있고, 모든 참여자들이 자기 보석 카드를 다 사용한 시기에 마무리할 수도 있다.

· 초능력 카드 구입 자체보다는 해당 초능력 카드를 현실적으로 어떻게 사용할 것인지가 중요한 활동이다. 이를 통해 서로의 삶을 깊이 있게 나눌 수 있다.

[개발자 / 참고문헌]

· 김현섭, 오정화

· 김현섭 외(2020), "에듀 파베르", 수업디자인연구소

16장.
평화 교실을 위한
규칙 세우기

평화 교실을 위한 규칙 세우기

평화 교실을 만들기 위해서는 목표와 함께 그 목표를 달성할 수 있는 규칙을 세우고 운영하는 것이 필요하다. 규칙 세우기의 목적은 규칙 자체에 있지 않고 질서를 통한 안정과 평화에 있다. 그런데 교실에서 규칙 세우기를 자칫 잘못 강조하다 보면 오히려 관계가 깨지고, 평화보다는 긴장과 대립 분위기가 교실을 지배할 수 있다.

대개 질서를 강조하면 관계가 깨지고, 관계를 강조하면 질서가 깨지는 경우가 많다. 하지만 질서와 관계의 연관성은 상호 모순적인 관계가 아니라 상호보완적인 관계이다. 왜냐하면 질서가 있어야 좋은 관계를 유지할 수 있고, 관계를 바탕으로 질서 세우기가 있어야 평화로울 수 있기 때문이다. 어떤 교사는 학생들이 무섭게 생각하지만 좋아하고, 어떤 교사는 학생들이 원하는 행동을 허용하지만, 학생들이 좋아하지 않는다.

관계 안에 질서가 포함된다. 관계는 사회적 상호작용, 친밀성, 신뢰성으로 구분될 수 있다.[198] 사회적 상호작용이란 언어와 행동을 주고받는 쌍방향 행위이고, 친밀성은 서로 좋아하는 감정을 가지는 것이며, 신뢰성이란 서로가 존중하고 그 권위를 인정하는 것이다.

---

198) 김현섭(2016), "수업 성장", 수업디자인연구소

진정한 관계는 사회적 상호작용과 친밀성을 넘어 신뢰성까지 담보한다. 신뢰적 관계는 질서와 책임이 포함된 관계를 말한다. 질서를 위한 규칙 세우기 활동이 이루어지지 않으면 관계와 평화를 유지할 수 없다. 교실의 질서를 지키는 최종 역할은 교사가 가지고 있다. 그러므로 교사가 교실 질서를 위한 규칙 세우기 활동에 관심을 가질 수 있어야 한다.

평화 교실을 위한 규칙 세우기 방식은 목적만이 아니라 과정과 방법도 평화적인 접근을 해야 한다. 만약 '다른 사람에게 공개적으로 공격하거나 욕하지 않기'라는 규칙을 만들었지만, 그 규칙을 어겼을 때 과도한 벌금을 부여하거나 체벌을 한다면 평화 교실을 위한 규칙 세우기라고 보기 힘들 것이다. 또한 학생들의 동의 절차 없이 교사가 일방적으로 규칙을 선포하여 운영하면 학생들의 자발적 참여를 기대하기 힘들 것이다.

기본적으로 관계와 질서의 조화를 추구해야 하겠지만 이 둘이 충돌되는 경우에는 관계를 질서보다 우선해야 한다. 왜냐하면 좋은 관계를 바탕으로 질서를 위한 규칙 세우기가 있어야 진정한 평화 교실을 이룩할 수 있기 때문이다. 질서는 있지만, 관계가 없다면 두려움이 지배하는 교실이 된다. 두려움과 배움은 함께 춤출 수 없다.[199]

일반 학생들을 위한 규칙 세우기 기술

규칙 만들기 방법

교실 규칙을 만드는 방법에는 교사 중심 방법과 학생 협약 방법이 있다. 교사 중심 방법

199) 크리스 메르코글리아노, 공양희 역 (2005), "두려움과 배움은 함께 춤출 수 없다", 민들레

은 교사가 교실 규칙을 제안하고 학생들의 동의 과정을 통해 확정하여 운영하는 방법이다. 학생 협약 방법은 교사가 평화 교실을 위한 질문을 던지면 학생들이 그 질문에 대한 생각과 의견을 모아 다같이 토론과 합의의 과정을 통해 확정하여 운영하는 방법이다.

대개 전통적인 규칙 세우기 방법은 교사가 학생들의 동의 없이 일방적으로 규칙을 제시하거나 선포하는 것이었다. 이러한 경우, 학생들이 반항, 보복, 후퇴의 반응을 보일 수 있다.[200] 반항이란 교사의 권위를 부정하고 정면으로 도전하는 것이다. 예컨대, '선생님이 나를 통제할 수 없어. 내가 하고 싶은 대로 할거야'라고 생각하거나 말하는 것이다. 보복은 자기가 상처당한 만큼 상대방에게도 상처를 주려고 하는 것이다. 예컨대, '어떻게 되든 상관없어. 내가 복수하고 그 이상으로 상처를 줄거야'라고 생각하고 행동한다. 후퇴는 자기를 스스로 비하하거나 상대방을 속이려는 것이다. 예컨대, '그래, 나는 원래 나쁜 놈이야'라고 자기를 비하하고 자기 부정 행동을 정당화할 수 있다. 또한 '재수 없이 걸렸네. 다음에는 걸리지 말아야지'라는 속임수를 쓸 수 있다. 힘의 욕구가 낮은 학생의 경우, 교사 앞에서는 '네'라고 말하고 실제로는 반대로 행동하는 수동 공격 형태로도 나타날 수 있다. 그러므로 교사 중심 방법이라고 해도 꼭 학생들의 동의 절차를 꼭 거치는 것이 필요하다.

학생 협약 방법으로 규칙을 세울 때에는 교사가 먼저 질문을 잘 만들어야 한다. 질문은 가급적 구체적이면 좋고, 현실적으로 가능한 내용을 담으면 좋다. 초등학교 학급 담임이라면 수업 규칙과 생활 규칙을 모두 담을 수 있는 질문이 좋고, 중등학교 교과 담임이라면 수업 규칙에 초점을 맞추어 질문을 활용하면 좋을 것이다. 생활 규칙이라면 좀 더 많은 규칙이 필요할 것이고, 수업 규칙이라면 수업을 망치지 않을 수 있는 최소한의 상황에 맞는 질문이 필요할 것이다. 수업 규칙의 경우는 대개 3개 내외가 적당하다. 왜냐하면 규칙이 3개 정도면 기억하기도 쉽고, 규칙이 많으면 규칙을 일관성있게 운영하기 힘들기 때문이다. 다음은 규칙을 세우기 위한 질문 사례들이다.

200) 제인 넬슨 외, 김성환 외 역(2014), "학급긍정훈육법", 에듀니티

- 수업 시간에 잠을 자거나 딴 짓하는 경우는 어떻게 하면 좋을까?
- 수업 시간 안에 충분히 할 수 있는 과제임에도 불구하고 완성하지 못한 경우는?
- 다른 친구들을 놀리거나 공격적인 언행을 보이는 경우는 어떻게 하면 좋을까?
- 거짓말을 하거나 정직하지 못한 행동으로 인하여 다른 사람에게 피해를 준다면?
- 지각을 하거나 시간을 잘 지키지 못해 다른 사람들에게 피해를 주었다면?
- 동일한 잘못을 반복하여 행동한다면?

학생들의 개인별 의견들을 모둠별로 모으거나 학급 전체 차원에서 모아서 분류하고, 토의와 합의의 과정을 통하여 정리해가면 좋다. 교사도 규칙 세우기 과정에 참여하여 의견을 낼 수 있다. 때로는 학생들이 무리한 규칙을 만드는 경우, 교사가 이를 합리적으로 설득하는 것도 필요하다. 예컨대, 만약 지각하는 경우, 과도한 벌금을 내자는 의견이 많다면 지각비 관리 문제, 경제적인 부담 문제 등 해당 경우의 문제점을 이야기하여 다른 방식의 해결 방안을 모색하도록 하는 것이다. 다만 학생들의 의견이 강력하다면 일단 규칙으로 정하되, 일정 기간 동안 운영하고 나서 보완할 수 있도록 조건부 운영 방침을 밝히는 것도 좋은 방법이 될 수 있다.

규칙이 정해지면 학급 규칙의 경우는 학급 교실에 상시 게시하면 좋고, 중고등학교의 수업 시간이라면 규칙을 복사하여 개인별 노트에 붙일 수 있도록 하는 것이 좋다. 일정 시간이 지나면 목표와 규칙에 대한 반성과 성찰의 시간을 가지고 수정 보완하는 시간을 가지는 것이 좋다.

규칙 운영 원칙과 방법

규칙을 운영하는 데 있어서 가장 중요한 핵심 원칙은 '부드럽지만 단호한 태도'를 가지는 것이다.[201] 부드럽다는 것은 관계를 바탕으로 상대방을 소중히 여긴다는 것이고, 단호하다는 것은 규칙을 어기거나 부정적인 행동을 했을 때 이를 묵인하지 않는다는 것을 의미한다. 이는 사람과 행동을 구분하는 것이다. 학생은 사람으로서 존중하지만 문제 행동은 단호하게 대처하여 반복하지 않도록 하는 것이다. 그런데 사람과 행동을 구분하지 않

---

201) 제인 넬슨 외, 김성환 외 역(2014), "학급긍정훈육법", 에듀니티

고 교사가 문제 행동 학생을 나쁜 사람으로 낙인을 찍으면 관계 자체가 깨지고 더 큰 문제 행동을 유발하여 문제가 해결되는 것이 아니라 더욱 악화될 수 있다. 반대로 문제 행동도 부드럽게 대하거나 조용히 묵인하면 문제 행동이 유지되거나 더 커져서 다른 사람들에게 더 큰 피해를 입힐 수 있게 된다. 교사는 문제 행동에 대하여 존중하는 태도로 거절할 수 있어야 한다. 예컨대, 어떤 학생이 '선생님, 이것을 하면 안돼요?'라고 말한다면 교사는 '그러한 행동은 규칙에 어긋나는 행동이니까 안 돼'라고 말할 수 있어야 한다.

규칙 운영에 있어서 지켜야 할 원칙과 방법은 다음과 같은 것이 있다.[202]

첫째, 일관성이 있는 규칙 운영이 필요하다. 대개 학기 초 교실 규칙을 정하기는 했지만 문제 행동이 발생한 경우, 그 규칙대로 행동하지 않는 경우가 생긴다. 이 경우, 학생들은 규칙대로 하지 않아도 된다는 생각을 자연스럽게 가질 수 있게 된다. 교실 규칙을 명료화하고 이를 교실 칠판에 상시 게시하거나 노트 앞 쪽에 붙여서 항시 생각할 수 있도록 하고, 규칙대로 문제 행동을 지도해 나가야 한다.

둘째, 교사가 제한된 선택을 제시하는 것이다. 문제가 생겼을 때 여러 가지 현실적인 해결책을 제시하고 그중에서 학생이 직접 선택하게 하는 것이다. 예컨대, '숙제를 하지 않았으니 뒤로 나가서 손들고 있어'보다 '숙제를 안했으니 그 해당 부분을 점심시간에 할래?, 아니면 방과 후 빈 교실에 남아서 숙제를 하고 갈래?' 등으로 제시하는 것이다.

셋째, 말 대신 행동하기이다. 어떤 학생이 문제 행동을 하는 경우, 구두로 주의를 주었는데도 문제 행동을 거듭하는 경우, 규칙에 따라 보다 강력한 자세를 가지고 행동으로 보여주는 것이다. 예컨대, 잠을 자는 학생의 경우, 2번 주의를 받으면 타임아웃(Time-out)이라는 규칙이 있다면, 첫 번째 주의를 주었는데도 불구하고 계속 잠을 자고 있다면 해당 학생이 교실 뒤편에 나갈 수 있도록 타임아웃을 시키고, 나가지 않고 버티고 있다면 조용히 그 학생이 교실 뒤편으로 나갈 때까지 수업을 멈추고 기다려주는 것이다. 교사의 지시에 따르지 않는다고 교사가 소리를 크게 지르는 것보다 오히려 소리를 작게 내거나 멈추고 기다리는 것이 오히려 더 효과적일 수 있다. 만약 문제 행동을 했는데, 규칙대로 지도하지 않고 말로만 주의를 주고 그냥 넘어가게 되면 해당 규칙은 무너지게 되어 더 큰 문제가 될

202) 제인 넬슨 외, 김성환 외 역(2014), 위의 책
   김현섭(2018), "철학이 살아있는 수업기술", 수업디자인연구소

것이다.

넷째, 야단치는 것보다 질문하는 것이 더 효과적이다. 왜냐하면 야단을 치면 해당 학생은 일단 기분이 나빠져서 자기 문제 행동보다는 야단치는 교사에게 좋지 않은 감정만 가지게 될 수 있지만, 질문을 하게 되면 자기 행동을 돌아보게 만드는 힘을 가지고 있기 때문이다. 예컨대, '너 자꾸 이런 식으로 행동할래?'라고 야단치는 것보다 '무슨 일이니?', '그 일이 일어난 이유는 무엇이니?', '네 행동이 다른 학생들에게는 어떻게 느껴질까?'와 같이 질문을 하는 것이다. 질문을 할 때도 말 속에 숨겨진 감정과 억양이 중요하다. 공격적이고 감정적으로 격양된 상태에서의 질문은 질문 내용과 상관없이 그 느낌만 그대로 전달될 수 있기 때문이다. 교사가 차분하게 질문하는 것이 효과적인 지도 방법이다.

다섯째, 칭찬은 공개적으로 하지만 야단을 칠 때는 비공개적으로 하는 것이다. 그런데 대개 많은 교사들이 반대로 행동하는 경우가 많다. 칭찬을 할 때 해당 학생을 따로 불러내 비공개적으로 칭찬하면 다른 학생들은 특정 학생을 편애(偏愛)한다고 생각할 수 있다. 교사가 공개적으로 야단을 치면 힘의 욕구가 높은 학생들은 반발과 보복의 형태로 대응하는 경우가 생길 수 있다.

여섯째, 학생이 자기 잘못을 인정하지 않는 경우, 스스로 인정할 때까지 기다려주는 것이다. 때로는 자기 문제 행동에 대하여 인정하지 않는 학생이 있다. 그 이유로는 자기 문제 행동 자체가 문제 행동이 아니라고 생각하는 경우, 자기 문제 행동은 인정하지만 다른 학생과의 형평성 문제가 있다고 생각하는 경우, 교사가 상황과 행동을 잘못 오해하는 경우 등이 있다. 문제 행동을 자각하지 못하는 경우, 교사가 문제 행동이 왜 문제가 되는 지를 학생에게 이해시키거나 시간을 두고 스스로 성찰해볼 수 있는 시간을 주는 것이 필요하다. 형평성 문제가 있다면 일관성의 원칙에 따라 지도 방법을 수정해야 한다. 교사가 오해하는 경우, 교사의 실수를 인정하고 사과하는 것이 필요하다.

일곱째, 교사가 학생이 책임있는 행동을 스스로 선택할 수 있도록 기회를 주는 것이다. 문제 행동을 한 학생이 자기 문제 행동을 인정한 경우, 그 문제 행동 정도가 사소하지 않고 다른 학생들에게도 큰 영향을 미쳤던 행동이라면 간단한 사과를 얻는 정도에서 그치는 것이 아니라 교실 공동체 구성원에게도 사과 행위를 하는 것이 필요하다. 자기 행동에 대한 책임을 지게 되는 경우, 교사가 일방적으로 벌칙을 제시하는 것보다 학생 스스로 책임 행동을 스스로 선택하게 하면 진심이 담긴 행동이 나올 수 있다. 규칙과 처벌이 두려워서 사과하는 것이 아니라 자기 행동에 대한 책임 의식을 가지고 성숙하게 행동할 수 있도록 하는 것이 보다 바람직한 것이라고 볼 수 있다.

문제 학생들을 위한 욕구별 규칙 세우기 접근

욕구별 문제 행동의 모습

일반적인 교실 규칙으로 문제 행동이 수정되지 못하는 학생들이 있다. 소위 '문제 학생'으로서 일반적인 교실 규칙을 무시하거나 반복해서 어기는 행동을 자주 하는 학생이 있다. 이러한 '문제 학생'의 경우, 일반 학생들을 위한 교실 규칙만으로는 문제 학생들의 행동을 수정하기 힘들다. 대개 문제 학생들의 경우, 여러 가지 이유로 인하여 자기 내면이 무너져 있거나 성장 과정에서 충분히 욕구가 충족되지 못해서 욕구 불만을 경험하거나 좋지 않은 친구나 가정, 학교 분위기 등으로 영향을 받는 경우가 많다. 문제 행동을 수정하기 위해서는 문제 행동 자체보다는 문제 행동의 근본 원인을 파악하고 그에 맞는 피드백을 실시해야 한다.

문제 학생들을 지도할 때는 개별 지도가 기본 원칙이지만 욕구별 특징을 파악하고 접근하면 개별 지도하는 데 있어서 많은 도움이 된다. 욕구별 문제 행동을 정리하면 다음과 같다.

욕구	문제 행동의 특징
생존	· 쉽게 불안감을 느끼기 · 수시로 다음 수업 활동을 물어봄 · 고자질하기 · 다른 친구들의 행동을 자기 기준으로 평가하고 공격하기 등
사랑	· 교사를 성가시게 행동함 · 친한 친구들끼리 강한 또래 그룹을 만들기 좋아하고, 왕따 문제를 주도할 수 있음 · 관계가 깨지면 잘 삐지거나 어깃장을 놓을 수 있음, 보복의 가능성이 있음
힘	· 모둠 활동시 자기가 모든 것을 주도하려고 함 · 교사의 권위에 대하여 도전하거나 반항하기, 보복하기 · 자기가 주도하지 못하는 상황이 되면 아예 빠지기

자유	· 자기가 하고 싶은 대로 하기
	· 싫으면 도망가기
	· 수동 공격('네'라고 말하고 행동하지 않기)
즐거움	· 수업 시간에 장난을 치거나 웃긴 말로 수업 분위기를 흐트러뜨리기
	· 게임이나 놀이에만 몰입하기
	· 진지한 것을 기피함
	· 집중력이 떨어지고 산만함

생존의 욕구 문제 학생 지도 방법

　대개 생존의 욕구가 높은 학생들은 큰 문제를 일으키지는 않는다. 왜냐하면 다른 사람에게 피해를 주는 것을 싫어하기 때문이다. 하지만 생존의 욕구가 충분히 채워지지 않으면 불안감을 느끼는 경우가 있어서 미리 안정감을 느끼도록 이야기하는 것이 필요하다. 교사가 교실이 안전한 울타리라는 것을 인식시켜주어야 하고, 교사가 먼저 신뢰감을 주는 행동을 하는 것이 필요하다. 조종례 시 정보를 전달할 때도 짧게 이야기하는 것보다 자세하게 말하는 것을 선호한다. 또한 숙제 등을 각자 알아서 하도록 하면 불안해 할 수 있다. 구체적인 범위나 예시, 양식 등을 주고 숙제를 내는 것이 좋다. 고자질을 자주 하는 경우, 역지사지(易地思之) 입장에서 자기와 다른 학생의 행동도 이해할 수 있도록 유도하는 것이 필요하다. 평상시 투덜투덜 거리면서도 자기 할 일을 하는 경우도 있는데, 긍정적인 행동에 대하여 격려하고, 감사의 의미와 가치를 알 수 있도록 지도하는 것이 필요하다. 이러한 학생들에게는 칭찬보다는 격려하기가 더 필요하다.

사랑의 욕구 문제 학생 지도 방법

　사랑의 욕구가 높은 학생들은 교사에게 관심을 끌기 위해 이상한 행동을 하거나 집착을 하는 경우가 있다. 이상한 행동에 대하여 야단치거나 반응을 보이면 이상한 행동을 하지 않는 것이 아니라 오히려 이상한 행동을 자주 해서 교사의 시선을 끌려고 할 수 있다. 이러한 경우, 오히려 이상한 행동에 대하여 교사가 무관심하게 대하거나 쿨하게 반응을 보여야 이 문제를 해결하는데 도움이 된다.

　왕따 문제를 일으키거나 또래 그룹을 만들어 친구들 간의 교우 관계에서 문제를 일으키는 경우, 역지사지(易地思之) 입장에서 이 문제를 해결할 수 있도록 하는 것이 필요하다. 상대방이 나의 행동으로 인하여 어떠한 느낌을 받는지 알 수 있도록 하는 것이 필요하다. 사랑의 욕구가 높은 학생들은 교사가 개인적인 만남과 상담의 시간을 가지는 것이 좋다. 이때, '나 전달법(I-Message)'으로 말하는 것이 좋다. 즉, "이렇게 행동하는 것은 학생으로서 잘못된 행동이야"라고 말하는 것보다 "네가 수업 시간에 이렇게 행동했을 때, 선생님은 이러한 느낌이 들었어"라는 말하는 것이 좋다.

학기 초 교사에게 친절하게 행동했던 학생이 학기말에 교사를 제일 힘들게 하는 학생으로 변하는 경우가 있는데, 이러한 경우, 대개 사랑의 욕구가 높은 학생들이다. 교사에게 인정과 관심을 받고 싶은데, 이것이 잘 이루어지지 않으면 정반대로 교사를 의도적으로 힘들게 하는 행동을 자주 할 수 있기 때문이다. 이러한 학생을 교사가 힘들다고 야단을 치면 오히려 더 어긋난 행동으로 교사를 힘들게 할 수 있다. 이러한 악순환 고리가 형성되지 않도록 사전 예방 활동이 필요하다. 예컨대, 그 학생이 좋아하는 과목의 교과부장을 맡겨서 교사의 학습 보조원 역할을 담당하게 하면서 자신이 기여할 수 있는 기회를 주고 격려하면 좋은 관계를 유지할 수 있다. 다른 학생을 도와주는 역할을 맡기거나 교사가 해당 학생에게 먼저 도움을 요청하는 것도 좋다.

사랑의 욕구가 높은 학생들에게는 교사가 전체 학급 학생들을 대상으로 친절하게 대하는 것보다 해당 학생들에게 개별적인 관심과 친밀성을 보이는 것이 더 좋다. 예컨대, 학생과의 개인적인 친밀성을 올리기 위한 방법으로써 엄지 척 등 일종의 제스처 약속을 만들어 사용한다면 매우 좋아한다. 개인적인 관심을 가지고 데이트나 상담 시간을 정기적으로 마련하는 것도 좋다.

사랑의 욕구가 높은 학생들은 주변 친한 친구들의 영향력을 많이 받는 편이기 때문에 문제 행동을 지속적으로 일으키는 경우, 교사가 자리를 바꾸거나 부모나 주변 친구들에게 도움을 요청하여 친구들과의 사회적 거리 두기를 실시하거나 전학 등의 주변 환경을 바꾸는 것도 좋은 방법이 될 수 있다.

힘의 욕구 문제 학생 지도 방법

교사들이 교실에서 크게 충돌을 일으킬 수 있는 문제 학생 유형이 힘의 욕구가 높은 학생들이다. 특히 교사도 힘의 욕구가 높고, 학생도 힘의 욕구가 높을 때 충돌이 일어나는 경우, 문제가 매우 커질 수 있다. 예전에 전통적 훈육법이 유용할 때는 어느 정도 '기(氣) 꺾기' 행동이나 체벌로 어느 정도 다룰 수 있었지만 지금 이러한 방법들을 사용하게 되면 오히려 부작용만 더 커질 수 있다. 힘의 욕구가 높은 학생에 대한 기(氣) 꺾기 행동은 힘의 속성상 자기보다 힘이 세다고 생각하는 존재에 대하여 눈치를 보기 때문에 어느 정도 효과가 있었지만, 학생 인권을 중시여기는 문화 속에서는 오히려 문제만 더 커질 가능성이 높다.

힘의 욕구가 높은 학생들은 대개 자기 뜻대로 행동하지 못하게 되면 교사에게 공개적으로 대들거나 무시하는 경향이 있다. 그러므로 누군가로부터 인정받고 싶어하는 힘의 속성을 이해한다면 문제 행동이 일어나기 전에 미리 관계를 형성하고 그 학생이 가지고 있는 힘을 있는 그대로 인정하는 자세가 필요하다. 교사가 해당 학생의 감정 계좌에 미리 신뢰를 적립하지 않은 상태에서 야단을 치는 것은 피해야 한다. 충분한 관계 형성이 이루어지지 않은 상태에서 문제 행동만을 가지고 교사가 공개적으로 야단을 치면 공격적인 행동을 보이거나 다른 방식으로 보복할 수 있다. 만약 문제 학생이 교실에서 교사에게 공격적이거나 보복의 행동을 보였을 때는 교사가 현재 상황을 잠시 멈추고 타임아웃 등의 행동을 통해 냉각기를 가지는 시간을 가지는 것이 필요하다. 왜냐하면 교사도 감정을 가지고 있기 때문에 자칫 교사가 평정심을 잃고 그 학생처럼 감정적으로 말하거나 행동하게 되면 오히려 문제가 더 심각해질 수 있기 때문이다. 이러한 경우, 힘을 힘으로 제압하지 말고 물로 끄는 전략을 취하는 것이 좋다. 감정적으로 가라앉은 상태에서 차분하게 대화로 풀어가는 것이 좋은 방법이다.

특히 힘의 욕구가 낮은 교사는 힘의 욕구가 높은 학생들을 지도하는 데 가장 힘들어 할 수 있다. 자칫 학생 페이스에 교사가 말려들어서 규칙이 무너지는 경우가 많다. 교실에서는 질서가 무너지면 관계도 무너질 수 있고, 교사의 묵인으로 인하여 배움이 무너지지 않도록 의도적으로 힘의 욕구를 올려서 행동하는 것이 필요하다.

힘의 욕구가 높은 학생들을 지도할 때에는 갈등이 일어나기 전 사전 예방 지도 방법을 해야 한다. 해당 학생의 힘을 인정하고 그 힘을 긍정적인 행동을 할 수 있도록 유도하는 것이 필요하다. 즉, 긍정 행동을 했을 때 공개적으로 칭찬하는 것이다. 학급 차원에서 주요 의사 결정을 할 때 사전에 해당 학생에게 그 의견을 물어보거나 그 학생이 학급에 기여할 수 있는 기회를 주는 것은 좋은 방법이다. 문제 행동을 인정하고 사과를 해야 할 상황이라면 결과에 대한 책임을 스스로 선택하게 하는 것이 좋다. 힘의 속성을 잘 이해하면 교사가 그 학생을 지도하기가 오히려 더 좋을 수 있다.

자유의 욕구 문제 학생 지도 방법

현실적으로 교실에서 지도하기 가장 힘든 유형의 학생들은 자유의 욕구가 높은 학생들이다. 일단 규칙을 잘 기억하지 못하고, 규칙을 지키지 않아도 별다른 마음을 가지지 않고, 지각을 자주하며, 교사에게 '네'라고 말하고는 실제로는 그냥 도망을 가버리는 경우가 많다.

교사가 자유의 욕구가 높은 학생들을 대할 때 힘으로 자유를 억압하면 수동 공격 등으로 문제를 일으킬 수 있고, 방임해버리면 문제가 해결되는 것이 아니라 문제 행동이 더 커질 수 있기 때문에 지도하기가 쉽지 않다.

자유의 욕구가 높은 학생들을 지도할 때는 전체 학생들 앞에서 지도하는 것보다 개인적인 만남을 가지는 것이 좋다. 이때, 길게 말하거나 잔소리를 하면 오히려 역효과를 가질 수 있다. 교사가 꼬치꼬치 물어도 잘 답변하지 못하고 그 상황을 매우 힘들어한다. 교사가 야단을 친다고 해도 몸만 그대로 있을 뿐, 딴 생각을 하는 경우가 많다. 그러므로 해당 학생을 충분히 공감하되, 짧고 강력하게 피드백을 하는 것이 좋다.

또한 교사가 정답을 제시하거나 지시하는 것보다 제안하는 것이 좋다. 예컨대, '앞으로 지각하지 마! 또 지각하면 무서운 벌을 줄 거야'보다는 '내일 몇 시까지 학교에 올수 있을까?', '내일 지각하지 않으려면 어떻게 하면 좋을까?' 등의 표현으로 이야기하는 것이 좋다. 그리고 문제 행동에 대한 책임 행동을 학생이 스스로 선택할 수 있는 기회를 주는 것도 좋다. 예컨대, '만약 내일도 지각하면 어떻게 하면 좋을까? 네가 늦은 시간만큼 집에 늦게 귀가하는 것이 좋을까? 아니면 선생님이 부모님에게 전화를 드려서 부탁을 드릴까?' 등으로 말할 수 있을 것이다.

자유를 억압하거나 방임하지 않기 위해서는 교사가 해당 학생과 자유의 범위를 함께 만들어 가는 것이 필요하다. 예컨대, '오늘도 노트 정리가 잘 되어 있지 않네. 그렇다면 네가 이번 수업을 통해 노트 정리할 수 있는 분량과 정도를 말해줄래? ... 그렇다면 이 정도도

하기 힘든 상황이 생긴다면 선생님이 너에게 어떻게 행동하는 것이 좋다고 생각하니?' 등으로 풀어가는 것이다.

때로는 학생 특성에 따라 '할머니 규칙'을 활용하는 것도 좋다. 할머니 규칙이란 '네가 하고 싶은 행동을 하려면 먼저 선생님이 원하는 행동을 먼저 한다면 그것을 허용해 주겠다'고 접근하는 것이다. 나이가 어리거나 미성숙한 경우에는 이러한 할머니 규칙이 효과적일 수 있다.

즐거움의 욕구 문제 학생 지도 방법

즐거움의 욕구가 높은 학생들은 즐거움을 추구하고 고통을 회피하는 성향을 가지고 있다. 그래서 대개 즐거움의 욕구와 관련한 행동들은 다른 사람에게 피해를 주는 행동을 하지 않는다.

하지만 때로는 장난이나 농담 수준이 정도를 넘어가는 경우가 있다. 특히 힘의 욕구가 높은 학생이 즐거움의 욕구도 동시에 높으면 상대방이 싫어해도 짓궂은 장난이나 농담을 지속적으로 할 수 있다. 이러한 경우, 이러한 언행이 다른 사람에게 고통이 될 수 있다는 것을 느낄 수 있도록 해야 한다. 해당 학생의 행동이 다른 학생이나 선생님에게 어떻게 느껴지는지를 알게 해 주어야 한다. 그래서 장난이나 농담의 선을 합의 과정을 통해 보다 명료하게 정하는 것이 좋다. 그리고 그 선을 넘는 경우에는 단호하게 지도해야 한다.

평상시 교사가 수업 시간이나 재량 시간 등을 활용하여 재미있는 활동을 시도하는 것이 필요하다. 해당 학생들은 즐거움의 욕구가 채워지지 않으면 이상한 행동으로 즐거움을 추구할 수 있기 때문에 이를 무시한다고 이 문제가 해결되는 것은 아니다.

교사가 해당 학생들의 가벼운 장난이나 농담의 경우는 있는 그대로 받아주는 것이 좋다. 그런데 만약 해당 학생의 가벼운 장난이나 농담에 대하여 교사가 도덕적 판단을 하거나 잔소리로 반응을 보이면 그 학생들과의 좋은 관계를 맺기 힘들 수 있다. 예컨대, 성적인 호기심이 많은 중고등학생들은 교사에게 가벼운 성적인 농담을 할 수 있는데, 이때 교사가 가볍게 농담으로 받아 넘기면 그냥 지나칠 수 있다. 그런데 교사가 당황해하거나 엉뚱하게 반응하면 오히려 재미있다고 생각해서 이러한 행동을 반복할 가능성이 있다. 물론 장난과 농담도 통상적으로 허용할 수 있는 수준이 넘는다면 단호하게 선을 그어주는 것이 필요하다.

즐거움의 욕구가 높은 학생 중에는 산만하고 지루하다고 느끼면 쉽게 싫증을 내고 집중력이 떨어지는 모습을 보일 수 있다. 교사가 수업 디자인을 할 때, 매체 활용 수업이나 협동학습 등 재미있는 학습 활동을 포함시킬 필요도 있지만 그렇다고 공부 자체가 늘 재미있을 수 없기 때문에 때로는 인내하는 자세도 가르칠 필요가 있다. 활동은 재미있을 수 있지만 활동이 늘 배움으로 연결되는 것은 아니다. 활동보다는 내용 자체에 학생이 흥미에 빠질 수 있도록 수업 디자인을 하는 것이 가장 좋은 접근이라고 할 수 있다.

대개 즐거움과 생존의 욕구가 높은 학생들에 비해 힘, 자유, 사랑의 욕구가 높은 학생들을 지도하는 것이 힘들다. 대개 문제 학생의 경우, 한 가지 욕구만 높은 것이 아니라 여러 가지 욕구가 다 높은 경우가 많기에 한두 가지 방법만으로는 해결하기 쉽지 않다. 특히 힘, 자유, 사랑의 욕구가 동시에 높은 문제 학생의 경우, 다양한 문제 행동이 동시다발적으로 나타나기 쉽고, 자신도 자신의 문제 행동을 자각하지 못하는 경우가 많다. 이러한 경우, 문제 행동에 담긴 해당 욕구들을 찾아내고 그에 맞는 개별 맞춤형 전략에 따라 지도하는 것이 필요하다. 무엇보다 문제 학생을 대상('그것')으로 여기지 않고 인격('너')으로 대하고 관계를 회복하려고 노력하는 자세가 중요하다.

17장.
관계기술센터 운영

관계기술센터란?

관계기술센터는 관계기술을 더욱 체계적이고 구조화된 방식으로 학생들에게 일정 기간 집중적으로 지도하기 위한 접근 방법이다. 관계기술은 교사가 학생들에게 한두 번 정도 중요성을 강조하거나 설명한다고 해서 학생들에게 생기는 것이 아니다. 관계기술은 관계기술에 대한 지식과 이해로만 가능한 것이 아니라 반복과 연습을 통해 습관화하는 것이 필요하다. 이를 위해서는 학기 초부터 꾸준하게 지도해야만 삶 속에서 실천할 수 있다. 대표적인 관계기술 센터 방식은 존슨이 제시한 'T-차트(chart)'이다. 원래 'T-차트'란 원래 T자 모양의 도표를 의미하는데, 여기에 관계기술에 대한 말과 행동을 넣은 것이다. 이를 학생들 눈이 잘 보이는 공간에 학급 게시판 형태로 상시적으로 게시하는 것이다.

관계기술명 : ○○하기		칭찬하기	
말	행동	말	행동
· · ·	· · ·	• 와우~ 대단해! • 네가 잘 해낼 줄 알았어~ • 노력 짱!	• 엄지 척 • 하이 파이브 • 손잡고 폴짝폴짝 • 쓰담쓰담 • 박수치기

관계기술의 지도 단계 및 방법

존슨은 관계기술을 지도하는 일반적인 단계를 다음의 4단계로 제시하였다.[203] 1단계는 학생들에게 관계기술의 중요성을 인식하도록 한다. 구체적인 관계기술을 정하고 그 중요성을 인식시키고 동기 부여를 하는 것이다. 2단계는 관계기술의 사용 방법을 익힐 수 있도록 가르쳐주는 것이다. 교사의 시범 보이기 활동을 통해 구체적으로 해당 관계기술을 어떻게 실행할 수 있는지 알게 하는 것이다. 3단계는 관계기술을 일정 기간 동안 꾸준하게 연습과 반복을 통해 습관화할 수 있도록 한다. 예컨대, 조종례 시간에 실습할 수 있는 시간을 가지거나 해당 관계기술을 실천할 수 있는 기회를 수업 시간에 의도적으로 가지는 것이다. 4단계는 관계기술 활동에 대한 반성과 피드백을 통해 수정 보완한다. 일정 기간 동안 해당 관계기술 활동을 진행했으면 이에 대하여 학생들의 반응을 들어보고, 수정 보완할 부분이 있다면 다음 관계기술 지도 시 이를 반영할 수 있도록 한다. 예컨대, 해당 관계기술을 가장 잘 실천할 학생을 칭찬주인공 코너에 게시하거나 ○○왕 등으로 정해 공개적으로 칭찬할 수 있다.

	단계	세부 내용
1	관계기술의 중요성 인식	• 구체적인 관계기술 제시 • 필요성을 강조하고 스토리텔링, 매체 활용 등을 통해 동기 부여하기
2	관계기술 사용 방법 익히기	• 시범 보이기 활동 • 관계기술 센터를 통해 해당 관계기술에 대한 말과 행동을 구체적인 사례를 제시하기
3	관계기술 연습	• 반복과 연습을 통한 습관화 • 조종례 시간, 수업 시간 등을 통해 꾸준하게 실천할 수 있는 기회를 부여하기
4	관계기술 활동에 대한 피드백	• 관계기술 활동에 대한 반성 및 평가 • 평가 결과를 다음 관계기술 지도 시 반영하기

203) 김대권 외(2013), "바로 지금 협동학습!", 즐거운학교

관계기술 지도 시 교사가 질문하고 학생들의 생각과 의견을 나누어 보도록 하면 좋다. 교사가 관계기술 활동에 대하여 제안하거나 모두가 참여할 수 있도록 격려하는 것이 좋다. 설명하거나 부연하는 것도 필요하고 활동에 대한 감정을 표현하고 모둠의 활기를 불러일으키면 좋다.

관계기술센터 내용

관계기술센터에 들어갈 구체적인 관계기술 내용들을 정리하면 다음과 같다.

칭찬하기

- 말 : 와우~ 대단해!, 네가 잘 해낼 줄 알았어~, 노력 짱!
- 행동 : 엄지 척, 하이 파이브, 손잡고 폴짝폴짝, 쓰담쓰담, 박수치기

격려하기

- 말 : 넌 참 소중한 존재야, 너의 선택을 존중해, 널 응원해, 힘내!
- 행동 : 손 하트, 안아주기, 토닥토닥, 주먹 하이파이브

질문하기

- 말 : 질문이 있습니다. 왜? 어떻게 된거야?, 어떻게 하면 돼?
- 행동 : 즉각적으로 질문하기, 예의를 가지고 질문하기, 구체적으로 질문하기

경청하기

- 말 : 아하, 그렇구나, 그래서?, 네가 말한 것이 이런 뜻이니?
- 행동 : 고개 끄덕, 상대방 쪽으로 몸을 돌리기, 내 행동을 멈추고 눈을 마주보기, 귀 기울이기

감정 조절하기

- 말 : 잠깐!, 이젠 참아야지, 질 수도 있지, 내 감정은 지금 이래, 이럴 때 내가 어떻게 하면 좋을까?
- 행동 : 심호흡을 하기, 잠시 멈추기, 음악 감상이나 운동하기, 조언 요청하기

공감하기

- 말 : 너, 정말 힘들었겠구나, 그래서 그랬던 거지?, 그때 기분이 어땠어? 나도 그래
- 행동 : 고개 끄덕끄덕, 따뜻한 눈빛으로 상대방을 바라보기, 상대방 행동을 따라하기, 리액션

배려하기

- 말 : 네가 먼저 선택해, 내가 도와줄게, 힘든 것이 있으면 말해줘,
- 행동 : 물어보기, 따뜻한 눈빛으로 바라보기, 상대방이 부탁하지 않아도 먼저 도와주기

감사하기

- 말 : 감사합니다. 고마워, 힘이 됩니다, 네가 도와주어서 잘 마칠 수 있었어
- 행동 : 인사하기, 포옹하기, 편지쓰기, 문자 보내기, 박수치기, 선물 보내기

긍정적으로 말하기

- 말 : 넌 이런 것이 장점이야, 제가 하겠습니다. 너(나)는 할 수 있어!
- 행동 : 밝은 표정을 짓기, 따뜻하게 말하기, 미소짓기, 상대방 장점을 말해주기

갈등 해결하기

- 말 : 네가 원하는 것을 먼저 이야기해봐, 상대방은 어떤 느낌일까?, 모두에게 이익이 되는 해결방법은?
- 행동 : 상대방 입장에서 생각하기, 대화와 타협, 차이점 이해하기, 갈등 속에 숨겨진 이유를 찾기, 공동의 해결방안 찾기

성찰하기

- 말 : 나는 누구인가? 내가 이렇게 행동한 이유는 무엇일까?, 앞으로 이러한 일이 반복되지 않으려면?
- 행동 : 혼자만의 조용한 시간 가지기, 음악 듣기, 일기쓰기, 멘토와 상담하기

목표 세우기

- 말 : 네 목표가 구체적이고 뚜렷하구나!, 계획이 있구나!, 계획한 대로 실행할 힘을 가지고 있어
- 행동 : 플래너 만들기, 일정표 작성하기, 자기 체크리스트

규칙 세우기

- 말 : 우리 규칙이 뭐지?, 규칙을 소중히 여기는구나, 질서 정연해서 좋아, 순서대로 차례차례
- 행동 : 규칙을 말하기, 규칙대로 행동하기, 규칙을 어길시 책임지는 행동하기

관계기술센터 운영 방법

관계기술에 대한 연간 계획표 만들기

학기 초 관계기술에 대한 연간 계획표를 세워서 운영하면 체계적인 지도가 가능할 것이다. 다음은 연간 계획표 사례이다.

시기	중점 관계기술	관계기술 활동
3월	목표 세우기	가치 경매 게임, 만다라트 계획표, SMART 계획표 나의 사명선언서 만들기 등
	규칙 세우기	먼저 인사하기, 규칙 만들기 활동, 라인업 활동 등
4월	칭찬하기	돌아가며 칭찬하기, 칭찬 샤워, 사물 칭찬하기, 낙서 예술 등
	질문하기	삼박자 질문하기, 생각꼬리 질문, 질문게시판 등
5월	감사하기	감사 게시판, 감사일기 및 감사편지 쓰기 등

6월	감정 조절하기	그럴 수 있지 게임, 하나둘셋 심호흡하기, 바른말 고운말 캠페인 활동 등
7월	격려하기	욕구별 격려하기, 돌아가며 격려하기, 격려샤워 등
8월	경청하기	다시 말하기, 듣고 말하기, 3단계 인터뷰 활동 등
9월	공감하기	감정카드 활동, 스피드 감정 퀴즈, 공감적 경청 연습하기 등
10월	긍정적으로 표현하기	긍정 통역기, 사물 카드, 욕 풀이 특강 등
11월	갈등 해결하기	PBL 수업, 두마음토론 등
12월	성찰하기	일기쓰기, 체크리스트 활동 등

교사학습공동체 차원에서 집단 지성을 통해 함께 만들고 공유해도 좋다. 학급 활동 시간에 학생들과 함께 연간 계획을 논의하고 만들면 학생들의 자발적인 참여를 이끌어내는 데 도움이 될 것이다.

반복과 연습

관계기술을 조종례 시간 등을 활용하여 하루에 한 번씩 실제로 실습할 수 있으면 좋다. 예컨대, 관계기술 센터에서 제시한 말을 다함께 읽어보거나 외울 수 있도록 할 수 있다. 또한 해당 관계기술 행동을 짝꿍과 함께 해보는 것도 좋다. 만약 칭찬하기라면 짝꿍을 향해 '역시 대단해!'라고 칭찬하면서 엄지척 행동이라면 동시에 해보는 것이다. 이를 운영 기간 동안 꾸준히 실천해본다면 자연스럽게 습관화하는 데 도움이 될 것이다.

관계기술 관련 다양한 활동을 실행하기

관계기술에 대한 중요성을 설명하는 것만으로는 한계가 있다. 관계기술을 강조하는 다양한 활동을 개발하여 적용하는 것이 필요하다. 예컨대, 격려하기라면 격려하기의 의미와 중요성, 격려의 방법뿐 아니라 격려하기 활동을 시도하는 것이다. 욕구별 격려 방법에 따라 격려 메시지 쓰기 활동, 돌아가며 격려하기 활동, 사회적 기여자들(소방관, 군인 등)을 찾아 격려 편지 쓰기 활동 등을 해보는 것이다. 특히 창체 활동이나 조종례 시간 등의 학급 재량 활동 시간, 자유학년제의 주제 선택 활동 등을 통해 다양한 활동을 해볼 수 있으면 좋다.

체크리스트 활용

해당 기간 동안 해당 관계기술을 잘 실천하고 있는지 점검할 수 있는 체크리스트를 개발하여 활용하면 좋다.

관계기술 체크리스트

___학년 ___반 ___번 이름 :_____

1. 나는 이번 해당 관계기술인 □□하기가 왜 중요한지를 충분히 알고 있었다. 1-2-3-4-5

2. 이번 기간 동안 나는 □□하기를 최선을 다해 실천했다. 1-2-3-4-5

3. 이번 기간 동안 □□하기와 관련하여 내가 제일 열심히 실천한 말과 행동은 무엇인가?
   · 말 :

   · 행동 :

4. 이번 기간 동안 우리 모둠 구성원이나 학급 구성원 중 □□하기를 가장 열심히 실천한 친구는
   (   )이다. 왜냐하면 (   )했기 때문이다.

5. 관계기술 운영과 관련하여 선생님에게 제안하고 싶거나 기타 하고 싶은 말이 있다면?

칭찬 주인공 코너 설치

해당 관계기술을 제일 열심히 실천한 친구를 찾아 적절한 보상과 격려를 하면 좋다. 그중의 대표적인 방법 중의 하나가 칭찬 주인공 코너를 설치하여 운영하는 것이다. 해당 학생 이름과 사진을 넣고 그 이유에 대하여 구체적으로 기록하여 다른 친구들에게 좋은 영향을 미칠 수 있도록 하는 것이다. 학생 발달 특성에 따라 '○○왕', '○○천사' 등의 이름으로 운영할 수 있을 것이다.

이번 달의 피스메이커(평화수호자)

___학년___반___번 이름: _____

사 진

이 친구는 이번 달 관계기술인 갈등 해결하기를 가장 열심히 실천한 친구로서 최근 학급 내 발생한 친구들의 다툼을 잘 해결하는 데 앞장섰기에 우리 반의 피스메이커(평화수호자)로 선정합니다.

명예의 전당 코너

대개 칭찬 주인공 코너 게시 기간은 다음 관계기술 칭찬 주인공이 나올 때까지이다. 그런데 기간이 지나서 칭찬주인공 표지를 폐기하지 않고 이를 명예의 전당 코너로 옮겨서 1년 동안 게시될 수 있도록 하면 좋다. 일단 해당 학생에게 자긍심을 심어줄 수 있고, 다른 학생들에게 좋은 영향을 지속적으로 미칠 수 있게 된다. 현실적으로는 모범 학생상의 근거로 활용하거나 생활기록부에 해당 내용을 기술하면 좋다.

[명예의 전당]

3월 비전 꿈꾸미 □	4월 질문왕 ○	5월 감사천사 ◇	6월 감정 조절왕 △	7월 격려 도우미 ♡

관계기술센터 운영 시 유의사항

첫째, 교사의 실천 의지가 매우 중요하다. 자칫 잘못하면 작심삼일(作心三日)로 그칠 수 있다. 많은 교사들이 학기 초에 관계기술 센터를 설치하고 한 달 정도는 의욕적으로 진행하지만 시간이 지나갈수록 용두사미(龍頭蛇尾)로 그치는 경우가 많다. 그러므로 교사가 일관된 교육 철학 및 신념을 가지고 지도할 수 있어야 한다. 관계기술에 대한 중요성을 충분히 인식해야 학생들에게도 이를 지도할 수 있다.

둘째, 선택과 집중의 원리에 따라 단계적으로 관계기술을 지도하는 노력이 필요하다. 현실적으로 학생들에게 여러 가지 관계기술을 동시다발적으로 지도하기는 힘들다. 수많은 관계기술들이 있지만, 그중에서 학생들의 특성에 맞는 핵심 관계기술을 추려서 선택과 집중 방식으로 지도하는 것이 좋다. 유치원이나 초등학교에서는 기본적인 관계기술을 지도하는 데 많은 시간과 노력이 필요할 것이다. 유아 단계나 아동 단계에서 관계기술 훈련이 되어 있지 않으면 고학년이나 청소년 단계에 이르러 지도하기가 쉽지 않다.

셋째, 관계기술 센터의 운영 기간을 학생 발달 단계와 특성, 학급 운영과 수업 운영상의 상황 등에 따라 유연하게 정하여 진행하면 좋다. 대개 한 가지 관계기술을 집중적으로 지도하는 데 있어서 1주에서 4주 정도 기간이 필요하다. 대개 학기 초 시기는 상대적으로 좀 더 많은 관계기술을 집중적으로 지도하는 것이 필요하다. 학급 운영 차원에서 초등학교의 경우는 1-2주 정도 학급 운영 차원에서 운영하면 좋고, 중등학교의 경우는 3-4주 정도나 분기별로 운영하는 것이 좋다. 교과 수업 차원에서 관계기술을 지도하는 데 있어서는 2-3가지 관계기술을 1학기 내지 1년 동안 꾸준하게 지도하는 것이 좋다. 학교 문화나 학급 특성에 따라 유연하게 운영 기간을 선정한다.

넷째, 관계기술 내용이 교실 규칙에 반영되면 좋다. 관계기술을 제대로 지키지 못해 학생 갈등이 일어나는 경우가 많기 때문에 다른 사람에게 피해를 주는 경우를 대비하여 핵심 관계기술은 교실 규칙에 반영한다. 예컨대, 관계기술을 잘 지키는 학생은 칭찬 주인공 코너와 명예의 전당 코너에 게시할 수 있고, 경청하기가 잘 이루어지지 않아 토론 수업이 잘 운영되지 않거나 갈등 해결이 잘 이루어지지 않고 다툼이 커진 경우, 그에 해당하는 책임 행동을 교실 규칙에 구체적이고 분명하게 제시하는 것이다.

다섯째, 관계기술센터는 별도의 교실 상시게시판을 설치하여 운영하면 좋다. 특히 학생들의 시야에서 잘 보이는 교실 앞쪽 칠판 쪽에서 게시한다. 담임교사가 상주하는 초등 교실과 달리 그렇지 않은 중고등학교 교실의 경우, 관계기술센터가 훼손될 가능성이 있으므로, 별도의 담당 학생 관리자를 두면 좋다.

　여섯째, 관계기술센터에 들어갈 내용은 학생들과 함께 만들면 더욱 좋다. 다양한 관계기술 목록을 제시하고, 그 중에서 우리 학급에 꼭 필요한 관계기술을 정해 관련 말이나 행동을 학생들과 함께 만들어 관계기술센터 내용을 채워서 활용한다.

18장.
평화교실을 위한
교사의 역할

평화 지킴이로서 교사

교사가 인성 교육, 사회성 교육, 평화 교육을 잘 가르치려면 먼저 그 모범을 보여야 한다. 즉, 교사의 인격이 인성적으로 훌륭해야 하고, 다른 교사들과 협력하여 좋은 학교를 만들 수 있도록 노력해야 하며, 교실과 학교의 평화 지킴이(Peace maker)로서 살아가야 한다. 만약 교사 자신이 인성적으로 행동하지 않으면 학생들은 교사를 이중인격자 등으로 생각해서 더 이상 신뢰를 하지 않을 것이다. 만약 교사가 개인주의적 성향을 가지고 학생들에게 별로 관심이 없고 사무적으로 대한다면 학생들도 교사에게 관심을 주지 않을 것이다. 만약 교사가 아무리 좋은 목적을 가지고 있다 하더라도 폭력적인 방법으로 교실 문제를 해결하려고 한다면 학생들도 평화 대신 폭력을 자연스럽게 배워나갈 수 있을 것이다.

그런데 교사가 먼저 훌륭한 인격자, 협력자, 평화 지킴이가 되어야만 이를 가르칠 수 있다고 하면 현실적으로 이를 감당할 수 있는 교사를 찾기 힘들 것이다. 물론 이러한 이상적인 목표를 추구해야겠지만 이상적인 기준에 도달하지 못해도 교사는 평화 교실을 만들어가야 할 책임을 가지고 있다.

교사는 먼저 평화 교실의 필요성을 인식하고 학급 및 수업 운영에 있어서 평화적 가치와 덕목이 반영된 목표를 세우고, 이를 유지할 수 있는 규칙을 세울 수 있어야 한다. 그리고 학급 및 수업 운영에 있어서 다양한 학급 문제나 교실 갈등이 발생했을 때 평화적인 원리와 방법으로 해결할 수 있어야 한다. 그리고 평상시 관계기술을 가르칠 수 있어야 한다.

인성코치로서의 교사

가르치는 자(Teacher)가 아니라 코치(Coach)가 되자.

그런데 교사가 성직자 모델로 살아가기 힘든 상황이다. 즉, 모든 삶의 모범이 되도록 노력해야겠지만 이러한 당위성이 교사에게 큰 부담으로 다가올 수 있기 때문이다. 교사가 온전한 성직자의 역할을 수행하지 못한다 하더라도 인성 코치로서의 역할을 수행해야 한다. 예컨대, 운동 코치는 선수 시절 운동을 잘한 사람들도 있지만 그렇지 못한 사람들이 많다. 선수 시절 존재감이 없었던 선수이거나 심지어 선수 경험이 없는 사람이었지만 나중에 훌륭한 코치나 감독을 수행하는 경우가 많다. 그 이유는 선수와 코치가 하는 역할이 다르기 때문이다. 선수는 내가 운동을 잘하면 되지만 코치는 선수를 운동을 잘할 수 있도록 훈련시키고 격려하고 문제 해결에 도움을 주는 역할을 하는 것이다. 교사도 마찬가지이다. 교사 자신이 인격적으로 훌륭하지 못해도 학생들의 인성과 사회성을 키우고, 평화 지킴이로서 그 역할을 감당할 수 있다.

이제 교사는 지식전달자로서 티처(Teacher)가 아니라 학생이 스스로 할 수 있도록 돕는 코치(Coach)가 되어야 한다. 코칭이란 '피코칭자가 원하는 무엇인가를 스스로 성취하고 발전할 수 있도록 도와주는 행위'이다. 코칭 활동을 통해 자신이 가지고 있는 능력을 개발하고 향상하도록 도울 수 있다. 코칭의 기본 전제는 '사람이면 누구나 성장하려는 의지를 가지고 있다'는 것이다. 그런데 현실적으로 사람에 따라 성장 의지가 없는 경우도 있다. 이러한 경우는 목표 자체가 없거나 목표가 있어도 목표를 달성할 방법을 모르거나 능력이 부족하다고 생각해서 스스로 포기한 경우이다. 이러한 경우, 자기 자신에 대한 성찰과 알아차림을 통해 자기를 있는 그대로 바라보게 되면 문제의 근본 원인을 바라볼 수 있다. 자기 성찰을 통해 진정한 목표를 세우고, 목표 달성의 방법을 배워야 한다. 목표 달성을 위한 다양한 노력을 기울이고, 그 과정과 결과를 평가하고 피드백 과정을 통해 궁극적으로 목표를 달성하고 문제를 해결할 수 있도록 해야 한다. 교사는 코칭을 기본적으로 이해하고 인성 코치로서 다양한 노력을 기울일 필요가 있다. 즉, 교사는 학생들을 사랑하고, 칭찬하고, 질문하고, 경청하고, 피드백을 해야 한다.[204]

코치는 사랑으로 신뢰를 얻는다

코칭에서 코치는 조연이고, 피코칭자가 주연이다. 코치는 피코칭자가 스스로 성장할 수 있도록 도와주는 사람이다. 코치가 피코칭자의 행동이 부족해도 이를 대신해줄 수는 없다. 변화의 주체는 피코칭자이다. 교사가 학생의 삶을 대신 살아줄 수 있는 것이 아니다. 학생 스스로 성장할 수 있도록 교사는 돕는 역할을 하는 것이다.

피코칭자가 코치를 신뢰해야만 코칭이 성공적으로 이루어질 수 있다. 피코칭자로부터의 신뢰는 전문성과 관계성에서 나온다. 학생 입장에서 볼 때 교사가 자신보다 전문적인 지식과 역량을 가지고 있다고 신뢰를 가질 수 있다. 교사가 학생에 대한 관심을 가지고 사랑해야 학생이 교사에게 마음을 열 수 있다.

코치는 칭찬과 격려로 긍정 행동을 강화한다.

피코칭자가 긍정적인 행동을 했을 때 코치가 적절한 칭찬과 격려를 해줄 수 있어야 한다. 그래야 장점을 강화시킬 수 있기 때문이다. 교사는 학생들이 긍정 행동을 했을 때 칭찬과 격려를 잘할 수 있어야 한다.

일단 칭찬할 때도 피해야 할 칭찬 방법이 있다.

- 단순한 칭찬, 두루뭉술한 칭찬, 모호한 칭찬
  (예) "참 잘했어", "괜찮네" 등
- 선천적인 본성으로 칭찬하기
  (예) "역시 넌 머리가 좋아", "타고난 성품이 원래 착했어" 등
- 결과만 칭찬하기
  (예) "오늘도 인사를 잘하네", "칭찬 쿠폰을 5개나 모았구나" 등

---

204) 김영수(2009), "성공하는 당신은 지금, 코칭을 합니다", 교보문고

교사가 학생들을 칭찬을 할 때는 구체적인 사실에 근거하여 칭찬하는 것이 좋다. 예컨 대, "오늘 점심시간에 다리 아픈 친구를 위해 식당에서 음식을 챙겨주었다니 참 세심하구 나" 등으로 칭찬하면 좋다. 또한 결과뿐 아니라 과정과 노력도 칭찬하는 것이 필요하다. 예컨대, "양파 키우기 실험을 위해 아침마다 일찍 등교해서 열심히 키우고 실험했다니 대 단하다. 포기할 수도 있었는데, 끝까지 노력한 것만으로도 대단한 것 같아" 등으로 칭찬하 는 것이다. "네가 우리 반이라는 것만으로도 참 든든해" 등으로 존재 자체를 칭찬하는 것 은 학생에게 최고의 칭찬 방법이 될 것이다.

코치는 질문으로 답을 찾는다

코칭의 핵심은 질문이다. 긍정 행동을 유지하는 것은 칭찬과 격려라면 부정 행동을 수 정하는 것은 질문과 피드백이다. 실제 코칭에 있어서 가장 중요하면서도 힘든 것이 바로 질문이다. 코칭에서 질문이 중요한 이유는 모든 정보와 정답은 피코칭자에게 있기 때문이 다. 질문을 통해 피코칭자가 자기 자신을 객관적으로 성찰할 수 있도록 도와준다. 질문은 피코칭자의 숨겨져 있는 정답을 스스로 찾아 나갈 수 있도록 한다. 질문을 통해 피코칭자 의 참여를 최대한 이끌어낼 수 있다.

일단 피해야 할 코칭 질문 방법이 있다.

- 가치 판단을 전제로 질문하기

  (예) "잘 모르면서 아는 것처럼 꾸며서 말하는 것 아니야?"

- 공격적으로 질문하기

  (예) "활동 시간이 부족하다는 것은 일종의 핑계가 아닐까?"

- 추상적이고 모호하게 질문하기

  (예) "그래, 어떠니?"

- 주로 닫힌 질문만 하기

  (예) "네가 한 행동이 잘한 행동이니? 잘못된 행동이니?"

- 상대방 입장에서 답변하기 힘든 질문

  (예) "이 복잡한 문제를 어떻게 해결하는 것이 가장 바람직하다고 생각하니?"

좋은 코칭 질문 방법은 다음과 같다.[205]

- 객관적인 사실에 기초하여 질문하기
  (예) "아까 모둠 활동 시간에 각자 학습지만 기록할 뿐, 모둠원들끼리 아무런 이야기를 하지 않고 있던데, 특별한 이유가 있을까?"
- 교사 입장이 아니라 학생 입장에서 질문하기
  (예) "네가 친구에게 거친 말을 사용했을 때 친구는 어떠한 감정이 들었을까?"
- 학생이 말한 핵심 단어에서 실마리를 잡아 질문하기
  (예) "아까 모둠 활동을 하지 않은 이유는 재미가 없어서라고 말했는데, 네가 말한 재미는 무슨 의미일까? 넌 언제 재미를 느끼니?"
- 가급적 열린 질문을 사용하기
  (예) "짝꿍의 의견에 대하여 네 생각은 어떻게 생각하니?"
- 두서없이 질문하지 않고, 전략적으로 질문하기
  (예) 탐색 질문 ⇒ 집중 질문 (개인 상담 시 다양한 질문을 하다가 학생의 고민이나 문제에 초점을 맞추어 심화 질문하기)
- 논점 일탈하지 않고 집중하여 질문하기
  (예) "이러한 행동을 한 이유는?" ⇒ "그렇다면 네 행동에 대하여 친구는 어떻게 생각할까?" ⇒ "입장을 바꾸어 네가 친구 입장이라면 어떠했을까?" ⇒ "이 문제를 해결하려고 할 때 어떻게 행동하는 것이 너와 친구 모두에게 도움이 될까?'
- '왜?' 대신 '어떻게?' 질문하기
  (예) "너는 왜 이렇게 행동했어?" ⇒ "너는 이 문제를 어떻게 해결하면 좋겠니?"

코치는 경청으로 사람의 마음을 얻는다

교사가 학생들의 이야기를 제대로 듣기만 해도 50%는 해결될 수 있다. 코칭에 있어서 경청이 매우 중요하지만 실제로는 경청을 잘하지 못하는 경우가 많다. 그 이유는 교사가 바빠서 학생들의 이야기를 귀 기울일 여유가 없거나 들어보았자 뻔하다고 생각하기 때문

---

205) 토니 스폴츠푸스(2010), "코칭 퀘스천", 동쪽나라

이다. 횡설수설하거나 학생의 시시콜콜한 개인 이야기까지 들어줄 필요가 없다고 생각하거나 학생에 대한 편견이 있으면 경청하기 힘들 것이다. 교사가 학생들을 존중하는 마음을 가지고 경청의 자세를 실천해야 한다. 학생의 눈을 바라보면서, 추임새를 넣고, 되물어보고, 요약해서 묻고, 메모하면 좋다.

코치는 피드백을 통해 사람을 변화시킨다

· AID 피드백

부정적인 행동을 수정하려고 할 때는 일명 AID 피드백이 좋다.[206] 행동(Action), 영향(Impact), 바라는 결과(Desired outcome)에 맞추어 피드백하는 것이다. 먼저 교사가 구체적인 행동에 초점을 맞추어 피드백하는 것이다. 예컨대, 학생에게 '딴 짓하지 말아라'는 표현 대신 '내가 말하고 있을 때 의자를 뒤로 빼고 창밖에 멍하니 쳐다보고 있었어!'라고 말하는 것이다. 영향이란 학생의 부정 행동이 선생님이나 다른 친구들에게 어떠한 영향을 미쳤는지 이야기하는 것이다. '네가 10분 이상 잠을 자다보니 짝꿍도 졸기 시작했고, 선생님도 내 이야기가 재미가 없나 하는 생각까지 들었어'라고 말하는 것이다. 바라는 결과란 부정 행동이 구체적으로 어떻게 수정되었는지를 요구하는 것이다. '잠을 자지 않고 집중해주었으면 좋겠어. 만약 너무 졸리면 교실 뒤에 나가 잠이 깨면 다시 원래 자리로 앉으면 어떨까?'라고 말하는 것이다.

· 스팟 코칭(Spot coaching)

스팟 코칭이란 어떤 기회에 한 두마디 짧은 말로 강렬하게 피드백하는 방식이다. 교사가 길게 말하는 것보다 상황에 맞게 짧게 말하는 것이 더 효과적일 수 있다. 생존과 사랑의 욕구가 높은 학생보다는 힘이나 자유의 욕구가 높은 학생들에게는 더 효과적인 피드백 방식이다. 짧게 질문이나 칭찬, 그리고 조언을 해주면 좋다. 예컨대, '왜 사람들은 이렇게 행동할까?', '혹시 다른 방법은 없을까?', '너무 좋은 생각이야, 그런데 이 방법도 해보면 어떨까?' 등으로 피드백하는 것이다. 스팟 코칭의 핵심은 상황과 타이밍이 중요하다. 학생

---

206) 인코칭의 코칭포유 http://incoaching.com/

들이 나름대로 노력하지만 잘 풀리지 않는 상태이거나 과제의 방향을 잘못 잡아가고 있을 때 등에서 활용하면 좋다.

· 문제 해결 모색

코칭에서 문제 해결 방식은 교사가 하나의 정답을 제시하는 것이 아니라 교사가 질문을 통해 학생 스스로 정답을 찾을 수 있도록 하거나 교사가 다양한 해결 방안들을 제시하고 그중에서 학생이 스스로 해법을 선택할 수 있도록 한다. 아니면 학생들끼리 문제 해결을 위한 다양한 해결 방안들을 찾아 공동의 해결 방법을 선택할 수 있도록 한다. 개인 지성이 아니라 집단 지성을 통해 문제 해결을 추구하는 것이다. 예컨대, '이 문제들을 해결하는 데 있어서 A안, B안, C안 등이 있을 것 같은데, 이중에 하나를 선택한다면 무엇이 좋을까?', '너희 팀에서 이 문제에 대하여 해결 방안을 토의하여 찾아보면 어떨까?' 등으로 피드백하는 것이다.

· 욕구 코칭[207]

욕구를 기반으로 코칭하면 좋다. 먼저 욕구 코칭의 철학은 다음과 같다.

- 욕구를 알아차리고, 있는 그대로 인정하는 것이 가장 큰 공감이다.
- 모든 행동에는 목적이 있다.
- 먼저 욕구가 채워지고 나서야 그 다음 조절할 수 있다.
- 다른 사람을 내 마음대로 통제할 수 없다.
- 모든 행동은 자신이 선택한 것이다.

욕구코칭의 철학에 따라 다음과 같이 욕구 코칭 활동을 진행할 수 있다.

욕구를 알아차리기(Know)

학생의 행동만을 보는 것이 아니라 행동 속에 숨겨진 감정과 생각을 찾고, 그 너머에 있는 욕구까지 바라보는 것이다. 5가지 기본 욕구 중 어떤 욕구와 관련이 있는지 분석할 수

---

207) 김현섭, 김성경(2018), "욕구코칭", 수업디자인연구소

있어야 한다.

욕구에 이름 붙이기(Naming)

행동 속에 숨겨진 욕구를 인정하고 이름을 붙이는 것이다. 예컨대, '너 자꾸 화만 낼래?'
라고 말하는 것이 아니라 '네가 화가 난 이유는 친구가 너를 무시하고 인정해주지 않았기
때문이구나'라고 말하는 것이다.

격려하기(Cheering)

욕구를 그대로 인정하는 것만으로도 격려가 된다. 하지만 좀 더 의미 있는 격려를 하려
면 단점을 긍정적으로 표현하고, 결과보다 과정에 초점을 두고, 실패 행동에 용기를 불러
일으키는 말을 해주어야 한다. 다양한 격려 표현을 기억하여 그 상황에 맞는 격려를 하면
좋다.

나-전달법으로 말하기(I-massage)

학생이 부정 행동을 했더라도 교사의 감정을 조절하고 '나-전달법(I-massage)' 형식으
로 말하는 것이다. '너-전달법(You-massage)'은 상대방을 주어로 말하는 것이고, '나-
전달법(I-massage)'은 나를 주어로 말하는 것이다. 예컨대, '네 행동은 기본 규칙도 제대
로 지키지 못하다니 참 나쁜 아이로구나!'는 '너-전달법(You-massage)'이라면, '네가 규
칙을 어기는 행동을 할 때마다 선생님의 마음이 안타깝고, 선생님과 우리 반을 무시한다
고 느껴져'라고 표현하는 것이 '나-전달법(I-massage)'이다.

상대방의 욕구를 채워주기(Filling)

상대방의 모든 욕구를 다 채워줄 수 없다. 하지만 가장 높은 기본 욕구를 어느 정도 채워
주면 문제 해결하는 데 큰 도움이 된다. 예컨대, 힘의 욕구가 높은 학생은 힘을 인정하고
장점을 칭찬하며, 스스로 문제를 해결할 수 있는 기회를 주는 것이 좋다.

욕구 문제를 해결할 수 있는 대안을 함께 모색하기(Skeeking)

교사가 학생의 욕구 문제를 해결할 수 있는 다양한 대안들을 제시하고, 학생과 함께 긍정적이고 공동체적인 해결 방안을 함께 모색하는 것이다. 학생 스스로 대안을 선택할 수 있어야 대안을 실천할 수 있는 능동적인 실천 의지가 생길 수 있다.

무엇보다 교사는 인성 및 평화 교육 디자이너이자 반성적 실천가로서 살아갈 수 있어야 한다. 자기의 교육 활동을 디자인할 수 있어야 하고, 이를 실천하고, 그 결과를 기록해야 한다. 이를 바탕으로 평가하고 보완하여 다음 교육 활동을 디자인할 때 반영하여 나날이 발전할 수 있어야 한다.

"최고의 선생은 가장 많은 지식을 가진 사람이 아니다. 그는 학생 자신이 배울 수 있는 능력을 가질 수 있다고 믿도록 만드는 것이다."

- 노만 코지슨

관 계 수 업

포스트 코로나 교실소통왕 만들기

수업디자인 연구소
INSTRUCTION DESIGN INSTITUE

수업디자인연구소(www.sooupjump.org)는
수업 혁신과 교사들의 수업 성장을 돕기 위해 수업 관련 콘텐츠를
지속적으로 연구 개발하고, 연수와 출판을 통해 콘텐츠를 확산하고,
수업 전문가를 지속적으로 양성하고
수업공동체 운동을 지원하고자 합니다.

활동 방향

1. 수업 혁신을 위한 다양한 콘텐츠 개발 및 보급

2. 지속적인 수업 성장을 위한 수업 코칭 활동

3. 수업 전문가 양성

4. 수업공동체 지원 및 좋은 학교 만들기 활동

5. 교육디자인네트워크 활동 및 교육관련 단체들과의 연대 활동

활동 내용

1. 수업 혁신 콘텐츠 개발 연구
   (질문이 살아있는 수업, 수업공동체 만들기, 철학이 살아있는 수업 등)

2. 수업 혁신 콘텐츠 보급 (출판 및 학습도구 제작 등)

3. 외부 연구 프로젝트 추진
   (교육부 주관 인성교육 및 자유학기제 자료 개발, 비상교육 주관 질문이
   살아있는 교과수업 자료집 시리즈 등)

4. 교원 대상 연수 활동
   (서울 강남, 경기 광명, 구리남양주, 군포교육지원청 등 주관 연수,
   각종 교사학습공동체 및 일선 학교 대상 연수,
   온라인 원격 연수(티스쿨원격연수원, 티쳐빌원격연수원 등))

5. 수업 혁신 콘텐츠 온라인 홍보
   (홈페이지, 블로그 및 각종 SNS 활동 등)

6. 수업 전문가 양성 프로그램
   (수석 교사 및 일반 교사 대상 수업 디자이너 아카데미 운영)

7. 수업콘서트(교사들을 위한 수업 이벤트)

8. 수업 코칭 활동
   (개별 및 단위학교, 교육청 주관 수업코칭 프로그램 수업코치 및 헤드코치)

9. 교사 힐링 캠프(교사 회복 프로그램)

10. 학교 내 교사학습공동체 지원 및 외부 교육 단체 및 기관연대

변미정 실장
- 연락처 : 031-502-1359, eduhope88@naver.com